Roland Flade / Wolfgang Orians / Hans Sartoris

Wohnen in Würzburg
Neunzig Jahre Stadtbau

Mit einem Beitrag
von Stephan Preuss und Arne Rajchowski
über künstliche Intelligenz und ihre Auswirkungen auf die
Wohnungswirtschaft

All rights reserved

Alle Rechte vorbehalten

Copyright © 2024

Achter Verlag, Weinheim

www.achter-verlag.de

ISBN 978-3-948028-29-9

Titelgestaltung: Jessica Füllenbach, Wiesloch

Lektorat: Martina Leiber, Karlsruhe

Druck: TZ Verlag + print GmbH, Roßdorf

Inhalt

Vorwort	9
Kaiserreich: Leben in zwei Welten	10
Friedrich Wencker-Wildberg über seine verstaubte Studentenbude	21
Erster Weltkrieg: Ende des Baubooms und Leben im Gefangenenlager	22
Septime Gorceix über das riesige Gefangenenlager am Galgenberg	27
Inflationsjahre: Wohnungsnot und Zwangseinweisungen	29
Margret Boveri über das Leben mit Ratten und Schimmel in der Inneren Pleich	33
1924 - 1932: Genossenschaften und innovatives Bauen	37
Aufregung um die ersten „Häuser ohne Dach"	41
Von Aufbruch bis Zerstörung	**50**
Thea Gladisch: Am Ende der Welt	56
1933 - 1937: Wohnblöcke und eine „Reichssiedlung"	62
Helmut Försch über die „große Wäsch" in Grombühl	65
1938 - 1944: Pogrom, Wohnungsraub und überfüllte Massenquartiere	73
Mischael Rosenberg über eine Nacht des Schreckens	77
1945: Wohnen vor und nach der tödlichen Bombennacht	86
Ortrun Scheumann über lange Stunden im Luftschutzkeller	87
1946 - 1949: Leben in Ruinen, Kellern und Baracken	98
Sieglinde Johnston über Gertraud Rostoskys Gut „Zur Neuen Welt"	111

1950 - 1959: Der Wiederaufbau gewinnt an Geschwindigkeit	118
Jehuda Amichai über die Atmosphäre im jüdischen Altersheim	130

Auferstanden aus Ruinen — 132
Elendswohnungen — 138

1960 - 1979: Außenbürger, DDR-Flüchtlinge und Großwohnsiedlungen	142
Bernd Höland über das Zellerauer Barackenlager für DDR-Flüchtlinge	144
Margit Mühlrath-Northmann über einen Neubau im Mainviertel	148

Visionäre Projekte — 157
Leonhard Meyer: Mann der ersten Stunde — 161
Horst Laugwitz: Plötzlich mussten wir Wohnungen vermieten — 163

Große Pläne für die Lindleinsmühle — 167
Elke Seuffert: Muffensausen und Gemeinschaftssinn — 168
Ehepaar S.: Fast wie in Schweden — 171

Stadt der Moderne auf dem Heuchelhof — 174
Horst Laugwitz: Hemdsärmelig und wagemutig — 175
Hajo Pietsch: „Willkommensschoppen" in der Gemeindewohnung — 178
Interview mit Monika Kavuz: Theo Köller - Der Sheriff vom Heuchelhof — 181
Christof Rose: Eine einzige Baustelle — 183
Horst Laugwitz: Für den Vogelshof gekämpft — 185
Olga Steinbach: Zwei Balkone, das haben nicht viele Wohnungen — 189

1980 - 1999: Sanierungsbedarf, vielfältiger Zuzug und Künstlerdomizile	192
Marion Gut über das Abenteuer der ersten eigenen vier Wände	192
Petra Maidt über Eleganz und Noblesse in der Sanderau	200

Auf dem Weg zur Einheit — 204
Adolf Müller: Talente richtig eingesetzt — 206
Gerhard Vogel: Ein Mann, drei Jobs — 213
Hans-Jürgen Weber: Mehr als zwei Prozent Rendite sind nicht drin — 216

2000 - 2023: Ständiger Wandel und neue Anfänge	222
Hans Steidle über gute Nachbarschaft auf der Keesburg	223
Martina Häring über alternatives Leben im Zellerauer Dencklerblock	229
Mutlosigkeit und neue Ziele	234
Winfried Dill: Direkt, ungeschminkt und verlässlich	237
Modernisierung Schwabenstraße 16	239
Jaques Donnen über Veränderungen	240
Georg Rosenthal über die Stadtbau	243
Wohnen in allen Lebensphasen: WAL Ludwigkai	245
Stimmen von Mieterinnen zu WAL Ludwigkai	247
Jury des Bauherrenpreises zur Modernisierung in Sanderau	249
Ein offenes Fenster	251
Zellerau für immer	253
Interview mit Ulla Akcun: Der Himmel auf Erden	254
Silvia Ophusen: Jetzt konnten wir machen, was wir wollten	259
Richard und Monika Winterstein: Viele, die weggezogen sind, kommen wieder	261
Ein neuer Stadtteil	270
Hubland - mit Weitblick leben	272
Benjamin Schneider: Verlässlichkeit und soziale Kompetenz	274
Interview mit Volker Halbach: Kleine Träume	278
Würzburg für alle! - Das Handlungskonzept Wohnen	280
Oberbürgermeister Chrstian Schuchardt: Soziale Rendite	282
Hans Sartoris: Der Beitrag der Stadtbau zum Handlungskonzept Wohnen	284
Bessere Zukunft für Grombühl	286
Gut aufgestellt: Digital und analog	290
Hans Sartoris: Bauherrenpreise und ein neuer Stadtteil	299

Blick nach vorne

Die Zukunft des sozialen Wohnungsbaus: Wir sind am Ende, aber mit rosigen Aussichten	304
Holz-Hybrid-Häuser: Effizienz und Ökologie	308
Klimapfad: Verbindlich neutral bis 2045	313
Gemeinschaftsflächen: Die ersten Schritte sind getan	317
Wie wir wohnen wollen	320
Stephan Preuss und Arne Rajchowski: Künstliche Intelligenz und ihre Auswirkungen auf die Wohnungswirtschaft	328

Die Autoren	353
Danke	355
Quellenverzeichnis	356
Anhang	369
Aufsichtsratsvorsitzende der Gemeinnützigen Baugesellschaft für Kleinwohnungen, der Heuchelhofgesellschaft und der Stadtbau Würzburg	370
Geschäftsführer der Gemeinnützigen Baugesellschaft für Kleinwohnungen, der Heuchelhofgesellschaft und der Stadtbau Würzburg	371

Vorwort

Liebe Leserinnen und Leser,

wohnen ist ein Grundbedürfnis. Zu einem guten Leben gehört eine gute Wohnung. Deshalb hat sich die Stadtbau Würzburg entschlossen, anlässlich ihres 90. Geburtstags nicht nur die Unternehmensgeschichte niederzuschreiben, sondern auch ein Buch über das Wohnen in Würzburg herauszugeben.

Wie haben die Menschen während der Kaiserzeit in der Mainfrankenmetropole gewohnt, wie in der Nazizeit und wie nach dem kollektiven Trauma der Zerstörung am 16. März 1945? Die hochherrschaftliche Wohnung mit neun Zimmern steht da neben dem Bretterverschlag, der nur notdürftig gegen Regen und Kälte schützt. Langsam ging es nach dem Krieg aufwärts, in den ersten Jahren brauchten die Leute ein menschenwürdiges Dach über dem Kopf, später wurden mit Enthusiasmus Großwohnsiedlungen gebaut.

Wohnungsknappheit gab es trotzdem in Würzburg fast immer. Wesentliche Akteure im Kampf dagegen waren die sozialen Wohnungsbaugesellschaften, die Stadtbau Würzburg ist heute die größte von ihnen. Als 1934 die Gemeinnützige Baugesellschaft für Kleinwohnungen und 1966 die Heuchelhofgesellschaft, als zweite Wurzel der Stadtbau gegründet wurden, war diese Entwicklung nicht vorauszusehen. Mit der Verschmelzung der beiden im Jahr 2011 entstand die „große Stadtbau". Alle drei Gesellschaften haben wesentlich zur Stadtentwicklung beigetragen.

Aber wie geht es weiter mit dem sozialen Wohnungsbau - nicht nur in Würzburg? Auch diese Frage wird in diesem Buch aufgegriffen.

Sie halten also nicht nur ein Buch, sondern drei in einem in der Hand. Eines über das Wohnen in Würzburg seit der Kaiserzeit, eines über die Geschichte der Stadtbau Würzburg, das Sie an der gelben Markierung am oberen Ende der Seiten erkennen, und eines über die Zukunft des sozialen Wohnungsbaus (blaue Markierung). Manche Sachverhalte betrachten wir aus verschiedenen Perspektiven, deshalb mag es hin und wieder kleinere Überschneidungen geben, wir sind aber sicher, dass dies Ihrer Lesefreude keinen Abbruch tut.

Würzburg, im Juni 2024   Roland Flade   Wolfgang Orians   Hans Sartoris

Kaiserreich: Leben in zwei Welten

An einem Tag im März 1900 schlenderte der 54-jährige Physikprofessor Wilhelm Conrad Röntgen über die Auffahrt zur Luitpoldbrücke, die heute Friedensbrücke heißt. Der begeisterte Hobbyfotograf hatte seine Fotokamera dabei – damals etwas ganz Besonderes, das sich nur Menschen wie der durch Erbschaft zum Millionär gewordene Röntgen leisten konnten. Er lehnte sich ans Geländer und blickte durch den Sucher in Richtung Ringpark und Pleicherglacisstraße, die ab 1915 Bismarckstraße heißen würde. Er sah die prächtigen Bürgerhäuser der Äußeren Pleich; wie er wusste, beherbergten sie geräumige Wohnungen mit bis zu acht Zimmern; in einer davon wohnte sein Freund und Jagdgefährte, der Zoologie-Professor Theodor Boveri. In kleinen, schlecht oder gar nicht beheizten Räumen unter dem Dach lebten die Dienstmädchen, die immer zur Stelle sein mussten, außer an zwei Sonntagnachmittagen im Monat. Röntgen drückte auf den Auslöser.

Die Pleicherglacisstraße (heute Bismarckstraße), aufgenommen im März 1900 von Wilhelm Conrad Röntgen. In diesem Haus links wohnte später die Familie des Zoologie-Professors Theodor Boveri. (Foto: Röntgen-Museum, Remscheid-Lennep)

In Röntgens Rücken befand sich die Innere Pleich mit ihren engen und verwinkelten Gassen und kleinen, dunklen Wohnungen in teilweise jahrhundertealten Häusern. Hier lebten viele Handwerker und andere „einfache Leute"; es fehlte ihnen an jenen Annehmlichkeiten, die das gehobene Bürgertum - Professoren, Beamte, Offiziere, Großkaufleute und Industrielle - in der Pleicherglacisstraße und in anderen bevorzugten Würzburger Wohngegenden genoss. Ein gesellschaftlicher Austausch zwischen den unterschiedlichen Schichten der Bevölkerung, die sich quasi in zwei Welten bewegten, fand hier wie anderswo kaum statt. Als Theodor Boveris Tochter Margret, die einige Monate nach Röntgens Spaziergang geboren wurde, schulreif war, stellte die Familie einen Hauslehrer ein, statt sie in die Pleicherschule zu schicken, wo sie in Kontakt mit den Buben und Mädchen der Inneren Pleich gekommen wäre.

Auch Wilhelm Conrad Röntgen lebte so, wie es sich für einen Professor des Kaiserreichs geziemte. Er bewohnte die geräumige Direktorenwohnung im Obergeschoss des Physikalischen Instituts am Pleicherring 8; neun Jahre später sollte auch diese Straße einen neuen Namen erhalten: Röntgenring - zu Ehren Röntgens, der 1895 die nach ihm benannten Strahlen entdeckt hatte. Zur Straßenseite hin standen dem Forscher, seiner Frau Anna und der Adoptivtochter Josephine Berta fünf Zimmer zur Verfügung, zur Südseite mit dem Blick auf den damals hier angesiedelten Botanischen Garten vier weitere Zimmer und eine Küche. Die Würzburger Professoren - es waren keine Frauen darunter, da diese 1900 noch nicht einmal studieren durften - luden sich gegenseitig ein und gaben opulente Abendessen. Die Tafel im Hause Röntgen war bei solchen Gelegenheiten mit schönem Porzellan, altem Silber und Blumenschmuck reich gedeckt.

Wilhelm Conrad Röntgen verkörperte den Fortschrittsglauben jener Zeit: Seine Entdeckung, die ihm ein Jahr später den ersten Physik-Nobelpreis einbringen sollte, hatte ihn berühmt gemacht und der Medizin völlig neue Möglichkeiten eröffnet. Viele der rund 75.000 Würzburgerinnen und Würzburger waren zu Beginn des 20. Jahrhunderts positiv gestimmt: Ein prächtiger Ringpark im englischen Stil hatte die rechtsmainischen Befestigungen mit ihren Bastionen und Toren ersetzt, überall

waren Gründerzeithäuser emporgewachsen, seit April 1899 produzierte das städtische Elektrizitätswerk in der Wallgasse elektrischen Strom und wenige Wochen nach jenem März 1900 sollten die ersten elektrischen Straßenbahnwagen die 1892 geschaffene Pferdebahn ablösen.

Röntgen nahm mit diesem Spaziergang von Würzburg Abschied; er hatte einen Ruf an die Universität München angenommen, wo er ab 1. April 1900 lehren würde. Bevor er umzog, wollte er die Stadt, in der er sich seit 1888 wohlgefühlt hatte, auf Fotos bannen. Er wusste, dass sein Freund Theodor Boveri in der Pleicherglacisstraße im Haus Nummer 8 wohnte, das auf seinem Bild hinter den Bäumen des Ringparks verborgen ist. Sicher war Röntgen mit anderen Universitätsangehörigen schon zu Gast in der Sechs-Zimmer-Wohnung gewesen, die Boveri mit seiner Frau, der aus den USA stammenden Biologin Marcella O' Grady, bewohnte. Vielleicht hatte Boveri ihm verraten, dass Marcella, die er 1897 geheiratet hatte, in jenem März 1900 schwanger war. Die 36-jährige Amerikanerin, die mit einer Sondergenehmigung als erste Frau an der Würzburger Universität Vorlesungen gehört und geforscht und dabei ihren Mann kennengelernt hatte, sollte im August die Tochter Margret zur Welt bringen, die später eine der bekanntesten deutschen Journalistinnen wurde.

Bild links: *Bücherschrank von Anna Röntgen in der Würzburger Wohnung des Paares. Das Bild wurde von Wilhelm Conrad Röntgen am 18. Mai 1891 aufgenommen. (Röntgen-Museum, Remscheid-Lennep).*
Bild unten: *Marcella Boveri mit ihrer Tochter Margret an Weihnachten 1904. (Staatsbibliothek zu Berlin – Preußischer Kulturbesitz)*

Ein Foto zeigt Marcella und die vierjährige Margret an Weihnachten 1904 in der Wohnung der Familie. Im Raum befinden sich Einrichtungsgegenstände, wie sie in einem gehobenen bürgerlichen Haushalt der wilhelminischen Ära üblich waren: dunkle Möbel, gefüllt mit ledergebundenen Folianten, darunter wahrscheinlich ein vielbändiges Konversationslexikon. In der Ecke steht ein Weihnachtsbaum – Zugeständnis der atheistischen Eltern an die Jahreszeit und wohl auch an die Tochter, die noch ans Christkind glauben mochte. Margret schaut zärtlich eine Puppe an; auf dem Kindertisch vor ihr sind verschiedene Spielfiguren aufgereiht, hinter ihr ist ein Puppenhaus zu sehen. „Neben Professoren und Privatdozenten wohnten in unserer Gegend vor allem Offiziere, ein paar Rechtsanwälte, Ärzte. Wenn man auch gesellschaftlich nicht miteinander verkehrte, so kannte man sich doch", heißt es in Margret Boveris Autobiographie „Verzweigungen" über die soziologische Struktur der Bewohner der Pleicherglacisstraße. „Oberhalb unserer Nummer 8 wurde es immer herrschaftlicher. In Nummer 9 gab es Neun-Zimmer-Wohnungen, wir hatten nur sechs." Eines davon war das Zimmer, in dem Margret mit ihrer Mutter schlief.

Einige Jahre später zog die Familie in eine Acht-Zimmer-Wohnung im ersten Stock des Hauses Pleicherglacisstraße 1, das auf Röntgens Foto links im Vordergrund zu sehen ist: „Ich hatte zum ersten Mal ein eigenes Zimmer zum Schlafen, statt des engen Zimmers mit meiner Mutter zusammen", erinnerte sich Margret Boveri. „Die beiden Eckzimmer hatten geräumige Erker. Das südwestliche war der Salon mit Flügel, Klavier, der Sofa-Ecke mit Mamas kostbarem rundem Mahagonitisch; im Erker stand der Schreibtisch, den ihr Bruder für sie entworfen hatte, mit vielen Schublädchen und kleinen Regalen. Unter die Fenster hatte sie sich Bücherregale bauen lassen, da standen ihre neuesten Bücher, aus unserem Jahrhundert oder aus den neunziger Jahren, meistens Romane."

Doch zu Beginn des 20. Jahrhunderts existierte auch eine Gegenbewegung gegen eingefahrene bürgerliche Konventionen und gegen dunkle, ehrfurchtgebietende Einrichtungen, wie sie beispielhaft in der Boveri'schen Wohnung zu sehen ist. Viele Stadtmenschen entdeckten das als idyllisch idealisierte Landleben, ihre Kinder zogen mit dem „Wandervogel" auf große Fahrt in die Natur. Im Jahr 1911 fand in Würzburg eine Ausstellung mit bemalten Zimmern statt, in denen diese Sehnsucht nach der vermeintlich heilen Gegenwelt zu sehen ist. Für das überhöhte, „einfache" Landleben stehen in diesem Kinderzimmer Bauernmöbel und Spielzeug wie eine Windmühle und Pferde, die einen Wagen ziehen. Auf einem von Jugendstilornamenten umgebenen Wandbild sind fröhliche Menschen bei einem Volkstanz zu sehen. Ob freilich die in der Schau gegebenen Anregungen in Würzburger Wohnungen auch tatsächlich umgesetzt wurden, ist nicht bekannt.

Blick in die Ausstellung mit einem bemalten Kinderzimmer, die 1911 in Würzburg zu sehen war. Rechts geht es in ein Schlafzimmer. (Sammlung Alexander Kraus, Würzburg)

Zur gehobenen Einwohnerschicht der Stadt gehörten auch zahlreiche Offiziere der hier beheimateten Regimenter. Würzburg war mit mehreren Tausend Militärangehörigen und zahlreichen Kasernen, angesiedelt vor allem, aber nicht ausschließlich im Stadtteil Zellerau und im Mainviertel, vor dem Ersten Weltkrieg eine der größten

Garnisonen Bayerns. Offiziere lebten wesentlich luxuriöser als gemeine Soldaten, wie der Offiziers-Speisesaal der von Antonio Petrini errichteten Train-Kaserne zeigt, die sich im Mainviertel befand (heute Landesgewerbeanstalt).

Offiziers-Speisesaal der Train-Kaserne im Jahr 1912. (Sammlung Alexander Kraus, Würzburg)

Einer jener einfachen Soldaten war der 1887 geborene Adelbert Gümbel, der eine Laufbahn als Berufssoldat eingeschlagen hatte und als Schreiber des Divisionsarztes ab Januar 1909 in Würzburg zunächst im 2. Bayerischen Feldartillerieregiment und danach im 9. Infanterieregiment („Neuner") Dienst tat. Gümbel wohnte im Lazarett am Schottenanger in einem Raum mit 15 Soldaten, wo er sich zusammen mit einem Kameraden zumindest ein wenig Privatsphäre zu schaffen versuchte. In seinen umfangreichen Aufzeichnungen, die sich im Staatsarchiv Würzburg befinden, schrieb er rückblickend: „Wir hatten uns links in der Ecke einen Verschlag gebildet, um gegen die Mannschaftsstube abgeschlossen zu sein. Die Wände waren über und über mit Ansichtskarten und Bildern aus Zeitschriften bedeckt. Hier hausten wir etwa drei Jahre. Wir kämpften sehr dagegen an, dass wir mit der Mannschaft zusammen in einem Zimmer wohnten."

Soldaten vor dem Ersten Weltkrieg in einer Würzburger Kaserne. (Sammlung Alexander Kraus, Würzburg)

Im Herbst 1913 musste Gümbel wegen Platzmangel im Lazarett ausziehen und sich in der Nähe einmieten. Er wohnte ab diesem Zeitpunkt in einem kleinen Zimmer, das sich direkt über dem Eingang des Hauses Schottenanger 4 befand und dessen Ofen kaum Wärme, dafür aber umso mehr Rauchwolken abgab. Der Soldat, der sich in die 19-jährige Maria Rösch verliebt hatte und diese am 26. März 1914 heiratete, suchte für sich und seine Frau sowie den am 2. Mai 1914 geborenen Sohn Wilhelm eine größere Wohnung. Er fand sie im Eisenbahnerviertel Grombühl. Die durch eine Brücke an das alte Würzburg angeschlossene neue Vorstadt an den Hängen des Talkessels war unter dem Druck des Bevölkerungswachstums angewachsen; vor allem die bisher in Baracken untergebrachten Bahnarbeiter benötigten bessere Unterkünfte. Bis 1900 waren rund 200 Wohnblöcke mit je drei bis vier Etagen und 12 bis 15 Mietparteien errichtet worden. Der gesellschaftliche Aufbau der Bewohner spiegelte die Kommandohierarchie des bayerischen Staatsbahndienstes wider. Gut situierte Lokführer an der oberen, schlechter bezahlte Streckengeher an der unteren Grenze der Ansehensskala lebten mit ihren Familien in höheren Etagen bzw. in feuchten Kellerwohnungen oder in sommerlich überhitzten Mansarden. In den Innenhöfen hatten sich Gewerbe und Handwerker niedergelassen.

Gümbels Beschreibung gibt Einblicke in die Wohnverhältnisse jener Würzburgerinnen und Würzburger, die nicht an eleganten Tafeln mit anderen Professorenfamilien speisten, also in das Leben der Mehrheit der Bevölkerung. Die kleine Familie zog in eine Wohnung im zweiten Stock des Hauses Grombühlstraße 27, das einem Bäckermeister gehörte. Sie bestand aus einem schlauchartigen, nur 1,70 Meter breiten Wohnzimmer, dazu Schlafzimmer und Küche, Bodenraum und Keller. „Jedes der Zimmer einschließlich Küche hat ein Fenster", notierte Gümbel und unterstrich damit eine Tatsache, die offenbar in einfachen Wohnungen jener Zeit nicht selbstverständlich war.

Maria und Wilhelm Gümbel im Hof des Hauses Grombühlstraße 27. (Staatsarchiv Würzburg, Familienarchiv Gümbel)

Das Schlafzimmerfenster zeigte zur Straße, die Fenster von Küche und Wohnzimmer zum Hof mit einem großen Schornstein. Vor diesem Schornstein, der zur Backstube gehörte, ließ sich Maria Gümbel 1916 mit ihrem Sohn Wilhelm fotografieren.

Das tägliche Leben der Gümbels spielte sich meist in der Küche ab, die mit Küchenschrank, zwei Stühlen, einem Tisch und Wilhelms kleinem Tischchen samt geflochtenem Sessel möbliert war. Der Küchenofen taugte laut Gümbel nicht viel „und machte mir und meiner Frau manchen Verdruss. Ausbesserungen, die ich persönlich vornahm, halfen nichts. Der Hausherr, ein dicker, reicher Bäckermeister ohne Kinder, scheute jede Ausgabe." Im Schlafzimmer standen zwei Betten samt Nachttischchen, eine Waschkommode mit weißer Marmorplatte und Spiegelaufsatz, ein zweiteiliger Spiegelschrank, Wilhelms Bettchen sowie zwei Stühle, im engen Wohnzimmer ein eintüriger Kleiderschrank, ein grünes Sofa, ein Tisch, vier Stühle und ein Vertiko. Im Keller waren in einer großen Kiste und in Säcken zwölf Zentner Kartoffeln eingelagert, die für ein Jahr reichten, außerdem Essiggurken und Zwetschgen sowie Kohlen.

Die Familie lebte in bescheidenen Verhältnissen. „Meine Löhnung betrug seinerzeit 1,90 Mark pro Tag, dazu noch 65 Pfennig Beköstigungsgeld, in Summa 2,55 Mark", schrieb der Berufssoldat. „Diese Summe konnte ich aber nicht vollkommen für den Haushalt verwenden, denn die Miete betrug monatlich 20 Mark und ich erhielt seitens der Militärverwaltung nur 14 Mark Entschädigung. Pro Tag blieben mir also 2,35 Mark. Von diesem Geld nun sollte man nicht nur leben, nein, man sollte sich auch noch Kleider, Holz und Kohlen beschaffen usw. Dieses Geld konnte und wollte nicht reichen, so sparsam man sich auch nach der Decke streckte."

Ganz anders gestalteten sich die Lebensbedingungen der meisten Würzburger Studierenden. Ein Studium war im Kaiserreich vor allem den Söhnen wohlhabender Familien vorbehalten, denn für die Lehrveranstaltungen musste bezahlt werden. An der Julius-Maximilians-Universität waren vor Beginn des Ersten Weltkriegs rund 1.600 Studierende eingeschrieben, darunter nur wenige junge Frauen, denn diese waren erst seit 1903 zugelassen und blieben lange eine verschwindende Minderheit. Zahlreiche Studenten gehörten Verbindungen an, die meist über prächtig ausgestattete Häuser verfügten, in denen viele der Bundesbrüder auch lebten.

Conventszimmer des Corps Moenania. (Sammlung Alexander Kraus, Würzburg)

In den „Würzburg um die Jahrhundertwende" betitelten Jugenderinnerungen des 1896 geborenen Schriftstellers Friedrich Wencker-Wildberg findet sich eine anschauliche Beschreibung seiner „Bude", einer Unterkunft in einem Privathaus.

Friedrich Wencker-Wildberg über seine verstaubte Studentenbude

„Den zimmersuchenden Studenten stand eine so große Auswahl an ‚Buden' zur Verfügung, dass sie ganz nach ihren Wünschen und Mitteln ihre Wahl treffen und jederzeit ihre Bleibe wechseln konnten, falls ihnen aus irgendwelchen Gründen die bisherige Unterkunft nicht zusagte oder sie sich – was bisweilen auch vorkam – mit ihrer Wirtin erzürnt hatten. Man brauchte ja nur die beim Pförtner der Universität aufliegende seitenlange Liste freier Zimmer einzusehen oder sich nach den an den einzelnen Häusern aushängenden Pappschildern zu richten.

‚Studentenmütter' waren meist alleinstehende ältere Damen oder Beamtenwitwen, die ihren jungen Wohnungsgenossen gern in ihre Familiengemeinschaft aufnahmen, so dass er an allen Freuden und Leiden ihres eigenen Lebens Anteil nehmen musste. Natürlich spielten dabei auch materielle Gründe eine beachtliche Rolle, denn die Abvermietung eines oder mehrerer Zimmer trug wesentlich zur Verbilligung der eigenen Wohnung bei.

In meinem geräumigen Zimmer verdeckten dicke, mit Troddeln und Fransen umsäumte Portieren die Türen und erfüllten ihren Zweck als vorzügliche Staubfänger. Der Plüschbezug des Sofas war mit feingehäkelten Decken behangen, so dass ich mich aus Hochachtung vor dieser kunstvollen und mühsamen Handarbeit überhaupt nicht daraufzusetzen wagte. Aus der Stuckrosette schwebte an einer feingliedrigen Kette ein wahres Ungetüm von Petroleumlampe über dem Tisch. Leider bewahrte sie von diesem einen so großen Abstand, dass sie mehr die im Lauf der Jahre ziemlich verstaubte Zimmerdecke anstrahlte. Im Zimmer herrschte daher meist ein gedämpftes Halbdunkel, bei dem man unmöglich lesen konnte."

Nach dem verlorenen Ersten Weltkrieg und der Abschaffung der Monarchie setzte sich Friedrich Wencker-Wildberg zwischen 1920 und 1923 erfolglos für ein selbstständiges, vom Reich abgelöstes Königreich Bayern unter französischem Protektorat ein. Ähnliche Ideen verfolgte er auch nach dem Zweiten Weltkrieg. Er starb 1970 in seiner Heimatstadt Uffenheim.

Erster Weltkrieg: Ende des Baubooms und Leben im Gefangenenlager

Als im August 1914 der Erste Weltkrieg begann, lebten um die 91.000 Männer, Frauen und Kinder in Würzburg, darunter rund 4.000 Militärangehörige. Innerhalb von 14 Jahren hatte sich die Bevölkerungszahl also um 16.000 Personen vergrößert. Die Kriegserklärung brachte für viele Familien dramatische Einschnitte: Adelbert Gümbel zog am 7. August 1914 nach Frankreich in die Nähe der Front; seine Frau blieb mit dem drei Monate alten Wilhelm in der Grombühlstraße 27 zurück. Sie sollte ihren Mann erst ein Jahr später wiedersehen. Schon kurz nach Kriegsbeginn verschlechterte sich die Lage zahlreicher Frauen, die nicht den höheren Schichten angehörten. Am 17. August 1914 schrieb der „Fränkische Volksfreund", die Tageszeitung der Würzburger SPD, über vermehrte „Klagen von Mietparteien, wonach Vermieter in der rücksichtslosesten Weise gegen Angehörige der zum Kriegsdienst eingerückten Mannschaften vorgehen". Das Blatt weiter: „Frauen mit einer Anzahl Kinder, die nur über wenige oder gar keine Barmittel verfügen und auf die Unterstützung der Mildtätigkeit angewiesen sind, wird mit der Wohnungsräumung oder Pfändung von Möbelstücken usw. gedroht, wenn die Miete nicht entrichtet wird."

Im Oktober 1915 starb Theodor Boveri. Seiner Frau und die mittlerweile 15-jährige Tochter Margret lebten weiterhin in den acht Zimmern in der Pleicherglacisstraße, die inzwischen Bismarckstraße hieß. Zum einen konnten sie sich die Miete leisten, zum anderen existierte in Würzburg trotz der seit 1900 stark gestiegenen Bevölkerungszahl in der ersten Kriegszeit keine Wohnungsnot, in der so viele Zimmer für zwei Personen nicht mehr zu rechtfertigen gewesen wären. Seit 1900 waren jedes Jahr durchschnittlich 40 neue Gebäude errichtet worden – vereinzelt Villen an den Talhängen oder in der Mergentheimer Straße, meist aber mehrstöckige Bauten. Würzburg war in bisher weitgehend freie Bereiche wie die neue bürgerlich-wohlhabende Vorstadt Sanderau und das Frauenland, das sogenannte Stadterweiterungsgebiet, vorgestoßen. Rückert- und Huttenstraße veränderten ihr Aussehen und große Häuser mit Jugendstil- und Neorenaissancefassaden umgaben den Sanderrasen.

Auch die Valentin-Becker- und die Riemenschneiderstraße im Frauenland erlebten erhebliche Baumaßnahmen. Im Bereich der Nikolaus- und der Leistenstraße dominierten jetzt neoklassizistische und neobarocke Wohn- und Geschäftshäuser.

Da zunächst keine Notwendigkeit bestand, eine kleinere Wohnung zu suchen, konnten Marcella und Margret Boveri somit ihren bisherigen Lebensstil weitgehend beibehalten. Jetzt, nach dem Tod ihres Mannes, widmete sich die Mutter wieder mehr ihren wissenschaftlichen und literarischen Interessen und der Organisation des musikalischen Lebens in Würzburg. Dies „brachte auswärtige Musiker in unser Haus", erinnerte sich Margret. Als im Zoologischen Institut auf der anderen Seite des Glacis eine Büste Theodor Boveris enthüllt wurde, traf sich die Festgesellschaft anschließend in den Räumen in der nunmehrigen Bismarckstraße, die noch ganz den Geist des Wissenschaftlers atmeten.

Die Jahre direkt vor dem Beginn des Ersten Weltkriegs hatten ein Aufblühen des Genossenschaftswesens gesehen. Im Bericht der Stadtverwaltung für das Jahr 1912 war erstmals von entsprechenden Bauprojekten die Rede. Die 1908 gegründete „Baugenossenschaft von Angehörigen der Königlich Bayerischen Verkehrsanstalten" sowie die „Baugenossenschaft mittlerer Verkehrsbeamter" konnten ihren Mitgliedern in jenem Jahr 1912 bereits 126 Wohnungen in 22 Häusern zur Verfügung stellen, von denen 14 vor allem in der Gneisenaustraße und im Heimgartenweg gerade erst errichtet worden waren. „Die Stadtgemeinde hat durch Ermäßigung von Straßen- und Kanalbaukosten zum Gelingen der Sache beigetragen", hieß es in dem Bericht. Hauptziel war es, in der Heimgartensiedlung im nördlichen Frauenland den oft von Kohlenstaubasthma und Kohlenmonoxid-Vergiftungserscheinungen betroffenen Eisenbahnern „Heim und Garten" zu bieten. Auf 15.520 Quadratmetern Baugrund am Mönchberg, vom bayerischen Verkehrsministerium in Erbpacht zur Verfügung gestellt, wurden ab 1911 Wohnhäuser in typischer Heimatstil-Architektur mit kleinen Gärten errichtet; bis zum Ende des Wohnungsbaus vor dem Zweiten Weltkrieg entstanden so 34 Genossenschaftshäuser mit 186 Wohnungen. Die Bewohner verfügten meist nur über ein niedriges Einkommen und konnten sich über die Gärten teilweise selbst versorgen.

Die Baugenossenschaft mittlerer Verkehrsbeamter zog parallel dazu 1912 an der Ecke Zeppelinstraße/Gegenbaurstraße eine aus mehrstöckigen Häusern bestehende Anlage mit 24 Drei- und Vier-Zimmer-Wohnungen hoch, in die außer Eisenbahnern auch Postangestellte einzogen. Die Gebäude standen zunächst auf freier Flur, da das Frauenland noch kaum besiedelt war. Jedes Haus verfügte über Waschküche, Speicher- und Kellerabteile und Trockenböden. Wie im Heimgarten stand den Bewohnern jeweils eine Gartenparzelle zur Verfügung.

Die Genossenschaften schlossen eine im schnell wachsenden Würzburg dringend zu füllende Lücke. Sie fungierten als gemeinschaftliches Wirtschaftsunternehmen der Anteilszeichner, dessen oberstes Ziel nicht Gewinnmaximierung, sondern die Versorgung der Mitglieder mit gutem, sicherem und finanzierbarem Wohnraum war. Den Mitgliedern gehörten – und gehören bis heute – die Wohnungsbestände ihres Unternehmens gemeinschaftlich. Mit dem Beitritt zur Genossenschaft und der Zeichnung von Anteilen erwerben sie einen Versorgungsanspruch auf Wohnraum, für den sie beim Einzug ein Dauernutzungsrecht erhalten, das einem Mietverhältnis entspricht.

Laut den beiden folgenden städtischen Verwaltungsberichten kamen 1913 noch einmal 45 und im Jahr 1914 weitere 37 private Gebäude mit insgesamt mehreren Hundert neuen Wohnungen hinzu. Dann begann der Erste Weltkrieg und die Bautätigkeit in Würzburg brach, wie überall im Reich, dramatisch ein. Arbeiter und Material wurden jetzt an den Fronten benötigt, wo Bunkeranlagen und Unterstände in großer Zahl errichtet wurden. Der Bauboom endete abrupt. 1915 kamen in Würzburg nur noch zwölf Gebäude dazu, 1916 acht, 1917 fünf und 1918 drei. Dieser Rückgang wirkte sich zunächst jedoch nicht auf die Wohnungssituation aus, eher im Gegenteil, denn es kam zu Leerständen. Zahlreiche verheiratete Männer wie Adelbert Gümbel waren in den Krieg geschickt worden; ihre Familien verließen in manchen Fällen die zu großen oder von dem spärlichen Sold nicht mehr bezahlbaren Unterkünfte und zogen bei Verwandten ein. Falls der Ehemann fiel, kam eine Rückkehr in die angestammte Wohnung in der Regel nicht in Frage. Im November 1915 standen von den 20.154 Würzburger Wohnungen 590, also fast drei Prozent, leer, davon hatten

199 vier oder mehr Zimmer. Im Jahr darauf verringerte sich die Leerstands-Quote allerdings schon auf 1,98 Prozent, 1917 auf 0,35 Prozent. 1918 stand keine einzige Wohnung mehr leer.

Einer der Gründe für die neue Situation lag darin, dass zahlreiche Familien der zum Dienst in die Würzburger Garnison einberufenen Militärbeamten und Offiziere neu in die Stadt gezogen waren, ebenso wie Familien, die sich in Würzburg eine bessere und billigere Lebensführung erhofften. Bereits ab 1917 war abzusehen, dass Würzburg und andere Städte spätestens mit Kriegsende, wenn die überlebenden Soldaten zurückkommen würden, auf eine beträchtliche Wohnungsnot zusteuerten. Um diese in den Griff zu bekommen, erließ die bayerische Regierung schon im Januar 1917 eine Ministerialentschließung, in der die Schaffung von Wohnungsämtern und Wohnungsinspektoren vorgeschrieben wurde. Im Oktober desselben Jahres folgte die Aufforderung, ein Bauprogramm, vor allem für Kleinwohnungen mit einem, zwei oder drei Zimmern, aufzustellen. Als problematisch erwies es sich jedoch, dass der Personal- und Materialmangel Neubauten während des Krieges praktisch unmöglich machte und die von den Inspektoren angeordneten Instandsetzungen nicht immer durchgeführt werden konnten. Dies resultierte gelegentlich im Verfall von Wohnungen, von denen einige als nicht mehr benutzbar verschlossen werden mussten. Würzburg steuerte somit schon während des Krieges auf eine Krise bei der Unterbringung der Bevölkerung zu, die nach 1918 mit voller Wucht ausbrechen und sogar einen teilweisen Zuzugsstopp nötig machen sollte. Nur wenn Verwandte oder Bekannte eine Unterkunft bereitstellten, durfte man sich eine gewisse Zeit lang in Würzburg niederlassen.

Zunächst war freilich noch Krieg und es galt, gefangene feindliche Soldaten – vor allem Franzosen, Russen und Engländer, zuletzt auch Amerikaner – unterzubringen, die überall im Reich verteilt wurden. Für sie schuf die Militärverwaltung Lager, so das „Königlich Bayerische Offiziers-Gefangenenlager Marienberg" auf der Würzburger Festung, die ohnehin Kaserne und somit Militärgelände war, sowie ein von einem hohen Holzzaun umgebenes Lager für einfache Soldaten unterhalb der Festung. Einer der im Januar und Februar 1915 auf der Festung festgehaltenen Offiziere war der 34-jährige Schotte Malcolm Hay, der bei einer Schlacht in Nordfrankreich schwer verwundet worden war und nur mit Mühe gehen konnte. Noch im Februar 1915 wurde er daher gegen einen ebenfalls kampfunfähigen deutschen Offizier ausgetauscht.

Der in Würzburg inhaftierte schottische Offizier Malcolm Hay. (Aus dem Buch „Valiant for Truth. Malcolm Hay of Seaton" von Hays Witwe Alice Ivy Hay)

Über seine Unterkunft auf der Festung schrieb Hay später: „Der Raum, der zehn Offizieren zum Wohnen und Schlafen diente, war nicht besonders groß. Die Möblierung bestand aus einem großen hölzernen Esstisch, einem kleinen Holztisch samt Stuhl für jeden Offizier, zwei Waschständern und zwei Kommoden, die sich alle teilten. Zwei Fenster gingen zum Main hinaus; dazwischen stand ein großer, sehr gut funktionierender Ofen. Besorgt blickte ich auf mein ‚Bett' – ein Holzbrett, kaum 90 Zentimeter breit, auf einem Eisengestell – und auf die ‚Matratze', einen groben Leinensack, der an einer Seite offen und mit Stroh gefüllt war." Bis zu seinem Austausch gelang es dem Halbgelähmten nicht, eine richtige Matratze, die ihm weniger Schmerzen bereitet hätte, zu bekommen.

Das größte Würzburger Lager mit bis zu 6.000 Gefangenen in hastig errichteten Holzbaracken befand sich am Galgenberg, der Truppenübungsplatz und somit ebenfalls Militärgelände war. Die Lagerinsassen am Galgenberg durften sich künstlerisch und sportlich betätigen und Fotos sowie Zeichnungen nach Passieren der deutschen Zensur nach Hause schicken. Viele dieser Sendungen sind erhalten. Sie geben einen – vielfach erzwungenermaßen geschönten – Eindruck vom Leben im Lager. Unter den Gefangenen befand sich seit April 1915 der 1890 geborene französische Unteroffizier Septime Gorceix, dem 1918 die Flucht in den von Deutschen nicht besetzten Teil Rumäniens gelingen sollte. 1930 veröffentlichte er ein Buch mit seinen Kriegserlebnissen, das 2016 in deutscher Übersetzung herauskam. Darin beschrieb er seine Baracke im Lager am Galgenberg.

Septime Gorceix über das riesige Gefangenenlager am Galgenberg

„Unsere Baracke, 50 Meter lang und 20 Meter breit, enthält ungefähr 200 Strohsäcke, die mit Holzfasern zusätzlich ausgepolstert wurden. Ich werde mit sechs anderen Unteroffizieren und dem Quartiermeister der Artillerie, Rahir, in einem winzigen Zimmerchen untergebracht, das vom Rest der Baracke durch eine Trennwand abgeteilt ist.

Am Abend, wenn alle dienstpflichtigen Männer und die Arbeiter aus der Stadt zurück sind, ist die Baracke voll. Es werden in dem mit Staub und Rauch gesättigten Dunst die acht oder neun Acetylen-Lampen angezündet, die etwas zufällig verteilt sind. Die kleinen Flammen kämpfen tapfer.

Septime Gorceix (Sammlung Antoine Gorceix, Paris)

Gefangene Franzosen im Lager am Galgenberg (Archives départementales du Var, Draguignan)

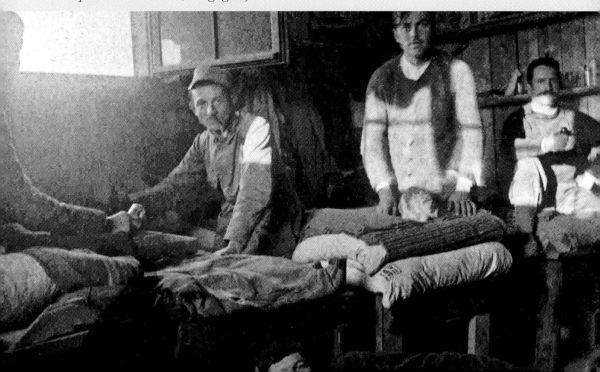

Die Backgammonspieler sitzen sich gegenüber und schütteln ihre Würfelbecher voller Kampfgeist: ‚Siehst du, ich habe dir gesagt, dass ich das werfen werde!' Die Studiersamen machen verzweifelte Versuche, ihre Bücher in das rechte Licht zu rücken, andere kauen an einem deutschen Grammatikbuch herum. Plötzlich tritt eine Gruppe auf. Es ist ein Bänkelsänger mit Begleitung. Er steigt auf einen Tisch, die Poilus (französischen Soldaten) umringen ihn. Die Lieder fliegen im Rhythmus einer warmen Stimme durch den Raum.

Danach bereiten sich alle aufs Schlafen vor. Die Geschicktesten haben sich mit Hilfe von Draht eine Trennwand erschaffen oder sich sogar aus kleinen Brettern ein Bett gebaut. Sie breiten ihren Strohsack aus, werfen ein improvisiertes Betttuch darüber, legen mit Sorgfalt die Decken darüber und gleiten vorsichtig dazwischen, ohne sie in Unordnung zu bringen, wobei sie mitleidig ihren Nachbarn ansehen, der sich in voller Kleidung schwer auf seinen hubbeligen Strohsack oder sogar die Dielen plumpsen lässt. Die letzte Lampe flackert im Dunkel im Todeskampf, die schwarze Stille breitet sich aus und wird nur von Seufzen oder dem Schrei eines Schläfers unterbrochen, der laut träumt. Der Schlaf herrscht über das jämmerliche Floß, das kläglich an fremdem Ufer gestrandet ist."

Zwei französische Unteroffiziere in Würzburg, gemalt von dem Gefangenen Albéric Dreux. (Archives départementales du Var, Draguignan)

Inflationsjahre: Wohnungsnot und Zwangseinweisungen

Als mit Abschluss des Waffenstillstands ab November 1918 Tausende von Soldaten nach Würzburg zurückkehrten, entwickelte sich die Wohnungsnot laut Stadtverwaltung schnell „zu einer furchtbaren Geißel". Man habe die Not „mit unzulänglichen Mitteln bannen" wollen, doch sie wuchs „ins Riesenhafte". Eine dieser städtischen Maßnahmen war der Aufbau von acht Militärbaracken und von drei Zweifamilienhäusern aus Heeresholz auf dem Sanderrasen; die 22 auf diese Weise neugeschaffenen Wohnungen erhielten jeweils eine kleine Gartenfläche von rund 120 Quadratmetern. Alle geeigneten Räume in vorhandenen Gebäuden wurden zudem in Unterkünfte für Bürger verwandelt, so 141 in den Mannschaftssälen der alten Infanteriekaserne am Main, 36 im ehemaligen Gardistenbau an der Kapuzinerstraße 36 und sieben in verschiedenen Schulhäusern. Weitere Notwohnungen boten Residenz, Bischofspalais, Reuererkloster und einige Domherrenhöfe.

Auf einem städtischen Grundstück zwischen Fabrik- und Petrinistraße entstanden in sechs neuen Häusern 64 Kleinwohnungen, in der Gabelsbergerstraße in einem Haus weitere zwölf. In den Jahren 1920 und 1921 wurde zudem in der Frankfurter und der Wredestraße eine Kolonie mit 58 Unterkünften in elf Zwei- und sieben Vierfamilienhäusern errichtet, wobei auch hier jeweils ein kleiner Garten dazugehörte. Das Münchner Sozialministerium förderte das Projekt durch einen Zuschuss. Der bayerische Staat, seit der Revolution vom November 1918 eine Republik, blieb auch sonst nicht untätig. 1920/21 wuchs am Oberen Burgweg auf dem Weg zur Festung die „Lehrkolonie Marienberg" empor, eine Kleinsiedlung aus 15 Ein- und Zweifamilienhäuschen mit insgesamt 17 Wohnungen, wobei unter Verwendung verschiedener Materialien die wirtschaftlichste Bauweise gefunden werden sollte. Den Grund stellte der Staat für 99 Jahre im Erbbaurecht zur Verfügung. Auch das Reich versuchte zu helfen. Die Reichseisenbahn errichtete sechs Neubauten in der Gneisenau-, der Prym- und der Rimparer Straße für die Unterbringung ihrer Beschäftigten samt deren Familien.

Ebenso beteiligten sich neugegründete Genossenschaften an der Minderung der Not. Ab 1921 entstand mit der Kriegersiedlung Galgenberg eine weitere Kolonie für Kleinsiedler auf dem direkt an den Truppenübungsplatz angrenzenden Gelände, das der bayerische Staat der Siedlergemeinschaft im Erbbaurecht auf 99 Jahre überließ. Das Ziel: Menschen aus der Mittel- und Unterschicht, vor allem Kriegsveteranen, zu preiswertem Wohnraum zu verhelfen. Die Siedlung war in Form einer eingetragenen Genossenschaft mit beschränkter Haftung (e.G.m.b.H.) organisiert, die eine fächerförmige, symmetrische Anlage plante: Entlang der seitlich gelegenen Rottendorfer Straße und der Straße Am Galgenberg sollten Doppelhäuser entstehen. Beide Straßen verbanden die neu angelegte, leicht bogenförmige Straße Am Flugplatz, seit 1936 Nopitschstraße, und die ebenso geformte Straße Am Kugelfang. Gebaut wurde in mehreren Etappen; nach einer Pause, verursacht vermutlich durch Geldmangel, gingen die Arbeiten ab 1927 weiter.

Häuser der Kriegersiedlung (im Hintergrund) nach dem Ersten Weltkrieg mit einer ehemaligen Gefangenenbaracke, die als Notwohnung diente. (Stadtarchiv Würzburg)

Im Innenbereich der Siedlung standen Einzel- und Reihenhäuser zwischen Grünanlagen. Die Häuser waren je nach Größe und Lage des Grundstücks unterschiedlich, entsprachen jedoch oft dem damals dominierenden Heimatstil, der städtische Infrastruktur mit ländlich anmutender Architektur paarte. So verfügten viele Häuser über hölzerne Fensterläden und Gaubenreihen in den Dächern. Angegliedert wurden Schuppen- und Stallgebäude in Fachwerk- und Holzbauweise, denn der Siedlungsgedanke der zwanziger und dreißiger Jahre war mit der Idee verbunden, dass sich die Bewohner teilweise selbst versorgen sollten, indem sie Kleintiere wie Kaninchen und Hühner hielten sowie Obst und Gemüse im Garten anbauten.

Weitere neugegründete Genossenschaften beteiligten sich anderswo im Stadtgebiet an der Minderung der Not. So schuf der schon im April 1918 gegründete „Würzburger Bau- und Sparverein", ebenfalls eine e.G.m.b.H., 54 Einfamilien- und drei Miethäuser mit insgesamt 69 Wohnungen; der Stadtrat förderte den Verein während der gesamten Weimarer Jahre in Form von Baudarlehen. In der Satzung war als Ziel formuliert, „solchen Mitgliedern, welche infolge ihrer wirtschaftlichen Lage nicht imstande sind, sich mit eigenen Mitteln ein Eigenheim zu schaffen, gesunde und zweckmäßige Wohnungen, Einfamilienhäuser mit Gärten, Reihenhäuser und Kleinbauwohnungen zu errichten und zum Eigentum zu überlassen". Noch 1918 schlossen sich 190 Mitglieder an und erwarben insgesamt 440 Geschäftsanteile zu je 200 Reichsmark. Anfang 1919 traten die Maschinen- und Stahlbaufirma Noell und die Stadt Würzburg dem „Bau- und Sparverein" bei, im Juni 1919 die „Baugenossenschaft Marienberg" und der „Allgemeine Bauverein". Die 1921 gegründete „Reichspost-Baugenossenschaft für Angehörige des Reichspost- und Telegrafendienstes" bebaute 1923 das Grundstück Wörthstraße 9a und 9b mit zwei Wohnhäusern. Das Areal hatte die Deutsche Reichspost im Erbbaurecht zur Verfügung gestellt – eine Praxis, die nach dem Zweiten Weltkrieg auch von der Deutschen Bundespost verfolgt wurde. Bis in die 1930er-Jahre hinein folgten weitere Wohnhäuser, überwiegend in der Zellerau. Die „Baugenossenschaft Würzburg-Süd" zog in den Jahren nach dem Ersten Weltkrieg zwei Miethäuser mit 20 Wohnungen hoch.

Insgesamt errichteten Genossenschaften, Privatleute sowie Staat und Stadt (in der Gabelsberger-, Lindlein-, Jäger- und Höchberger Straße) in den Jahren nach dem Waffenstillstand jährlich etwa 320 Wohnungen – so viele wie vor dem Krieg. Doch selbst dies war laut Stadtverwaltung „vollkommen ungenügend, um eine einigermaßen fühlbare Erleichterung der Wohnungsnot zu bringen". Zudem sorgten die bereits außer Kontrolle geratene Inflation und der Mangel an Baustoffen dafür, dass manches Projekt gar nicht erst angepackt werden konnte. Das Elend dauerte an. Tausende von Wohnungssuchenden waren im Rathaus vorgemerkt – Menschen, die von auswärts nach Würzburg ziehen wollten, oder solche, die schon in der Stadt lebten, allerdings beengt zusammen mit Verwandten oder Bekannten in deren Unterkünften. Allzu vielen konnte nicht geholfen werden. In dieser Situation griff die Stadtverwaltung zu einem konfliktträchtigen Mittel, das sie gerne vermieden hätte: zur Zwangsbewirtschaftung, also der erzwungenen Teilung von großen Wohnungen und der Einweisung von Suchenden, wenn nötig unter Einsatz der Polizei. Dies brachte zwar „in den allermeisten Fällen recht unerquickliche Verhältnisse sowohl für den Mieter wie den Zwangsmieter mit sich", heißt es in einem Bericht der Stadtverwaltung, doch sah man im Rathaus keine Alternative.

Von dieser durch die Not der Zeit erzwungenen Vorgehensweise waren auch Mutter und Tochter Boveri betroffen, wie Margret Boveri in ihren Erinnerungen schreibt: „Unter der Bewirtschaftung der Wohnungen stand einer einzelnen Person nur ein Zimmer, einer Familie außerdem noch ein Wohnzimmer zu. Wir mussten zuerst vier, dann immer noch drei unserer Zimmer abgeben, hatten das Glück, nicht ein Haus voll lärmender Studenten zu bekommen, sondern drei ineinander gehende Zimmer an eine Einzelperson abgeben zu können." Als ihr Schlafzimmer später an eine Medizinstudentin vermietet wurde, schlief Margret im Sommer auf dem Balkon, denn: „Bei uns galt es noch immer als unhygienisch, im selben Zimmer zu schlafen, in dem man sich tagsüber aufhielt. Wenn es regnete, zog ich dennoch mit meinem Liegestuhl ins Musikzimmer."

Die Mutter, immerhin die Witwe eines Universitätsprofessors, und ihre Tochter litten zudem unter der Inflation. Margret musste Klavierstunden und Nachhilfeunterricht gegen Honorar geben und Tätigkeiten übernehmen, für die früher eine Hausangestellte zuständig gewesen war: „Ich trug schwere schwarze Kohleneimer zwei Treppen hoch, schleppte die Kübel mit Schlacke und Asche hinunter, verletzte meine Finger beim Ausräumen und Wieder-in-Gang-Bringen des komplizierten Dauerbrandofens, von der Schmutzarbeit in der Küche zu schweigen." Doch das Ende des gesellschaftlichen Abstiegs war damit noch nicht erreicht. Als der Besitzer des Hauses in der nunmehrigen Bismarckstraße wegen der Inflation in Geldschwierigkeiten geriet, verkaufte er das Gebäude im Jahr 1922 an einen Darmhändler in der Bohnesmühlgasse 1, der im Krieg reich geworden war und seinen neugewonnenen Wohlstand zeigen und genießen wollte. In ihren Erinnerungen beschrieb Margret Boveri den verhassten Umzug in die Innere Pleich, also in jenes von ihr als anrüchig angesehene Viertel, von dessen Bewohnern sie als Kind durch die Beschäftigung eines Privatlehrers ferngehalten werden sollte.

Margret Boveri über das Leben mit Ratten und Schimmel

„Herr Schmidt kündigte uns die Wohnung. Er wollte selbst in den Stock ziehen, den man damals die Beletage nannte. Er nahm wohl an, dass es leichter sei, eine Witwe zu vertreiben als eine der Familien in den anderen Stockwerken. Es begann eine fieberhafte Zeit der Wohnungssuche, der juristischen Bemühungen. Gesetzlich war der Hausbesitzer verpflichtet, uns eine gleichwertige neue Wohnung nachzuweisen, bevor er die Kündigung vollstrecken lassen konnte. Herr Schmidt dachte nicht daran, stellte uns anheim, in seine Wohnung über der Darmwäscherei zu ziehen. Undiskutabel!

Margret Boveri (Staatsbibliothek zu Berlin-Preußischer Kulturbesitz)

Ich erinnere mich an den Abend nach einem Konzert des Mozartfestes, als wir noch in Gruppen unter den Kronleuchtern redend herumstanden. Der Oberbürgermeister Löffler versicherte meiner Mutter, wir würden nicht ausziehen müssen, bevor eine geeignete Wohnung gefunden sei. Eine Woche später kam der gerichtliche Exmittierungsbefehl.

Die Darmhandlung lag hinter einem Hof, die Darmwäscherei quer zum Haupthaus, darüber unsere vier Zimmer, darüber ein flaches Dach. Die Zimmer waren nieder, hübsch in den Proportionen. Ich schätze, der Bau stammte aus dem Anfang des 19. Jahrhunderts. Die zwei ineinander gehenden Schlafzimmer schauten auf den Hof, die beiden anderen hatten den Blick auf ein Gärtchen. Die Küche war ein Loch. Vom improvisierten Badezimmerchen ging der Blick auf heruntergewirtschaftete, fast fensterlose alte Häuser, deretwegen ich das Pleicherviertel früher ‚anrüchig' genannt habe, verrufen wäre vielleicht ein besseres Wort. Die beiden kleinen Wohnzimmer konnten wir mit wenigen Möbeln ganz nett einrichten. Bücher ringsum sahen auch dort gut aus.

Unsere Zimmer waren Tag und Nacht vom Gestank der Darmwäscherei erfüllt, von den Dünsten feucht und schimmelig. Auf unserer Treppe liefen die Ratten auf und ab. No fresh air: Meine sonst so gesunde Mutter war in der Bohnesmühlgasse fast immer krank, Grippe, Nieren- und Blasenleiden."

Nach gut einem Jahr konnten Marcella und Margret Boveri in die Hofstraße umziehen, anschließend in eine komfortablere Wohnung in der Crevennastraße. Bald danach wurde der Haushalt aufgelöst; Margret zog zum Studium nach München und ihre Mutter kehrte in die USA zurück, wo sie eine akademische Karriere machte.

Margret Boveris Beschreibung des Lebens in einem Würzburger Altbau ist nicht übertrieben, wie Aufzeichnungen der drei Jahre jüngeren Greta Brehm zeigen. Sie wohnte mit ihren Eltern und Geschwistern in der ebenfalls dicht bebauten Oberthürgasse (heute Oberthürstraße) in der Altstadt. „Früher wurden viele Häuser nicht aneinandergebaut", erinnert sie sich, „sondern zwischen den Häusern war ein sogenanntes ‚Mauergässchen'. Darin waren Kanäle, Abflussrohre und ein ‚Eldorado' für die Ratten, denn aus den Küchenfenstern, die von zwei Häusern in das Mauergässchen gingen, wurden von den Bewohnern immer die Küchenabfälle geworfen. Die Ratten wurden dick und fett und vermehrten sich zusehends. Von der Straße aus war das Mauergässchen mit einem kleinen schmalen Brettertürchen mit einem Hängeschloss verschlossen. Von uns Kindern wurden sie die ‚Stinkgässli' genannt, weil sie immer so gestunken haben."

Auch die kleine Familie von Adelbert Gümbel, die seit der Geburt der Tochter Elisabeth im Juli 1918 vier Personen umfasste, litt in der Grombühlstraße unter den Zeitumständen: „Ein großer Missstand war der, dass keine Beleuchtung, weder Gas noch elektrisches Licht, vorhanden war", schrieb Adelbert, der gerne abends noch gelesen hätte, aber im Winter spätestens um 20 Uhr ins Bett gehen musste. Denn: „Die Kerzenbeleuchtung war zu kostspielig und Petroleum wurde derart wenig zugewiesen, dass es kaum der Rede wert ist." Daher erwarb Gümbel im März 1919 zwei kleine Akkumulatoren und einer seiner Stiefbrüder legte die Leitung dazu: „Es wurde je eine Lampe im Schlafzimmer und in der Küche eingerichtet. Die Birnen, etwa zwei bis drei Volt stark, spendeten zwar das notwendige Licht, doch immerhin nicht so viel, um etwa Handarbeiten verrichten zu können." Also musste ein weiteres Beleuchtungsmittel erworben werden: „Am 30. September 1919 kaufte ich eine Karbid-Lampe. Die Karbidlampen geben ja genügend Helligkeit, doch ist es immerhin ein teurer Brenner und auch nicht frei von Gefahren. Den Verhältnissen und den kurzen Tagen sowie der Familie Rechnung tragend, war man aber auf diese Ersatzmittel angewiesen."

Im April 1920 kam das dritte Kind zur Welt. Die Wohnung musste ein Jahr später noch eine weitere Person aufnehmen: Adelbert Gümbels Mutter. Am 28. Mai 1921 heißt es in seinem Tagebuch: „Heute Nachmittag räumte ich mein Wohnzimmer aus und trug alle Gegenstände soweit nur möglich in den Speicherraum, da ab Montag, den 30. 5., meine Mutter bei uns wohnen wird. Wir bewohnen dann mit sechs Köpfen zwei kleine Zimmer. Unter solch beschränkten Umständen macht einem das Wohnen absolut keine Freude. In unserer Wohnung kann man sich kaum noch bewegen, die Wohnung gleicht einem regelrechten Möbelmagazin. Wäre nicht Aussicht auf Erbauung eines Wohnhauses im Frauenland, ich müsste verzweifeln."

Adelbert und Maria Gümbel mit Kindern in den zwanziger Jahren. (Staatsarchiv Würzburg, Familienarchiv Gümbel)

Tatsächlich errichtete Gümbel, der inzwischen beim Würzburger Finanzamt beschäftigt war, zusammen mit seinen drei Stiefbrüdern schon ab dem folgenden Juni im Gerbrunner Weg ein kleines Reihenhaus – offenbar weitgehend in Eigenleistung der vier Männer und mit finanzieller Unterstützung seiner Mutter. Diese gab ihr Piano her, was Gümbel besonders schmerzte: „Der Verkauf dieses Instrumentes tut mir leid, ich hätte es selbst gerne besessen. Allein viel notwendiger ist für meine Familie eine gesunde Wohnung in freier Lage." Schon im März 1922 fand bei Schneegestöber der Umzug statt und Gümbel konnte aufatmen: „Am Abend schliefen wir erstmals in dem neuen Zimmer. Es ist hier ruhiger zu wohnen als in dem unruhigen Grombühl. Die Kinder fühlen sich im neuen Gelände recht wohl und spielen tagsüber – soweit günstige Witterung herrscht – im Freien. Das gefällt den Kleinen." Im November 1922 kam die Tochter Erika zur Welt, 1928 als Nachzüglerin die Tochter Emma. Die Familie Gümbel hatte die Wohnungsnot überwunden und die fünf Kinder hatten ein angemessenes Zuhause.

1924 - 1932
Genossenschaften und innovatives Bauen

Der Wechsel zum Jahr 1924 endete für den 32-jährigen Otto Seidel, einen Angestellten der Universitätsaugenklinik am Röntgenring, wenig vielversprechend. Entweder konnte er sich wenige Wochen nach dem Ende der epochalen Inflation und kurz vor Beginn der „Goldenen Zwanziger" kein Heizmaterial leisten oder sein kleines Zimmer in der Bibrastraße, in dem er allein wohnte, war nicht mit einem Ofen ausgestattet. Jedenfalls notierte er am 30. Dezember 1923 in seinem Tagebuch: „Auf meinem Zimmer kann ich nicht schreiben, so kalt ist es. Circa 15 Grad Kälte." Der Tagebucheintrag gibt einen Einblick in das Leben jener Würzburger, die in einfachen Verhältnissen wohnten und ohne elementare Annehmlichkeiten, wie einem warmen Zimmer im Winter, auskommen mussten. Wenig später musste Otto Seidel wegen Geldmangels sogar zu seinen Eltern in die Wolfhartsgasse ziehen. Adelbert Gümbel war diesen Verhältnissen im Jahr zuvor entkommen, doch die misslichen Umstände dauerten für viele andere fort.

Knapp eineinhalb Jahre später, am 15. Mai 1925, wurden die Würzburger Wohnungen im Auftrag der Stadtverwaltung gezählt. Dabei stellte sich heraus, dass über 900 der 21.350 Unterkünfte noch nicht einmal über eine Küche verfügten – eine weitere Voraussetzung für eine menschenwürdige Existenz. Besonders krass erscheint eine andere damals erhobene Zahl: 766 sogenannte Schlafgänger lebten in der Stadt, also Menschen, die gegen ein geringes Entgelt ein Bett nur für einige Stunden am Tag mieteten, während der Wohnungsinhaber die Schlafstelle nicht benötigte. Als Schlafgänger konnten beispielsweise Schichtarbeiter während des Tages schlafen, während der reguläre Wohnungsinhaber seiner Arbeit nachging und das Bett nicht brauchte. Schlafgänger hatten normalerweise keinen Familienanschluss, durften die restlichen Räumlichkeiten wie die Küche oder das Wohnzimmer nicht nutzen und erhielten im Gegensatz zu Untermietern wie Otto Seidel kein Frühstück.

Seidel hatte das Glück, 1929, zwei Jahre nach der Hochzeit, mit seiner Frau Anna und dem gerade geborenen ersten der vier Kinder des Ehepaars in die ausreichend große Hausmeisterwohnung in der Augenklinik ziehen zu können, die er erst mit der

Pensionierung im Jahr 1955 wieder verließ. Viele andere Würzburger engagierten sich in Baugenossenschaften, um ihre Situation zu verbessern, ja, man kann sogar sagen, dass die 20er- und 30er-Jahre eine Boom-Phase des Wohnungsbaus gemeinnütziger Genossenschaften und Vereine in Würzburg waren. So entstand ab 1925 eine halbkreisförmige Anlage des „Beamtenbauvereins" am Wittelsbacherplatz gegenüber dem Monumentalbau der Pädagogischen Hochschule (heute Universität). Am Oberen Bogenweg wurde ab demselben Jahr die sogenannte Blindensiedlung aus zweigeschossigen unterkellerten Doppelhäusern errichtet. Über deren kuriose Entstehung und die weitere Entwicklung heißt es im Online-Lexikon „Würzburg-Wiki": „Der Kriegsblinde Josef Friedel ging im Frühjahr 1924 mit seiner Frau Auguste spazieren. Im Bereich des heutigen Oberen Bogenweges gefiel es dem Sehbehinderten sehr gut, da hier am Rande des Sieboldswäldchens die Luft sehr gut war. Trotz fehlender Infrastruktur in jeder Hinsicht entschloss sich Friedel, hier zu bauen. Er versuchte, andere Menschen von seinem Vorhaben zu überzeugen, und konnte letztlich fünf bauwillige Leute finden. Diese waren größtenteils ebenfalls sehbehindert. Da Friedel in der Regierung von Unterfranken tätig war, gelang es ihm auch relativ schnell, die Stadtverwaltung von seinem Vorhaben zu überzeugen. Da die meisten zukünftigen Bauherren über kein Eigenkapital verfügten, übernahm die Bayerische Siedlungs- und Landesbank GmbH als Hauptkreditgeber die Bauträgerschaft. Es gab sechs Grundstücke mit einer Größe von jeweils 600 Quadratmetern, die für je 1.000 Goldmark verkauft wurden."

Drei Doppelhäuser der Blindensiedlung. (Sammlung Alexander Kraus, Würzburg)

Die Blindensiedlung war zunächst nur über einen schmalen Pfad von der Stadt aus erreichbar, Versorgungseinrichtungen fehlten ganz. Erst als der Kaufmann Hans Fischer begann, in seinem Haus Lebensmittel und Bedarfsgegenstände zu verkaufen, verbesserte sich die Situation. Fischer eröffnete außerdem 1929 ein Milchhäuschen mit Kolonialwarenhandel in der Nähe des Sanderheinrichsleitenwegs.

Ein drittes bedeutsames Projekt war die ab 1927 entstehende Hindenburgsiedlung auf dem Neuberg, die nach erheblicher Erweiterung seit 1950 „Gartenstadt Keesburg" heißt. Anlass war der 80. Geburtstag des Reichspräsidenten Paul von Hindenburg, der mit einer Spende an die Stadt das Unternehmen, das der sechs Jahre zuvor gestarteten Kriegersiedlung glich, unterstützte. Die Grundstücke wurden von der Kommune mit seiner Spende erworben und den Bauherren im Erbbaurecht zur Verfügung gestellt. Der erste Teil umfasste in einem L-förmigen Grundriss fünf zweistöckige Doppelhäuser an der Damaschkestraße und ein ebenfalls zweistöckiges Reihenhaus am westlichen Straßenende. Bis 1932 wuchs die Hindenburgsiedlung, die ebenfalls vor allem für Kriegsgeschädigte, kinderreiche Familien und sozial Benachteiligte gedacht war, um Reihenhäuser in der Sanderroth-, Schanz- und Bodelschwinghstraße.

Die Hindenburgsiedlung – hier ungewöhnlicherweise mit Bindestrich geschrieben – auf einer Ansichtskarte von 1940. (Geschichtswerkstatt Würzburg)

Auch die beiden Wohnblöcke der „Handwerker-Baugenossenschaft" (Dencklerblock) dienten der Entschärfung der Situation. Von 1928 bis 1931 wurde zunächst der untere Dencklerblock an der Frankfurter Straße gebaut, zehn Jahre später kam 1941 der zweite Wohnblock hinzu. Bei der Planung standen Funktionalität und Bezahlbarkeit im Vordergrund. In den Sozialwohnungen lebten in den Anfangsjahren vor allem Arbeiter und Beamte, im Zweiten Weltkrieg auch Offiziere mit ihren Familien. Bereits ab April 1924 waren auf städtischem Grundbesitz zwischen Mainau-, Wörth-, Maillinger- und Ysenburgstraße mehrere Häuser mit etwa 450 neuen Wohnungen geschaffen worden. Ein Jahr später kamen 55 weitere Wohnungen hinzu. In der Wredestraße errichtete die Stadt zwei Obdachlosenbaracken mit 20 Zwei- und vier Drei-Zimmer-Wohnungen. Zwischen Erthal-, Gegenbaur-, Jakob-Riedinger- und Brettreichstraße entstand im Frauenland 1929 der „Städtische Wohnhausblock am König-Ludwig-Haus" mit zahlreichen Wohnungen, drei begrünten Innenhöfen und mehreren Einzelhandelsbetrieben. In den Jahren zwischen 1930 und 1933 setzte die Stadt die Schaffung neuen Wohnraums in der Zellerau mit einem zusätzlichen Wohnblock zwischen der Rotenhan-, Scharnhorst- und Eiseneckstraße fort.

Trotz all dieser Aktivitäten – allein von 1926 bis 1928 wurden 13 öffentliche und 115 private und genossenschaftliche Wohnhäuser gebaut – bestand die Not in Würzburg unvermindert fort. Die Zahl der vorgemerkten Wohnungssuchenden, die 1926 immer noch bei 4.485 lag, verringerte sich nicht. Der größte Bedarf herrschte weiterhin an Unterkünften mit zwei und drei Zimmern. Gleichzeitig bedeutete die Stabilisierung der Wirtschaft ab 1924 aber auch, dass erstmals – wie vor dem Krieg – daran gedacht werden konnte, Wohnungen zu bauen, „die über den ursprünglichsten Raumbedarf für die bloße Unterkunft von Menschen hinausgehen", wie es in einem Bericht der Stadtverwaltung hieß. Kommune und Genossenschaften waren „nicht mehr auf den Bau kleinster Wohnungen beschränkt", sondern errichteten „behaglichere Wohnungen in solider Ausstattung und technisch vollkommenerer Ausführung". Dies geschah etwa 1929 mit der erwähnten Wohnanlage am König-Ludwig-Haus. Dadurch und durch zahlreiche privat finanzierte Wohnhäuser entwickelte sich das Frauenland zu einem neuen, eigenständigen Stadtteil.

Behaglichkeit war das eine, innovatives Baumaterial und ungewöhnliche Architektur das andere. Für diese Tendenz stehen beispielhaft die Flachdachhäuser im Bauhaus-Stil, die der Architekt Peter Feile zwischen 1928 und 1930 im Frauenland errichtete.

Aufregung um die ersten „Häuser ohne Dach"

Am 4. August 1927 ging es im Würzburger Stadtrat um ein ungewöhnliches Bauprojekt, das im Vorfeld für heftige Diskussionen bis hin zu Verbotsaufrufen geführt hatte. Architekt Peter Feile hatte für einen Kunden an der Leutfriedstraße 6, dem heutigen Leutfresserweg, ein – wie die Würzburger sagten – „Haus ohne Dach" entworfen; es wäre das erste Flachdachhaus Bayerns gewesen. Die vom Bauhaus inspirierten Stilelemente – weißes, kistenartiges Äußeres, flaches Dach, Verzicht auf Dekor – hoben es aus der konservativen Bautradition Würzburgs heraus. Der liberale Oberbürgermeister Hans Löffler zeigte sich dennoch oder gerade deshalb aufgeschlossen; mit seiner Unterstützung fand sich im Gremium eine knappe Mehrheit für das Projekt, obwohl der Leiter des Hochbauamtes das Haus in der Sitzung als „Modesache" und „absichtliches Zurückgehen auf primitive Urformen" abgekanzelt hatte. Damit war die Sache aber noch nicht erledigt; sowohl die Regierung von Unterfranken, die von einem „Fremdkörper im Stadtbild" nahe der Festung sprach, als auch die Staatsregierung in München legten ihr Veto ein, sodass Peter Feile ein neues Dach mit der gewünschten Neigung entwerfen musste.

Das Doppelhaus Keesburgstraße 29 (links) und 29a. (Sammlung Imogen Prevaes, Mettmann)

Doch der Architekt gab nicht auf. Am 31. Januar 1928 musste sich der Stadtrat mit einem weiteren Flachdachhaus, diesmal sogar einem Doppelhaus, befassen, das in der Keesburgstraße 29 und 29a direkt neben der Villa des Oberbürgermeisters errichtet werden sollte. Das Grundstück gehörte Georg Krauss, dem Inhaber eines Stuckateurgeschäfts, der später Feiles Schwiegervater wurde. Diesmal erhoben nur zwei Bürgervertreter Einwände und auch die Regierung von Unterfranken ließ die Pläne passieren, offensichtlich, weil das Projekt weit genug von der Festung entfernt entstehen sollte. Bis zum Herbst 1928 hatten die Arbeiter das Haus aus Bimsbeton-Hohlsteinen mit Betondecken erstellt. Als es fertig war, pilgerten Würzburgerinnen und Würzburger in Scharen in die Keesburgstraße; viele nahmen an organisierten Führungen teil. Die städtische Berufsschule kam klassenweise; deren Direktor gab seine Freude darüber zu Protokoll, „dass die Kultur unseres Landes nicht mit dem Barock zu Ende ging". Ebenfalls noch im Oktober besichtigte die Ortsgruppe des „Verbandes Deutsche Frauenkultur" den Bau, der laut Zeitungsbericht auf „freudige Zustimmung" stieß.

Im März 1929 nahm sich das Fachorgan „Der Baumeister" des mutigen Gebäudes an. Den mit 18 Fotos bebilderten überschwänglichen Artikel schrieb der Nürnberger Kunsthistoriker und Riemenschneider-Spezialist Justus Bier. Dieser musste, ebenso wie der erste Bewohner des linken Teils des Hauses, der Würzburger Kunsthändler Oskar Laredo, später wegen seiner jüdischen Religionszugehörigkeit in die USA emigrieren.

Das heute außen noch weitgehend unveränderte Gebäude fällt dem Passanten vor allem durch die pyramidenartige Staffelung der Südseite auf. Im Erdgeschoss sind Nebenräume angeordnet. Erstes und zweites Stockwerk verfügen jeweils über eine lange Terrasse und treten gegenüber der darunterliegenden Etage zurück. Große, klare Fensterformen sorgten damals für Aufregung; heute sind sie selbstverständlich. Wohn- und Arbeitsräume befanden sich im ersten Stock, Schlafräume, Bad und WC im zweiten. Wohldurchdacht war die Einrichtung, zum Beispiel die Durchreiche von der Küche mit ihren Einbaumöbeln ins Speisezimmer oder die großen Glastüren zwischen den Wohnräumen, die diese, wenn geöffnet, als Einheit erscheinen ließen.

Das luftig eingerichtete Wohnzimmer im Haus von Oskar Laredo: Um den Rauchtisch sind Sessel verschiedener Epochen gruppiert, die aufklappbare Glastür rechts führt ins Speisezimmer. Im Winter wird der Raum von einer modernen Zentralheizung erwärmt. (Sammlung Suse Schmuck, Würzburg)

Während Peter Feile in dem von ihm bewohnten Teil des Hauses (Keesburgstraße 29a) Wände und Einbaumöbel vor allem in den Farben Weiß und Grau gestaltete, beauftragte der kunstsinnige Oskar Laredo den Maler Carl Grossberg mit der Farbgebung der Räume in seinem Teil (Keesburgstraße 29). Grossberg, der vom Weimarer Bauhaus kam und seit einigen Jahren in Sommerhausen lebte, ordnete jedem Zimmer eine Grundfarbe zu, wobei der hellste Ton jeweils Wand und Decke vorbehalten war; in Vorhängen, Bodenbelag und Möbeln traten dunklere Farbtonabstufungen auf.

Küche mit Einbaumöbeln und Bad im Gebäude Keesburgstraße 29a, etwa 1937, nach dem Auszug von Peter Feile. (Sammlung Imogen Prevaes, Mettmann)

In den folgenden Jahren entstanden drei ähnliche Flachdachhäuser in der nahegelegenen Lerchenhainsiedlung. Diese war ursprünglich von Peter Feile rund um die von der Keesburgstraße abzweigende Stichstraße Lerchenhain als großes Projekt geplant. Wie eine „Stadtkrone" sollten die steil aufragenden Kuben von 22 Häusern nebeneinander aufgereiht stehen. Drei Musterhäuser wurden tatsächlich gebaut und 1930 mit erneut großer Resonanz vorgestellt. Das ehrgeizige Projekt kam jedoch in der Weltwirtschaftskrise zum Erliegen, denn es existierte offensichtlich kein Käuferkreis mehr.

Die Machtübernahme der Nationalsozialisten beendete den kurzen Würzburger Ausflug in die Moderne dann gänzlich; nun war wieder Heimatstil mit Giebeln, Erkern und Spitzdächern angesagt. Das Laredo'sche Haus erwarb nach dessen Auswanderung ein Notar, Peter Feile verkaufte seinen Teil an einen jüdischen Weingroßhändler; als dieser 1936 bei einem Unfall starb, erwarb ein Ingenieur das Gebäude von der Witwe. Sowohl das Doppelhaus als auch die drei Häuser der Lerchenhainsiedlung existieren heute noch, nach Umbauten zum Teil behutsam wieder in die Nähe des Originalzustandes zurückversetzt. Alle stehen auf der Denkmalliste.

Auch die 1920 geborene Gertrud Hinterberger, Tochter des Inhabers einer Maßschneiderei, wuchs in einer – wie sie selbst sagte – „guten Wohnstraße" in gehobenen Verhältnissen auf: in der Theresienstraße, die auf einer Seite von Vorgärten mit Lanzenreihen-Zäunen und verschiedenen Bepflanzungen geprägt wurde. „Das Haus war sehr solide gebaut", erinnerte sie sich, „außen Klinker und Naturstein, innen Granitstufen, wunderschöner Terrazzoboden im Treppenhaus und Jugendstilmalerei an den Wänden." In allen Zimmern standen prächtige Kachelöfen. Die Türstöcke waren mit geschnitzten Kronen und die Decken mit Stuck verziert, das Gebäude war an die Gasversorgung angeschlossen. „In den ersten Jahren gab es nur Gaslampen, die ein schönes warmes Licht ausstrahlten", notierte Gertrud Hinterberger. „Der Vater musste nur immer mal neue Strümpfchen einsetzen. Das waren zarte Asbestgewebe auf dünnen Tonfüßchen." Die Wohnzimmerlampen besaßen Lampenschirme mit bunten Perlschnüren oder waren aus Milchglas mit Jugendstilmotiven. Um 1930 wurde dann Strom gelegt und die Gaslampen hatten ausgedient. Im Dachgeschoss des Hauses gab es ausgebaute Kammern für die Dienstmädchen. In einer anderen Bodenkammer befand sich das Wasserreservoir, das etwa eineinhalb Kubikmeter umfasste und mit einem Schwimmer ausgestattet war, ähnlich wie in einem WC-Spülkasten. Gertrud Hinterberger: „Der Wasserdruck war in der Stadt scheinbar nicht gleichmäßig. Das Becken im Dach sorgte für einen gleichbleibenden Wasserdruck im Haus."

Gertrud Hinterberger mit ihren Brüdern. (Sammlung Roland Flade, Würzburg)

aus; wie schon bei den Feile'schen Flachdachhäusern fällt auch hier die häufig moderne und funktionale Gestaltung auf.

Viele der im Katalog gezeigten Möbel stellten Handwerker der Umgebung auf Bestellung her, darunter die Kunstschreiner der Familie Hirnickel in Euerdorf bei Bad Kissingen. Eine Nachfahrin, die Euerdorfer Galeristin Elisabeth Hirnickel, hat den Katalog an die Museen Schloss Aschach abgegeben.

Beispiele von Wohnungseinrichtungen aus dem Katalog „Raumkunst unserer Zeit" des Möbel- und Antiquitätenhauses S. Seligsberger Wwe. Von oben links im Uhrzeigersinn: Sitzbereich in einem Wohnzimmer; Küche mit funktionalen, miteinander kombinierbaren Möbeln und einem herausziehbaren Spültisch; Schlafzimmer mit Möbeln in großer Faserung, was damals modern war; repräsentatives Herrenzimmer. (Leihgabe der Museen Schloss Aschach im Museum für Franken in Würzburg © Fotoarchiv, Museum für Franken)

Im Jahr 1930, als der Katalog erschien, wurde Heidingsfeld nach Würzburg eingemeindet. Die Wohnungsnot blieb trotz vielfältiger Anstrengungen auch in den folgenden Jahren, die schon von der Weltwirtschaftskrise gezeichnet waren, auf hohem Niveau. Am 1. April 1931 waren 4.469 Wohnungssuchende registriert, ein Jahr später 4.572. Dennoch wurde in den letzten Jahren der Weimarer Republik die Wohnungszwangswirtschaft immer mehr gelockert. Die Hausbesitzer konnten von nun an über alle freiwerdenden Wohnungen wieder ganz nach eigenem Ermessen verfügen. Die Stadtverwaltung hatte einige Zeit lang mit der Vergabe fremder Wohnungen nichts mehr zu tun.

90 Jahre Stadtbau Würzburg: Gründung der Gemeinnützigen

Von Aufbau bis Zerstörung

Würzburg 1934: Die Nazis sind seit gut einem Jahr an der Macht. Am 23. März 1933 wird Oberbürgermeister Hans Löffler „beurlaubt". Offizieller Grund für die Beurlaubung ist, dass Löffler der Umbenennung der Friedrich-Ebert-Straße nicht zustimmen wollte. Am Tag darauf tritt Löffler zurück und an seiner Stelle wird der NSDAP-Kreisleiter Theo Memmel als OB installiert. Dieser würdigt seinen Vorgänger Löffler immerhin insofern, dass er ihm zwar Fehler unterstellt, aber bestätigt, dass er weder korrupt sei noch Verbrechen begangen habe. Zwei Vorwürfe, mit denen sich die Nazis gerne politischer Konkurrenten entledigten. Nachdem die BVP- und die SPD-Mitglieder ihre Mandate niederlegen mussten, besteht der Stadtrat aus 26 NSDAP-Mitgliedern. Die Gleichschaltung ist in vollem Gange.

Was gleich blieb, waren die Probleme. Ganz vorne in der Reihe, stand die vor allem von den Wirtschaftskrisen Anfang der 1930er-Jahre verursachte Wohnungsnot. Verglichen mit den größten bayerischen Städten war sie in Würzburg am höchsten. Zwischen 1914 und 1920 war in Würzburg keine einzige Privatwohnung gebaut worden. Jetzt fehlten rund 2.000 Kleinwohnungen und weitere 3.000 Mieter waren auf der Suche nach einer besseren, gesünderen und menschenwürdigeren Unterkunft. Nun kann man den Nazis nicht unterstellen, dass sie nicht versucht hätten, das Problem zu lösen.

Oberbürgermeister Memmel bezeichnete es als seine vordringlichste Aufgabe „Wohnungen für minderbemittelte Volksgenossen zu beschaffen." „Minderbemittelt" war der damals gebräuchliche Begriff für Menschen mit niedrigem Einkommen, die Einschränkung auf „Volksgenossen" zeigt, welch Geistes Kind die Protagonisten waren.

Trotz eingeschränkter finanzieller Mittel gelang es der Stadt Würzburg, im Jahr 1934 rund 200 sogenannter Kleinwohnungen zu bauen, insbesondere in Grombühl und der Zellerau. Möglich wurde dies auch durch Zuschüsse aus

Oberbürgermeister Theo Memmel (Stadtarchiv Würzburg)

dem „Außerordentlichen Wohnungsprogramm", das nach dem damaligen bayerischen Ministerpräsidenten und Finanzminister auch „Siebertprogramm" genannt wurde, in Höhe von 335.000 Reichsmark (RM), zu denen die Stadt nur noch einen fünfstelligen Betrag zuschießen musste. Viel mehr war auch nicht möglich, da es für die Kommunen zu dieser Zeit schwierig war, Kredite aufzunehmen. Dies verhinderte oder erschwerte eine Verordnung über das Sparkassenwesen, das es der Reichsregierung ermöglichte, Satzungsänderungen und Eingriffe in die Sparkassenorganisation zu machen. Eine Sperrklausel verbot es den Instituten, Kredite an Kommunen und andere öffentlich-rechtliche Körperschaften zu vergeben. Hinzu kam das Gemeindeumschuldungsgesetz vom September 1933, das auch die Darlehensaufnahme bei anderen Banken nahezu unmöglich machte.

Das war die Ausgangssituation: 200 neue Kleinwohnungen im Jahr 1934, was angesichts von 5.000 benötigten Wohnungen noch nicht einmal der sprichwörtliche Tropfen auf den heißen Stein war, aber andererseits kaum die Möglichkeit, an finanzielle Mittel für den Wohnungsbau zu kommen. Stadtrechtsrat Eugen Wirth erinnerte sich an eine bereits vor der Nazizeit geborene Idee, wie Würzburg aus dieser Situation herauskommen könnte. Mit einer „gemischtwirtschaftlichen" Gesellschaft – heute würde man wahrscheinlich „public private partnership" dazu sagen – in der Form einer privatrechtlichen GmbH sollte einerseits die Möglichkeit zur Aufnahme von Krediten geschaffen und andererseits privates Geld für den Wohnungsbau mobilisiert werden. Da die Stadt die Mehrheit der Anteile halten wollte, war der gemeinnützige Charakter der Gesellschaft gewährleistet.

Allerdings war es schwerer als erwartet, Wirtschaftsunternehmen zum Mitmachen zu bewegen. Im Sommer 1934 gab es zwar fünf Gründungsmitglieder, aber Oberbürgermeister Memmel machte bei einem Pressetermin im November 1934 seinem Ärger Luft: „Er habe nun eine gemeinnützige Wohnungsbaugesellschaft gegründet, mit seinem Aufruf an Firmen und Behörden zum Beitritt aber einen Misserfolg gehabt. Nur vier Firmen hätten sich gemeldet. Trotzdem werde demnächst mit dem Bauprogramm begonnen (20 Häuser mit 140 Wohnungen). Er gebe die Hoffnung nicht auf, dass dieser Anfang andere Firmen, Behörden und Organisationen aneifern werde, ihn in seinem Vorhaben zu unterstützen und der Gemeinnützigen Wohnungsbaugesellschaft beizutreten", heißt es im Würzburger Generalanzeiger vom 23. November 1934.

Am 3. Dezember 1934 wurde die Gründung der Gemeinnützigen Baugesellschaft für Kleinwohnungen GmbH, Würzburg notariell beurkundet. „Gegenstand und Zweck der Gesellschaft ist der Bau von Kleinwohnungen in eigenem Namen und die Betreuung des Baus von Kleinwohnungen unter ständiger Berücksichtigung der Gemeinnützigkeitsverordnung", heißt es in Paragraph 2 des Gesellschaftervertrages. Zum (ehrenamtlichen) Geschäftsführer wurde Stadtbaurat Hubert Groß und zum stellvertretenden Geschäftsführer Regierungsbaumeister Leonhard Meyer bestellt. Bereits ein Jahr später zeigte sich, dass die anfallende Arbeit ehrenamtlich nicht zu leisten war. Deshalb kam es zu einer Rochade: Leonhard Meyer wurde hauptamtlicher Geschäftsführer und Hubert Groß sein (ehrenamtlicher) Stellvertreter.

Am Stammkapital von 200.000 Reichsmark (RM) hielten die Stadt Würzburg 155.000 RM, die Elektrizitätsversorgung Unterfranken AG 15.000 RM, die Baufirmen Friedrich Bucher und Josef Meixner sowie die Würzburger Hofbräu AG je 10.000 RM. Der Anfang war gemacht und die Hoffnungen des Oberbürgermeisters wurden zumindest insofern erfüllt, als im Laufe des folgenden Jahres die Städtischen Werke mit 30.000 RM sowie die Bauunternehmen Kaspar Schneller, Georg Molinari und die Ziegelei Karl Wander mit jeweils 10.000 RM, Gesellschafter der „Gemeinnützigen" wurden. Entsprechend erhöhte sich das Stammkapital auf 260.000 RM.

Baureife Grundstücke

Die Stadt Würzburg hatte ihren Anteil an der Gesellschaft in Form einer Bareinlage von 21.000 RM und von baureifen Grundstücken im Wert von 134.000 RM geleistet. Darunter ein 6.200 Quadratmeter großes Grundstück in der Sanderau im Bereich Ludwigkai – Sonnenstraße – Rückertstraße und eine Baufläche von 4.000 Quadratmetern an der Mönchbergstraße. Es konnte also losgehen. Auf der Ratssitzung am 5. November 1935 verkündete Eugen Wirth, dass die GWG demnächst mit dem Bau von 250 Kleinwohnungen beginnen würde.

Die hochfliegenden Wohnungsbaupläne wurden jedoch schnell auf den Boden der von den politischen Rahmenbedingungen geprägten Tatsachen zurückgeholt. 1935 kam das Saarland nach einer Volksabstimmung wieder zu Deutschland. Das band finanzielle Mittel, genauso wie die sogenannte „Wehrhaftmachung", was sich am besten mit „Aufrüstung" übersetzen lässt. Für den Wohnungsbau hatte der Staat jedenfalls kaum mehr Geld übrig. Im Bericht über das Geschäftsjahr 1935 der Gemeinnützigen Baugesellschaft für Kleinwohnungen heißt es dazu: „Aus dem außerordentlichen bayerischen Wohnungsbauprogramm standen für Würzburg nur ganz geringe Mittel zur Verfügung. Die hiervon auf die gemeinnützige Baugesellschaft entfallenen Mittel reichten gerade aus, um 24 Wohnungen an der Mönchbergstraße und vier Siedlerhäuschen am Lehmgrubenweg zu bauen. Es sind keine Mühen gescheut worden, auch die übrigen Bauvorhaben wenigstens noch im Jahre 1935 beginnen zu können, doch traten Schwierigkeiten auf, welche erst Anfang des Jahres 1936 beseitigt werden konnten, so dass Ende Mai 1936 mit dem Bau von 100 Wohnungen am Ludwigkai begonnen werden könnte." Zudem bemühte sich die „Gemeinnützige" um Mittel aus dem Programm der Reichregierung zur Förderung des Volkswohnungsbaus. Auch hier gab es anfänglich Schwierigkeiten, aber im zweiten Versuch wurde die Bezuschussung genehmigt.

Wohnhäuser in der Sanderrothstraße.
(Foto: Stadtbau Würzburg)

Die ersten vier Bauvorhaben der Gemeinnützigen Baugesellschaft für Kleinwohnungen waren:

Siedlungshäuser am Lehmgrubenweg

Am Lehmgrubenweg wurden zwei Doppelhäuser gebaut. Drei der kleinen Häuser hatten im Erdgeschoss eine Küche und zwei Räume und im Dachgeschoss zwei Räume, das vierte Haus hatte im Erdgeschoss neben der Küche und zwei Räumen noch einen Verkaufsraum. Zu jeder Siedlerstelle gehörten außerdem 600 Quadratmeter Garten und ein Nebengebäude als

Waschküche und Stall. Die Häuser sollten verkauft und mit den Einnahmen der Aufwand gedeckt werden.

Bauvorhaben am Mönchberg

In einer bevorzugten Wohnlage mit Aussicht über die ganze Stadt errichtete die „Gemeinnützige" zwei Baublöcke, die aus je zwei Häusern mit sechs Wohnungen bestanden. Das ganze Bauvorhaben umfasste zwölf Zweizimmerwohnungen mit Wohnküche sowie 50 Quadratmetern Wohnfläche und zwölf Dreizimmerwohnungen mit kleiner Küche und 67 Quadratmetern Wohnfläche.

Bauvorhaben am Ludwigkai

Am Ludwigkai wurden zwei Wohnblöcke mit einmal drei und einmal zehn Häusern gebaut, die acht Zweizimmerwohnungen mit jeweils 46 Quadratmetern Wohnfläche, 88 Dreizimmerwohnungen mit jeweils 60 Quadratmetern Wohnfläche und vier Vierzimmerwohnungen mit jeweils 95 Quadratmetern Wohnfläche boten. Der größte Teil der Wohnungen hatte freie Sicht auf den Main, Käppele, Festung bis nach Heidingsfeld. Auf der Rückseite der Häuser gab es eine große gemeinsame Hofanlage.

Die Volkswohnungen

Bei den Volkswohnungen hatte die „Gemeinnützige" Probleme, die strengen Vorgaben vor allem in Bezug auf die Baukosten einzuhalten. Ein erster Antrag für Mittel zum Bau von 120 Volkswohnungen wurde abgelehnt, auch ein modifizierter zweiter Antrag für 109 Wohnungen fand keinen Anklang bei den Genehmigungsbehörden. Erst einem dritten, noch einmal abgespeckten Antrag wurde zugestimmt. Gebaut wurden schließlich zwölf Mietwohnhäuser mit 48 Dreizimmerwohnungen und 36 Einzelhäuschen mit einer Dreizimmerwohnung im Erdgeschoss und einer Einliegerwohnung im Dachgeschoss am Lehmgrubenweg, am Mönchberg und an der Bauriedlstraße. Der Bau ging dann um so schneller. Bereits am 7. November 1936 konnte Richtfest für den ersten Bauabschnitt gefeiert werden und zwei Monate später, am 11. Januar 1937, für den zweiten Bauabschnitt. In Vertretung des Oberbürgermeisters betonte Rechtsrat Eugen Wirth, „die Gemeinnützige Baugesellschaft (GWG), sei gegründet worden, um als verlängerter Arm der Stadtverwaltung billigen Wohnraum zu schaffen. Die GWG habe bis jetzt 250 neue Wohnungen geschaffen, eine sehr anerkennenswerte Leistung, mit der die GWG ihre Existenzberechtigung im schönsten Lichte gezeigt habe."

Eine der ersten Bewohnerinnen einer Wohnung der Gemeinnützigen Baugesellschaft war **Thea Gladisch.** Mit gerade einmal neun Monaten zog sie 1937 mit ihren Eltern in die Sanderrothstraße in der Hindenburgsiedlung (heute Gartenstadt Keesburg).

Thea Gladisch: Am Ende der Welt

„Mein Vater hat die damals neu gebauten Häuser der Gemeinnützigen Wohnungsbaugesellschaft entdeckt und sofort beschlossen, dort einzuziehen. Alle haben ihn für verrückt erklärt, weil wir ‚ans Ende der Welt' ziehen. Aber schön war die Zeit schon. Wir waren damals rund 100 Kinder in 48 Wohnungen, wir hatten viel Spaß.

Der Bus fuhr noch nicht bis hoch, also liefen wir durch die Ebertsklinge hinunter zur Schillerschule, durch einen Hohlweg mit Wäldchen und See. Im Sommer haben wir dann öfter mal Brombeeren gepflückt, die haben gut geschmeckt.

Dass wir ‚am Ende der Welt' wohnten, war dann im Krieg ein Vorteil. Die Häuser in der Sanderrothstraße wurden nur geringfügig beschädigt. Die Amerikaner haben in die Mitte jedes Hauses einmal hineingeschossen, die Schäden hielten sich in Grenzen."

Thea Gladisch
(Foto: Stadbau Würzburg)

(Quelle: Stadtbau-Magazin, Winter 2007)

Trotz einiger Hakeleien entwickelte sich die Gemeinnützige Baugesellschaft für Kleinwohnungen positiv. Die Zahl der Gesellschafter wuchs auf 14 an, neue Bauvorhaben wie die im Auftrag der Reichsbahn errichteten Arbeiterwohnungen in der Bossistraße in Grombühl oder die Arbeiterwohnstätten in der Hartmannstraße wurden in Angriff genommen oder fertiggestellt. Ende 1938 hatte die „Gemeinnützige" vier Siedlerhäuser und 370 Kleinwohnungen, Arbeiterwohnstätten und Volkswohnungen gebaut.

Aber das kommende Unheil warf bereits seine Schatten voraus. In Vorbereitung auf den Krieg hatten Adolf Hitler und die Reichsregierung eine Reihe von Gesetzen und Anordnungen erlassen. Für die Gemeinnützige Baugesellschaft waren insbesondere die Maßnahmen zur Lenkung der Bauwirtschaft von Bedeutung. Um genügend Baumaterialien und Arbeiter zum Ausbau der Kriegsinfrastruktur zu haben, wurde die Verwendung von Baueisen, Holz und Zement beschränkt und die Verteilung von Arbeitskräften so reguliert, dass „staats- und wirtschaftspolitisch wichtige Bauten" Vorrang hatten. Die für das Jahr 1938 geplanten Baumaßnahmen der GWG konnten jedoch ohne größere Beeinträchtigungen durchgeführt werden, weil die notwendigen Kontingente bereits gesichert waren.

Auch für das Jahr 1939 herrschte anfänglich Optimismus, der sich aber spätestens am 1. September verflüchtigte. Mit dem Überfall Hitlerdeutschlands auf Polen begann der Zweite Weltkrieg. Zwar konnten die bereits angefangenen und im Rohbau fertiggestellten Häuser weitergebaut werden, aber der Abzug von Arbeitskräften und die Einberufung von Mitarbeitern machte sich durch einen deutlich langsameren Baufortschritt bemerkbar. Auch der Vorrang sogenannter kriegswichtiger Bauten führte dazu, dass Bauprojekte gestoppt werden mussten. Bereits im August 1939 war vom Generalbevollmächtigten für die Bauwirtschaft eine Bausperre erlassen worden, von der der soziale Wohnungsbau zunächst ausgenommen war. Das änderte sich Anfang 1940, von da an durften auch bereits begonnene Bauvorhaben, bei denen der Rohbau noch nicht fertiggestellt war, nur mit Zustimmung des Gebietsbeauftragten des Generalbevollmächtigten fortgeführt werden.

Trotzdem konnte die Gemeinnützige ihren Wohnungsbesitz bis Ende 1940 auf 98 Häuser mit 456 Wohnungen erhöhen. 15 Häuser mit 90 Arbeiterwohnungen waren noch im Bau und zwischen 1939 und 1945 wurden weitere 104 Wohneinheiten von Mietern bezogen.

Dann kam der 16. März 1945. Unter Führung der 5. Bomber-Gruppe der britischen Royal Air Force griffen 225 Bombenflugzeuge Würzburg an und warfen rund 1.000 Tonnen Markierungs-, Spreng- und vor allem Brandbomben auf die Stadt. Das Bombardement dauerte nur 17 Minuten, danach waren rund 3.600 Würzburgerinnen und Würzburger tot, 90 Prozent der Innenstadt und 68 Prozent der Außenbezirke zerstört. Auch die Gemeinnützige Baugesellschaft wurde hart getroffen: Von ihren 555 Wohnungen waren nach dem Bombenhagel „nur" knapp 50 Prozent (260 Wohnungen) zerstört oder unbewohnbar. Die übrigen Wohnungen waren mehr oder weniger stark beschädigt. 43 Mieterinnen und Mieter, meist Frauen und Kinder, kamen in der Bombennacht ums Leben.

Blick von der Residenz auf die zerstörte Stadt (Foto: Walter Röder, Main Post)

Die Gemeinnützige Baugesellschaft für Kleinwohnungen GmbH, Würzburg, im Jahr 1935

Im ersten Geschäftsbericht der am 3. Dezember 1934 gegründeten Gemeinnützigen Baugesellschaft für Kleinwohnungen wurden folgende Gremien und Funktionen genannt:

Gesellschafter:

    Stadtgemeinde Würzburg
    Kreiselektrizitätsversorgung Unterfranken AG in Würzburg
    Würzburger Hofbräu AG in Würzburg
    Fa. Friedrich Buchner, offene Handelsgesellschaft in Würzburg
    Fa. Bauunternehmung Josef Meixner in Würzburg
    Fa. Bauunternehmung Kaspar Schneller in Würzburg
    Fa. Bauunternehmung Georg Molinari in Würzburg
    Fa. Ziegelei Karl Wander in Helmstadt

Aufsichtsrat:

    Theo Memmel, Oberbürgermeister, Vorsitzender
    Dr. Oskar Rudolf Dengel, Bürgermeister, stellv. Vorsitzender
    Eugen Wirth, Stadtrechtsrat
    Georg Stummer, Stadtbaurat
    August Reinhard, Direktor
    Dr. Dankmar Zergiebel, Direktor

Geschäftsführung:

    Hubert Groß, Städt. Baurat, Geschäftsführer
    Leonhard Meyer, Regierungsbaumeister, stellv. Geschäftsführer

Gremien und Funktionen der Gemeinnützigen Gesellschaft für Kleinwohnungsbau 1940

Gesellschafter:

Stadt Würzburg

Überlandwerk Mainfranken AG, Würzburg

Würzburger Hofbräu AG, Würzburg

Fa. Friedrich Buchner, offene Handelsgesellschaft, Würzburg

Fa. Bauunternehmung Josef Meixner, Würzburg

Fa. Bauunternehmung Kaspar Schneller Söhne, Würzburg

Fa. Bauunternehmung Georg Molinari, Würzburg

Fa. Ziegelei Karl Wander, Helmstadt

Fa. Bauunternehmung Matthäus Hauck, Würzburg

Fa. Zimmergeschäft Adam Barth, Würzburg

Universitätsdruckerei H. Stürtz AG, Würzburg

Allgemeine Ortskrankenkasse, Würzburg

Fa. Bauunternehmung Josef Keidel, Würzburg

Neue Würzburger Straßenbahnen GmbH, Würzburg

Aufsichtsrat:

Theo Memmel, Oberbürgermeister, Vorsitzender

Dr. Oskar Rudolf Dengel, Bürgermeister, stellv. Vorsitzender

Eugen Wirth, Stadtrechtsrat

August Reinhard, Direktor

Dr. Dankmar Zergiebel, Direktor

Geschäftsführung:

Leonhard Meyer, Regierungsbaumeister, Geschäftsführer

Hubert Groß, Stadtbaurat, stellvertretender Geschäftsführer

1933 - 1937

Wohnblöcke und eine „Reichssiedlung"

Als die Nationalsozialisten in der ersten Hälfte des Jahres 1933 auch in Würzburg die unbeschränkte Macht übernahmen, machten sie die immer noch drängende Wohnungsfrage zu einem ihrer wichtigsten Propagandainstrumente. Schließlich galt Würzburg als die bayerische Stadt mit dem größten Wohnraummangel, was sich zum Beispiel daran zeigte, dass 1934 auf eine ausgeschriebene Wohnung 40 bis 60 Bewerbungen eingingen. In diesem Jahr wurde die städtische „Gemeinnützige Baugesellschaft für Kleinwohnungen" gegründet. Diesem Vorläufer der „Stadtbau" – zusammen mit der Heuchelhofgesellschaft – sind in diesem Buch eigene Kapitel gewidmet.

Die NS-Propaganda arbeitete auf Hochtouren: Die gleichgeschaltete Presse schilderte mit drastischen Worten die „Elendsviertel" der Stadt und verglich sie mit den Zuständen in den Notstandsgebieten Rhön und Spessart. Auch die Bewohner dieser Quartiere sollten Wohnungen erhalten, in denen gemäß der nationalsozialistischen Gesundheits- und Bevölkerungspolitik Kinder „in Licht, Luft und Sonne zu wertvollen Volksgenossen heranwachsen" könnten. Die Fortführung und Intensivierung des Wohnungsbauprogramms der Weimarer Jahre verband die NS-Stadtverwaltung mit einem weiteren Ziel: der Reduzierung der grassierenden Arbeitslosigkeit.

Die NSDAP entschied sich noch vor der Schaffung der „Gemeinnützigen Gesellschaft" als eine der ersten Maßnahmen für den Neubau von Wohnungen in der Zellerau, und zwar vor allem als Erweiterung der bereits in der Weimarer Republik erbauten Wohnblöcke zwischen der Rotenhan-, Scharnhorst- und Eiseneckstraße. Noch 1933 wurde diese Anlage ergänzt durch sechs Häuser in der Mainaustraße. Diese boten Platz für 36 Wohnungen, zwölf davon waren für kinderreiche Familien gedacht. Die „Gemeinnützige Aktiengesellschaft für Angestelltenheimstätten (Gagfah)" baute dieses Viertel mit je zwei Hausblöcken an der Mainau- und der Ysenburgstraße weiter aus. Mit diesen Gebäuden wurde zusammen mit zusätzlichen Häusern der „Wohnbau GmbH Berlin" und des Bauunternehmens Kratz „ein ganzer Stadtteil im Anschluss an das Kasernengelände Zellerau mit über 200 Wohnungen geschaffen", hieß es rückblickend in dem 1950 veröffentlichten Bericht der Nachkriegs-Stadtverwaltung über die ersten Jahre des Dritten Reiches. Weitere Mietshäuser mit „brauchbaren Zwei- bis Drei-Zimmer-Wohnungen" wurden laut derselben Quelle auch in der Robert-Koch-Straße in Grombühl errichtet.

Die 1921 gegründete gemeinnützige Baugenossenschaft „Selbsthilfe" für Würzburg und Umgebung e.G.m.b.H. beteiligte sich bis in die ersten Jahre des Dritten Reiches hinein an der Errichtung von Häusern mit familiengerechten Wohnungen zu tragbaren Mieten. Das gleiche Ziel verfolgte der um 1923 gegründete „Beamtenwohnungsverein Würzburg eGmbH"; beide Genossenschaften schufen bis zum Ende des sozialen (und sonstigen) Wohnungsbaus in Würzburg vor dem Zweiten Weltkrieg zusammen immerhin 52 Gebäude mit 347 Wohnungen. Danach konnte lange Zeit nichts mehr gebaut werden. Im Juli 1941 wurden die beiden Genossenschaften zur „Gemeinnützigen Wohnungsgenossenschaft Frauenland eGmbH" zwangsverschmolzen.

Die Wohnungsnot betraf zahlreiche Würzburgerinnen und Würzburger. Doch es gab auch die vielen anderen, die in durchaus zufriedenstellenden Verhältnissen lebten. Dass es damals beispielsweise möglich war, sich auf dem inzwischen freien Mietmarkt zu verbessern, zeigen die Erinnerungen des 1930 geborenen Werner (nach der Emigration: Verne) Fuchs. Das Einzelkind hatte die ersten drei Jahre mit den Eltern Berta und Ludwig Fuchs, einem Büroangestellten, in einer kalten Parterrewohnung an der Nordseite des Häuserblocks Wredestraße 1 verbracht. Immerhin besaß er ein Kinderzimmer, doch war dieses nur eine kleine Kammer. 1933 ergab sich für die Eltern die Möglichkeit, eine größere Wohnung im dritten Stock des Hauses Hartmannstraße 6 zu mieten. Der Umzug war eines der ersten Erlebnisse seiner Kindheit, an das sich Werner Fuchs erinnern konnte: „Mein großer brauner Teddybär saß oben auf dem mit Schachteln beladenen Leiterwagen. Meine Mutter zog mit beiden Händen feste an der Deichsel und ich durfte hinten schieben und somit dabei helfen, einen Teil unserer Habe zur neuen Wohnung zu befördern."

Der 1930 geborene Werner Fuchs als Dreijähriger mit seinen Eltern Berta und Ludwig Fuchs. Am Mende-Radio, einem der ersten Radios in der Hartmannstraße, hörte der Vater die im Dritten Reich verbotenen „Feindsender". Wenn er dies tat, benutzte Ludwig Fuchs, ein überzeugter Nazigegner, der im Ersten Weltkrieg einen Arm verloren hatte, den Kopfhörer, den hier der Sohn ausprobiert. (Sammlung Verne Fuchs, North Vancouver, B.C., Kanada)

Diese Wohnung verfügte über ein Bad, damals eher eine Seltenheit, und Werner besaß endlich ein angemessenes Kinderzimmer. Von den westlichen Wohn- und Schlafzimmerfenstern aus konnte man im Norden den Steinberg und im Süden den Festungsberg sehen. Der gegenüberliegende Wohnblock war weit genug entfernt, um die Nachmittags- und Abendsonne hereinscheinen zu lassen. Eine Attraktion blieb Werner Fuchs, der nach dem Zweiten Weltkrieg nach Kanada auswanderte, besonders im Gedächtnis haften: „Ab und zu kamen Hofmusikanten in unseren Hof, manchmal einzeln, aber meistens in Gruppen von zwei oder drei. Auf Instrumenten aller möglichen und unmöglichen Art machten sie Musik, und schnell kamen die Köpfe der Hausfrauen aus den Fenstern, um zuzuhören. Wir Kinder durften dann das in Zeitungspapier eingewickelte und heruntergeworfene Geld einsammeln und in den bereitgestellten Hut oder offenen Geigenkasten werfen." Der Hof wurde allerdings oft zum Wäschetrocknen benutzt, was die Möglichkeiten der hier spielenden Buben und Mädchen stark einschränkte. Werner Fuchs: „Die Tatsache, dass die trocknende Wäsche meistens von ihren Besitzern mit scharfem Auge vom Fenster aus bewacht wurde, machte es fast unmöglich, dazwischen ‚Nachlauferles' oder etwa mit dem Ball zu spielen, ohne von oben mit schriller Stimme gemahnt oder gar geschimpft zu werden."

Einen Eindruck von „normalen", aber alles andere als luxuriösen Wohnverhältnissen geben auch die Erinnerungen von Helmut Försch, der zwei Jahre vor Werner Fuchs geboren wurde und in Grombühl aufwuchs, zunächst in der Reiserstraße. Sein Vater Fritz Försch betrieb in der Wagnerstraße eine Polsterei. Um 1935 zog die Familie um und auch für den Knaben Helmut bedeutete dies einen wichtigen Einschnitt.

Helmut Försch über die „große Wäsch" in Grombühl

„Man sagt, mit dem Eintritt in die Schule begänne ein neuer Lebensabschnitt. Ich glaube, dass der Umzug in die Grombühlstraße für mich noch einschneidender war. In der Reiserstraße hatten wir nur eine Einzimmerwohnung und mir hatte der Storch, so wurde das damals vermittelt, schon einen Bruder gebracht und ein weiterer sollte nun auch nicht mehr lange auf sich warten lassen. Wir brauchten eine größere Wohnung. Das neue Haus war fast feudal zu nennen mit seinem breiten Treppenaufgang, schmiedeeisernem Geländer, schönen Türen und Balkon und der Toilette in der Wohnung. Mit einigen Freunden meiner Eltern sind wir umge-

Helmut Försch. (Sammlung Helmut Försch, Würzburg)

zogen, mit einem Leiterwägelchen und dem Handwagen meines Vaters, mit dem er seine Polstermöbel zur Kundschaft fuhr.

‚Eigener Herd ist Goldes wert' stand auf dem Überhang, hinter dem die Küchentücher aufgehängt waren. Dieser Herd war aus schwarzem Gusseisen und bedurfte ständiger Pflege. Dazu wurde er abgeschliffen, mit einer schwarzen Paste eingeschmiert und mit einer Bürste auf Hochglanz gewichst. Über der Feuerstelle waren eiserne Ringe, die es ermöglichten, die Töpfe über der Glut einzuhängen, wodurch die Energie besser genutzt werden konnte. Kohle, Holz und Briketts mussten aus dem Keller hinauf in den dritten Stock geholt werden. Mit dem Messer wurden aus den Holzscheiten Späne geschnitten, die auf zusammengeknülltem Zeitungspapier aufgeschichtet und entzündet wurden. Wann und wie viele Kohlen nachgelegt wurden, bedurfte einiger Erfahrung, denn ein wenig zu viel des Guten ließ das Feuer erlöschen.

Die Zubereitung der Speisen war aufwendig und zeitraubend. Noch viel mehr die Instandhaltung der Kleidung. Die ‚kleine Wäsch' wurde im Waschhafen, der mit einem Einsatz auch zum Sterilisieren verwendet wurde, besorgt und in einer Waschwanne auf einem gewellten Waschbrett und mit Kernseife gerubbelt. Im Rhythmus von zwei Wochen gab es ‚große Wäsch'. Die Waschküche im Keller war dann Schauplatz einer enormen Tagesleistung. Schon am Vorabend wurden mehrere große Gelten mit Wasser gefüllt und das Waschgut eingeweicht. Früh um sechs Uhr ging es los. In den Waschkessel wurde die erste Ladung gefüllt und dieser angeheizt, genauso wie im Küchenherd. Verbrannt wurden Holzspäne, die wir tags zuvor beim Sägewerk Berner in der Aumühle mit dem Leiterwagen in großen Säcken geholt hatten und die neben dem Waschkessel zu einem großen Haufen getürmt lagen. Diese verbrannten schnell, und es galt, ständig auf der Hut zu sein und das Brenngut richtig zu dosieren, denn wenn man säumig war, verlosch das Feuer. Stopfte man zu viel in das Feuerloch, verpuffte das Zeug, das Schürloch flog auf, und die brennenden Späne flogen in die Gegend.

War der Kochvorgang beendet, bei dem mit einem hölzernen ‚Waschlöffel' gerührt wurde, wurde alles wieder in eine der Wannen verfrachtet und mit einem Stampfer der ersten mechanischen Bearbeitung unterzogen. Danach kam Stück für Stück auf den Waschtisch, wo es mit Seife, Wurzelbürste und viel Muskelkraft geschrubbt wurde, um anschließend im klaren Wasser ‚gelüht' (gespült) zu werden. Unterdessen war die nächste Ladung beim Kochen, und so ging das weiter, bis alles so weit fertig war.

Ich hatte dabei, wie in späteren Jahren auch meine kleinen Brüder, meine Aufgabe: schüren, rühren und stampfen. Später wurden die Stücke ausgewunden (‚wringen' sagt man anderswo) und dann zum Trocknen aufgehängt. Im Sommer war das einfach, denn sie konnten auf dem Platz im Hof aufgehängt werden. Im Winter war der Trockenplatz im Dachboden. Dann und wann ging es auch zum Bleichrasen zwischen Petrini- und Robert-Koch-Straße. Und waren Teppiche, Vorhänge und andere schwere Sachen zu reinigen, ging's zum Waschschiff an den Main. Am Waschtag hat die Mama auch einen ‚echten' Kaffee gemacht. Ansonsten gab es nur ‚Muckefuck' (Malzkaffee), der ständig in einem besonderen Topf auf dem Herd stand.

Während man von einer Zentralheizung kaum einmal Lebensäußerungen mitbekommt, waren Herd und Ofen da nicht so geizig, besonders im Winter. Wenn der Ofen bullerte, das Ofenrohr rot anlief und die wassergefüllte Wärmflasche tanzte und wie ein Brummkreisel summte, wenn auf der Platte ein paar Äpfel brutzelten und ihren Duft verströmten, dann war es richtig heimelig bei uns. Und ich saß auf dem Fußschemel, die Mama strickte oder besserte Wäsche aus, erzählte aus ihrer Jugend oder trällerte ein Lied. So sehr auch immer die Straße und die Freunde lockten, in solchen Stunden blieb ich gern zu Hause."

Die Wohnungsnot, der die Nationalsozialisten den Kampf angesagt hatten, traf besonders, aber nicht ausschließlich, Familien und Einzelpersonen in prekären finanziellen Verhältnissen. Um hier schnell propagandistisch verwertbare Fortschritte zu erzielen, griff die Stadtverwaltung zur preiswerten Schaffung einfachster Behausungen. So entstand 1935 die Barackensiedlung am Bauernpfad in Heidingsfeld mit je fünf einstöckigen Doppelhäusern samt kleinen Gärten in zwei Reihen, die für 20 Familien bestimmt waren. Weil dort „gesellschaftlich nicht integrierte Bevölkerungsschichten" wohnten, gab es in der Bauernpfadkolonie einen Pfleger als Aufsicht, der von der Stadt bezahlt wurde; sein Haus stand am Eingang zur Siedlung.

Ein Wohnblock der sogenannten Laubengangkolonie kurz vor dem Abriss im Juli 1972.
(Walter Röder, Main-Post)

In der Zellerau kamen zwischen 1933 und 1935 72 preiswerte Quartiere für weitere „sozial schwierige Fälle" hinzu. Die sogenannte Laubengangkolonie setzte sich aus drei Baublöcken in der östlichen Wredestraße, die heute Dr.-Maria-Probst-Straße heißt, zusammen. Der Name rührt von den Laubengängen, den außerhalb liegenden Hausgängen, her. Als „Siedlung für Minderbemittelte" bzw. „Faulenbergsiedlung" baute die Stadt 1934 zwischen der heutigen Nürnberger Straße und der Eisenbahnlinie Würzburg–Nürnberg 13 kleine Häuser mit je zwei Notwohnungen und drei Häuser mit je drei Notwohnungen. Im Gegensatz zu der weiter unten behandelten Lehmgrubensiedlung wurden die mit kleinen Gärten versehenen Gebäude fertig übergeben und nicht von den künftigen Bewohnern selbst errichtet. An den Faulenberg wurden Familien aus engen Altstadtwohnungen und Barackensiedlungen umgesiedelt. Vor allem die Baracken auf dem Sanderrasen waren ein Stein des Anstoßes gewesen, denn sie standen dem Hallenschwimmbad im Weg, das seit Jahren geplant war und nun endlich gebaut werden sollte. Die Baracken wurden schon 1934 abgerissen, das Bad am 15. November 1936 eröffnet.

Die „Siedlung für Minderbemittelte" bzw. „Faulenbergsiedlung" zwischen der heutigen Nürnberger Straße und der Eisenbahnlinie Würzburg–Nürnberg. (Stadtarchiv Würzburg)

Nach Fertigstellung der Faulenbergsiedlung verwirklichte die Stadt 1935 ein ähnliches Projekt mit acht Häusern samt kleinen Gärten zwischen dem Zollhaus und der Kriegersiedlung. Letztere konnte nicht erweitert werden, da der im Osten angrenzende ehemalige Truppenübungsplatz von der 1935 neugegründeten Deutschen Luftwaffe zu einem großen Fliegerhorst ausgebaut werden sollte, dem auch die Baracken mit Notwohnungen zum Opfer fielen. Als Ersatz wurde ein Gelände in der Nähe der Hindenburgsiedlung im Erbbaurecht zur Verfügung gestellt. 1935 und 1936 entstanden in der dortigen Schanzstraße sechs Häuser mit zwölf Kleinwohnungen. Nur regimetreue ehemalige Frontkämpfer des Ersten Weltkriegs erhielten hier eine Unterkunft zugewiesen.

Bekanntestes Siedlungsprojekt der Nationalsozialisten in Würzburg ist bis heute die Lehmgrubensiedlung in Heidingsfeld, wobei auch diese vorstädtische Kleinsiedlung, wie das Hallenbad, auf Pläne aus der Weimarer Republik zurückging. Die ersten sechs Doppelhäuser entstanden ab 1932 weitgehend in kameradschaftlicher Eigenleistung von Arbeitslosen mit finanzieller Unterstützung von Bernhard Kupsch, dem Gründer der gleichnamigen Lebensmittelkette, weshalb ursprünglich von der „Kupsch-Siedlung" die Rede war. Die Stadt stellte die benötigten Grundstücke im Erbbaurecht zur Verfügung. Vor Beginn der eigentlichen Bauarbeiten musste der Lehmgrubenweg für schwere Pferdefuhrwerke ausgebaut werden und Bruchsteine mussten geschlagen und herangeschafft werden.

Der Lehmgrubenweg vor 1945. (Stadtarchiv Würzburg)

Die NS-Stadtverwaltung nahm das bereits erfolgreich laufende Projekt, das inzwischen auch noch weitere ähnliche Gebäude umfasste, sofort nach der Machtergreifung in ihre eigenen Hände. Aus zunächst nur wenigen Doppelhäusern wurde bis 1935 an vier Straßenzügen ein kleines Dorf mit 124 einheitlichen Gebäuden, 419 Kindern und insgesamt 689 Bewohnern. Die sogenannte „Reichssiedlung" galt als „Aushängeschild für deutsches Siedlungswesen im Würzburger Raum während des Dritten Reiches" (Ingrid Eyring) und als wichtiger Beitrag zur Selbstversorgung. Die Siedler erhielten aus diesem Grund beim Einzug einen Hahn und sechs Hühner, außerdem Obstbäume und Beerensträucher für den Garten. NS-Oberbürgermeister Theo Memmel schrieb 1940 im „Mainfränkischen Kalender", die Siedlerstellen seien einander vollkommen gleich: „Sie bestehen aus zwei Zimmern und Küche im Erdgeschoss. Sofern der Siedler vier Kinder besitzt, ist im ersten Stock ein Zimmer, sofern er fünf und mehr Kinder besitzt, sind zwei Zimmer ausgebaut. Außerdem gehört zu jedem Siedlerhaus ein Garten von rund 600 Quadratmetern Umgriff und ein Nebengebäude, in dem sich ein Waschhaus und ein Stall für Kleintiere befinden." Memmel betonte, „dass die Siedler sich in Gemeinschaftsarbeit das Haus selbst gebaut haben. Kein Balken, den nicht der Siedler selbst gerichtet, kein Stein, den nicht der Siedler selbst gesetzt hat."

Eine der begehrten Siedlerstellen konnte freilich nicht jeder Würzburger bekommen, sondern nur derjenige, der nationalsozialistischen Kriterien entsprach. Die Auswahl erfolgte durch die Stadt unter Berücksichtigung der politischen Einstellung des Antragstellers, seiner „rassen- und erbbiologischen Verfassung", eventueller handwerklicher Vorbildung, der bisherigen Wohnverhältnisse sowie des Leumunds. Juden hatten unter diesen Umständen keine Möglichkeit, sich in der Lehmgrubensiedlung ein Haus zu bauen. Wie der Hinweis von Theo Memmel auf Familien mit fünf und mehr Kindern zeigt, stellten die Nationalsozialisten den Wohnungs- und Siedlungsbau auch in den Dienst ihrer Bevölkerungspolitik, die unter anderem ausreichend soldatischen Nachwuchs für Deutschland gewährleisten sollte. In einem Vier-Jahres-Plan für Bayern hieß es über die Vorzüge von Siedlungen: „Es gibt kein besseres Mittel, um die Neigung zur Beschränkung der Kinderzahl zu bekämpfen, denn zum Siedler gehören auch Kinder. Ein Siedler ohne Kinder wäre ein Widerspruch in sich."

Das Jahr 1937 markierte für die nationalsozialistische Wohnungsbaupolitik einen Wendepunkt. In diesem Jahr waren die entsprechenden Bauvorhaben der Kommune weitgehend abgeschlossen, danach wurden Einrichtungen der Wehrmacht sowie Rüstungs- und Industrieanlagen mit Priorität gefördert. In den ersten fünf Jahren der NS-Herrschaft waren somit zahlreiche neue Unterkünfte entstanden, doch hatte im Wohnungsbau insgesamt kein bahnbrechender Fortschritt erzielt werden können. Jetzt ging es im Wesentlichen nur noch um Bauunterhaltung. Mit Kriegsausbruch kam schließlich die zivile Bautätigkeit praktisch ganz zum Erliegen. Im Mittelpunkt standen nun fast ausschließlich Bauten, die dem Militär dienten, wie es auch im Ersten Weltkrieg schon der Fall gewesen war. Eine Ausnahme bildete die Gemeinnützige Baugesellschaft für Kleinwohnungen, die noch eine erhebliche Anzahl von Wohnungen fertigstellte.

Die Jahre ab 1938 sollten zeigen, dass Wohnraum für „arische" Würzburgerinnen und Würzburger auch ohne teure Baumaßnahmen geschaffen werden konnte. Hier wie im ganzen Reich ging es nun darum, die Juden aus ihren Wohnungen zu vertreiben und in diesen „Volksgenossen" einzuquartieren.

1938 - 1944
Pogrom, Wohnungsraub und überfüllte Massenquartiere

Im Jahr 1951 legte die Würzburger Stadtverwaltung einen Bericht für die zweite Hälfte des Dritten Reiches vor, der frühere Berichte voller Propagandaphrasen aus den Jahren ab 1933 ersetzen sollte. Freilich fehlte Wesentliches zu den Verbrechen der Nationalsozialisten, obwohl die Nachkriegsbeamten eigentlich keinen Grund haben konnten, die Untaten ihrer Vorgänger zu verschweigen.

Ausführlich ging es 1951 beispielsweise um die Frage, wie im Zweiten Weltkrieg angesichts der weiterhin existierenden großen Wohnungsnot mit rund 3.500 Wohnungssuchenden mit freiwerdenden Unterkünften zu verfahren sei. Zunächst hatte der Oberbürgermeister ein Mitspracherecht bei der Vermietung größerer Wohnungen, hieß es, wobei er vor allem kinderreichen Familien den Vorrang gegeben haben sollte, „weil die Vermieter in vielen Fällen kinderreiche Familien ablehnten". Ab Herbst 1942 wurde die „Wohnraumlenkung" dann reichsweit vereinheitlicht. Nun mussten fast alle „durch Tod oder Verzug" freiwerdenden Wohnungen gemeldet werden, in die Kinderreiche, Kriegsversehrte und Bombengeschädigte (in dieser Reihenfolge) eingewiesen wurden. Bei Schwierigkeiten mit dem Hausherrn konnte dieser einen von drei ihm vorgeschlagenen Mietern auswählen. Neue Wohnhäuser gab es wegen des Bauverbots während des Krieges nicht.

Aber: Wie kam es ab 1939 überhaupt zu „freiwerdenden Wohnungen"? Und was bedeutet in diesem Zusammenhang „Tod oder Verzug"? Mit keinem Wort ging die Stadtverwaltung von 1951 auf die Tatsache ein, dass zehn Jahre zuvor Hunderte jüdische Familien und Einzelpersonen in Würzburg zwangsweise aus ihrem Zuhause vertrieben und in „Judenhäuser" eingewiesen wurden, wo sie unter beengten Bedingungen leben mussten. Als die Verschleppung und die massenhafte Ermordung begannen, war auch dies nicht mehr möglich; nun gab es nur noch elende Sammelunterkünfte wie die völlig überfüllten jüdischen Altersheime und das Krankenhaus in der Dürerstraße oder die ehemalige Israelitische Lehrerbildungsanstalt in der Bibrastraße 6.

Wortreich beklagten die Autoren des Berichtes von 1951, dass zahlreiche Evakuierte aus bombardierten oder von Bomben bedrohten Städten und Regionen, beispielsweise aus Norddeutschland, nach Würzburg strömten, „nachdem Würzburg als die Stadt galt, die angeblich nicht von Fliegern angegriffen würde". Von amtlichen Stellen wurden Würzburg vor allem Evakuierte aus Düsseldorf zugewiesen, für deren Unterbringung die Verwaltung zu sorgen hatte, was zu Missstimmung führte: „Es ist nur zu begreiflich, dass die eingesessenen Würzburger sich zurückgesetzt fühlten, wenn ein Zuwanderer, weil er ausgebombt war, vor allen Einheimischen, die nun schon jahrelang auf die Lösung ihres Wohnungsproblems warteten, eine Wohnung nach verhältnismäßig kurzer Wartezeit zugewiesen erhielt." Auch in diesem Zusammenhang fehlte in dem Bericht von 1951 Wichtiges: Außer Evakuierten strömten gezwungenermaßen auch Tausende Kriegsgefangene sowie Fremd- und Zwangsarbeiter in die Stadt, die ebenfalls, wenn auch in den meisten Fällen nur notdürftig, untergebracht werden mussten. Dazu, wie zur Situation der Juden, steht kein Wort in dem 224-seitigen Bericht.

Aufenthaltsraum des jüdischen Altersheims in der Dürerstraße. Heute steht hier das Gemeindezentrum „Shalom Europa", dessen Eingang, im Gegensatz zu den früheren jüdischen Einrichtungen an dieser Stelle, in der Valentin-Becker-Straße liegt. (Sammlung Roland Flade, Würzburg)

Für „freiwerdende Wohnungen" mussten vor allem die jüdischen Würzburger und Würzburgerinnen sorgen. Zu Beginn des Dritten Reiches hatte es für sie noch so ausgesehen, als ob die meisten auch diese neue Periode des rabiaten Antisemitismus würden durchstehen können, ja, dass die NS-Herrschaft, wie viele hofften und glaubten, bald zusammenbrechen werde. Im Jahr 1934 erschien eine Festschrift zum 50-jährigen Bestehen der Kranken- und Pfründnerhausstiftung, die das jüdische Hospital in der Dürerstraße und die benachbarten jüdischen Altersheime betrieb. Darin befand sich ein Foto, das eine friedliche Stimmung ausstrahlte.

Doch schnell änderte sich die Situation in den jüdischen Sozialeinrichtungen. Vor allem aus den Landgemeinden strömten viele Juden in die Städte, wo sie hofften, in größerer Anonymität und unbehelligt leben zu können. Ältere Menschen und Pflegebedürftige, deren Verwandte bereits emigriert waren, bewarben sich um einen Platz in den Würzburger Altersheimen. Diese waren bald so überfüllt, dass Räume des Krankenhauses zweckentfremdet werden mussten. Um Abhilfe zu schaffen, wurde noch 1933 ein um die Jahrhundertwende errichtetes vierstöckiges Haus in der Konradstraße 3 erworben, das als weiteres Altersheim diente.

Selbst wenn die Massenflucht der Juden aus Deutschland erst nach 1938 einsetzte, so emigrierten doch schon in den ersten Jahren des Dritten Reiches viele jüdische Familien auch aus Würzburg ins Ausland und hinterließen leere Wohnungen, die nun dem Markt zur Verfügung standen. Auch dazu steht kein Wort im Bericht von 1951. Die Nürnberger Gesetze von 1935 machten Juden und Jüdinnen zu Deutschen zweiter Klasse. Aus zahlreichen Berufen waren sie zuvor schon „entfernt" worden – falls nicht Ausnahmeregelungen, beispielsweise für Frontsoldaten des Ersten Weltkriegs, vorläufig noch galten. Trotz dieser Repressalien bleiben viele in Würzburg, in einer Stadt, in der oft schon die Eltern und Großeltern gewohnt hatten und die sie zu Recht als ihre Heimatstadt betrachteten. 1938 verschärfte die NSDAP ihre Politik, was zu den Exzessen der Novemberpogrome führte. Dabei ging es nicht „nur" darum, Geschäfte mit jüdischen Eigentümern zu demolieren und jüdische Gotteshäuser zu entweihen (wie die Hauptsynagoge in der Domerschulstraße) oder niederzubrennen (wie die Synagoge in Heidingsfeld). Die Absicht war auch, Juden und Jüdinnen in ihrem höchst privaten Bereich, der noch als sicher galt, zu überfallen und ihnen zu demonstrieren, dass ihnen selbst die eigenen vier Wände keinen Schutz mehr bieten konnten.

Ohrenzeuge einer Festnahme und einer Wohnungszerstörung wurde am frühen Morgen des 10. November 1938 in der Rotkreuzsteige 10 der nichtjüdische Schriftsteller Alo Heuler, der im Haus des 59-jährigen Rechtsanwalts Karl Rosenthal lebte. Rosenthal hatte zwischen 1918 und 1933 der Würzburger Ortsgruppe des „Centralvereins deutscher Staatsbürger jüdischen Glaubens" (C.V.) vorgestanden und war furchtlos den Nationalsozialisten entgegengetreten. Nun kam der Tag der Rache. Der Anwalt wurde, als es draußen noch dunkel war, von Gestapo-Leuten festgenommen und abgeführt. Seine 49-jährige Frau Claire musste hilflos zusehen. Wenig später suchte ein Mob die Wohnung heim. Alo Heuler, der mit seiner Familie geschlafen hatte, hörte die Ausschreitungen: „Waren es zwei oder drei Stunden später? Als das Gejohle und die krachenden Schläge gedämpft in mein Bewusstsein drangen, glaubte ich, in einem wüsten Traum zu liegen. Von unten hörten wir schwaches Klirren von Scheiben und zerbrochenem Geschirr. Im dünnen Licht einer Gartenglühbirne sah ich eine Horde junger Burschen vor der Tür der Wohnung des Justizrats stehen und lachen, während jetzt durch das geöffnete Fenster die Geräusche der Vernichtung deutlich aus dem Innern des Hauses drangen."

Nachdem das Zerstörungswerk beendet war, verließ der Mob das Haus. Ein Jugendlicher sagte dabei lachend: „Herrgott, das war ein Volksvergnügen, wie wir den Flügel zusammengehaut haben!" Wie versteinert stand Claire Rosenthal unter der Haustür. Mit einer Stimme, die der Schriftsteller noch nie von ihr gehört hatte, sagte sie: „Sind Sie fertig? Darf ich mein Haus zuschließen?" Aus Verzweiflung über die Zerstörung der Wohnung und die Verschleppung ihres Manns ins KZ Buchenwald nahm sich Claire Rosenthal das Leben. Die drei Kinder des Ehepaars waren bereits emigriert; Karl Rosenthal gelang 1939 die Auswanderung.

Von großer Eindringlichkeit sind die Tagebuchaufzeichnungen des aus Wiesbaden stammenden 19-jährigen Mischael Rosenberg. Er erlebte die Pogromnacht im alten Seminargebäude der Israelitischen Lehrerbildungsanstalt (ILBA) in der Bibrastraße 6, das seit der Errichtung des neuen ILBA-Hauses in der Sandbergerstraße im Jahr 1931 als Wohnheim für die männlichen Studenten diente. Der Eintrag des 8. November atmete noch Normalität: „Für Deutsch einige Seiten aus Goethes Roman ‚Die Leiden des jungen Werther' gelesen." Doch in der Nacht zu Donnerstag, dem 10. November, brach das Unglück auch über die Schüler und ihren Lehrer Emanuel Stolberg, der mit seiner Familie ebenfalls in der Bibrastraße wohnte, herein. In seinem Tagebuch hielt Mischael Rosenberg die Ereignisse jener Nacht fest.

Mischael Rosenberg über eine Nacht des Schreckens

„Wir waren alle ruhig und nichtsahnend am Mittwochabend ins Bett gegangen; hörten im Radio noch die Nachricht von den Unruhen in Kassel, bei denen die Synagoge draufgegangen war, dachten jedoch mit keinem, auch nicht dem kleinsten Gedanken daran, dass uns etwas ähnliches treffen könnte. Die Nacht belehrte uns eines Besseren.

Um ½ 4 Uhr wurden wir geweckt – durch die Schläge, die die Haustür aufbrachen. Es war wie ein unangenehmer Traum, den ich zuerst abschütteln und nicht zur Wirklichkeit werden lassen wollte, der dann aber doch allzu grausame Wirklichkeit wurde. Diese dumpfen, hohlen, das ganze Haus erschütternden, krachenden Schläge und diese wilden, drohenden, fürchterlich schreienden Stimmen werde ich nie im Leben vergessen. Dann krachte es, die Tür war auf – sie kamen. So um mein Leben habe ich noch nie gezittert, es waren fürchterliche Laute, dieses 'trapp-trapp', wie sie die Treppen heraufkamen und wie sie zu uns ins Zimmer traten. Ich hatte schon vom Leben Abschied genommen. Man jagte uns zuerst aus

Mischael Rosenberg nach seiner Verhaftung am 10. November 1938 (Staatsarchiv Würzburg)

angriff des 16. März 1945 überleben; sie wanderten im Jahr darauf zu ihrem Vater in die USA aus. Ihre Mutter war bereits im Mai 1945 gestorben.

Während Würzburger Jüdinnen und Juden Hunderte von Wohnungen verlassen mussten, kamen Tausende Kriegsgefangene und sogenannte „Fremdarbeiter" (Zwangsarbeiter und ausländische Arbeitskräfte) in die Stadt. Während des Zweiten Weltkriegs waren rund 6.000 ständig und in der Spitze 9.000 in Würzburger Firmen und Institutionen und bei Familien eingesetzt. Sie lebten oft in Sammelunterkünften an vielen Stellen im Stadtgebiet. Die Insassen wurden nach Nationalitäten getrennt. „Je weiter aus dem Osten sie kamen, desto schlechter wurden sie behandelt", erläutert der Historiker Alexander Kraus.

Innenaufnahme der Gaststätte „Stadt Nürnberg" als Unterkunft für „Fremdarbeiter" bzw. Kriegsgefangene. Das zu Propagandazwecken im August 1942 aufgenommene Bild gibt einen beschönigenden Einblick in die Lebensverhältnisse der Verschleppten. (Stadtarchiv Würzburg)

Die 19-jährige Würzburger Schülerin Ortrun Koerber, die nach ihrer Hochzeit Ortrun Scheumann hieß und 2019 starb, schrieb während des Dritten Reiches Tagebuch. Aus einer Familie von Nazigegnern stammend, skizzierte sie ohne Rücksicht auf die eventuelle Entdeckung ihre regimekritischen Gedanken und das alltägliche Leben. Bei Koenig & Bauer in der Granatenproduktion eingesetzt, verliebte sie sich

1944 in den italienischen Kriegsgefangenen Carlo, einen Medizinstudenten, der ebenfalls dort arbeiten musste. Am 30. Mai 1944 notierte sie in ihrem Tagebuch: „Ich frage Carlo nach dem Leben als Kriegsgefangener. Sie erhalten so wenig Lebensmittel, dass ich überrascht bin, dass sie noch nicht verhungert sind: nur eine Tasse Kaffee und sonst nichts zum Frühstück. Dann arbeiten sie ohne Essen bis Viertel nach zwölf. Gemüse und eine oder zwei kleine Kartoffeln und eine halbe Scheibe Brot sind alles, was sie zu Mittag bekommen. Dann nichts mehr bis zum Abendessen, das aus einer Scheibe Brot und einer kleinen Schale Suppe besteht. Carlo lebt in einem kleinen Raum mit 39 anderen Gefangenen. Alle Fenster sind nachts hermetisch verschlossen. Bei diesem Wetter muss es ganz unerträglich sein. Ich hatte keine Ahnung, dass Kriegsgefangene so behandelt werden."

Von den Kriegsgefangenen und „Fremdarbeitern", die während des Zweiten Weltkriegs in Würzburg arbeiten mussten, kamen nach Recherchen von Alexander Kraus mindestens 388 ums Leben – durch Krankheit oder Unfälle, als Opfer von Bombenangriffen oder hingerichtet durch die Gestapo. „Die Dunkelziffer ist aber noch wesentlich höher", sagt er. „Die Gestapo hat viele Leichen verschwinden lassen, sie sind nie registriert worden."

Im Jahr 1944, als Ortrun Koerber sich nach dem Leben in einem Kriegsgefangenenlager erkundigte, erzwangen die Würzburger Nationalsozialisten die Vereinigung von zwei Genossenschaften, die wegen des Krieges seit Langem ohnehin schon keine Wohnungen mehr bauen konnten. Am 1. Juli 1944 wurden die Wohnungsgenossenschaft „Baugruppe der Koenig-und-Bauer-Gefolgschaft", die Wohneinheiten für Mitarbeiter des Druckmaschinenherstellers geschaffen hatte, und die „Selbsthilfe Heidingsfeld", die beispielsweise Häuser am Kolonie- und Holzweg errichtet hatte, aufgelöst und mit dem „Würzburger Bau- und Sparverein" verschmolzen. Gleichzeitig gingen 45 Wohnhäuser mit 103 Wohnungen auf den „Bau- und Sparverein" über, der seit diesem Zeitpunkt „Würzburger Wohnungsgenossenschaft eGmbH" hieß.

Wenige Monate später waren die meisten dieser Gebäude nur noch Ruinen.

1945: Wohnen vor und nach der tödlichen Bombennacht

In den letzten Wochen vor dem 16. März 1945, als das alte Würzburg unterging, kann von einigermaßen normalem Wohnen nicht mehr gesprochen werden. Die nächtlichen Bombenangriffe der Royal Air Force häuften sich in den ersten Wochen des Jahres, töteten bereits Hunderte von Menschen und zerstörten viele Häuser. Zahlreiche Würzburgerinnen und Würzburger misstrauten den baufälligen Kellern und verließen in den Abendstunden ihre Wohnung, übernachteten beispielsweise in Gartenhäusern am Stadtrand, bei Verwandten in einem Nachbarort oder in einem der tunnelartigen Luftschutzbunker, die in einige der Weinberge gegraben worden waren, und kehrten am Morgen zurück. Doch andere blieben oder mussten bleiben, von Bombenangst gequält, und lebten ein auf das äußerste Minimum reduziertes Leben.

Albrecht Stock. (Sammlung Roland Flade, Würzburg)

Der 16-jährige Albrecht Stock, Lehrling in der Volksbank im Falkenhaus am Marktplatz, gehörte zu den Zurückbleibenden. Er wohnte mit seinem Vater in Grombühl, während die Mutter und die Brüder aus Sicherheitsgründen bereits nach Tückelhausen evakuiert worden waren. Später schrieb er, dass sich die tägliche Hausarbeit auf das unbedingt Nötige beschränkte: „Obwohl es mitten im Winter und ziemlich kalt war, schürten wir nur noch einmal den Küchenherd an. Am Morgen bereiteten wir eine Kanne mit ‚Kaffee' auf unserem Spirituskocher zu. Natürlich hatten wir keinen richtigen

Kaffee; er bestand aus gerösteter Gerste und Zichorie. Richtigen Kaffee gab es schon seit Kriegsbeginn nicht mehr und ich hatte keine Ahnung, wie er schmeckt. Jeder war hauptsächlich damit beschäftigt, einen weiteren Tag zu überleben."

Die 1924 geborene Ortrun Koerber, später Ortrun Scheumann, kam mit ihrer Mutter und der jüngeren Schwester Ingrid in den Wochen vor dem 16. März 1945, während der Vater als „Volkssturmmann" an der Ostfront kämpfen musste und die ältere Schwester Ingeborg in Berlin arbeitete, kaum noch aus dem Luftschutzkeller heraus. Am 14. Februar 1945 hielt sie die nicht untypischen Ereignisse der vorherigen Nacht in ihrem Tagebuch fest.

Ortrun Scheumann über lange Stunden im Luftschutzkeller

„Was für eine Nacht! Um 8 Uhr war Voralarm. Wir zogen die Mäntel an, machten die Taschen fertig, und dann kam der richtige Alarm. Wir beschlossen, zu einem neuen Luftschutzkeller etwa fünf Minuten von hier zu gehen. Er ist sehr tief, früher wurde Wein dort gelagert, man muss 50 Stufen hinabsteigen. Da unten war es schrecklich feucht, Wasser tropfte von der Decke. Stundenlang saßen wir in der Kälte auf einer nassen Bank. Um Mitternacht konnten wir nach Hause gehen, kalt, müde und sehr hungrig. Hunde dürfen in öffentliche Luftschutzkeller nicht mitgenommen werden und so mussten wir den armen Wuffi zu Hause lassen. Wir aßen Bratkartoffeln und tranken Kaffee, als wir heimkamen. Es ist

Ortrun Koerber im Jahr 1944. (Sammlung Ortrun Scheumann, Bad Dürkheim)

schlimm, aber wenn man die halbe Nacht aufbleibt, hat man viel mehr Hunger. Wir haben kaum noch Lebensmittelmarken für diesen Monat. Ab nächsten Monat müssen die Marken fünf Wochen und nicht nur vier Wochen reichen.

Wir tranken gerade unseren Kaffee aus, als die Sirenen wieder ertönten. Dieses Mal verließen wir unser Haus nicht, sondern gingen in unseren eigenen Keller. Um drei Uhr konnten wir wieder hochkommen. Wir wollten uns gerade zum Schlafengehen fertigmachen, als die Sirenen zum dritten Mal heulten. Inzwischen waren wir so müde, dass wir kaum noch aufrecht sitzen konnten. Sobald wir im Luftschutzkeller waren, schlief Ingrid ein. Dieser Alarm dauerte bis vier Uhr. Mutti und ich mussten Ingrid hochtragen; sie wurde fast ohnmächtig, bevor wir sie ins Bett bringen konnten.

Heute Morgen weckten uns die Sirenen um neun Uhr. Es ist jetzt zwei Uhr mittags und es kam noch keine Entwarnung. Wir gehen abwechselnd in den Keller hinunter, wenn wir Flugzeuge über Würzburg hören, und wieder hoch in die Wohnung, um die Betten zu machen und das Mittagessen zu kochen."

Auch Ortrun Koerber und ihre Mutter sowie Ingrid und die inzwischen aus Berlin zurückgekehrte Ingeborg und deren Freundin Rosita verließen aufgrund solcher Erfahrungen wenige Tage vor dem 16. März die Stadt und richteten sich in einer kleinen Holzhütte am Oberen Dallenbergweg ein, die einem Bekannten gehörte und die lediglich einen Raum hatte. Zunächst blieben sie nur nachts, später auch tagsüber, da die Granatenproduktion, mit der sie beschäftigt waren, bei Koenig & Bauer wegen Materialmangels weitgehend eingestellt worden war. Mit dabei waren Carlo, der italienische Kriegsgefangene, den Ortrun bei KoeBau kennengelernt hatte und der sich inzwischen, ebenso wie andere ehemalige italienische Gefangene, in Würzburg freier bewegen konnte, und der Familienhund Wuffi. „Wir haben ein Bett, einen Tisch und zwei Stühle", notierte Ortrun Koerber. „Als wir zum ersten Mal hochkamen, brachten wir Matratzen, Bettdecken und Kopfkissen mit, die wir auf einen kleinen Handwagen geladen hatten. Mutti und Ingrid schlafen im Bett, Carlo, Ingeborg, Rosita, Wuffi und ich schlafen auf dem Boden." Die aus der Stadt Geflüchteten bauten einen Herd aus großen quadratischen Steinen im Obstgarten hinter der Hütte, doch es waren nie genug Lebensmittel zum Kochen da: „Wir sind immer hungrig und könnten dreimal mehr essen, als wir zur Verfügung haben." Gleich nach dem Essen gingen alle ins Bett, weil dies der einzige Platz war, wo sie sich warmhalten konnten. Sie hörten die Sirenen, doch sie standen jetzt nicht mehr auf.

Ortrun und die anderen Bewohner der Hütte an der Peripherie sollten den 16. März 1945 überleben, im Gegensatz zu der 60-jährigen Wilhelmine Ganzmann und ihrer Schwester Luise, die sich in der Innenstadt befanden. Am 15. März 1945 beschrieb Wilhelmine Ganzmann in einem Brief ihre Aufenthalte in einem öffentlichen Luftschutzraum hinter der Residenz: „Das Kellerleben in den ‚öffentlichen' ist dermaßen, dass ich noch vor Ekel zugrunde gehe und auch Luise so schwer belastet ist, dass wir wissen, dass wir das nicht lange aushalten. Wenn Ihr den herrlichen gepflegten Hofgarten sähet! Die Leute, die zu Hunderten im Bunker dort campieren, haben kein Clo und benützen die am Bunker entlanglaufenden Wege und Beete! Da scheint dann die Sonne drauf und ein pestilenzartiger Gestank erfüllt die ganze Luft. Zu Hunderten aufgetürmt liegen die benützten Papiere."

Am Abend des folgenden Tages tötete der Großangriff der Royal Air Force auf Würzburg laut einer neuen Forschung rund 3.600 Menschen, darunter nach den Angaben von Angehörigen auch Wilhelmine und Luise Ganzmann, und zerstörte auf einen Schlag 75 Prozent der Wohnungen. Etwa 75.000 Menschen wurden obdachlos. Die Wohnungsnot, die schon seit dem Ende des Ersten Weltkriegs geherrscht hatte und nie beseitigt worden war, wuchs nun ins Unermessliche. Nach der Bombardierung war Würzburg eine weitgehend tote Stadt, auf den Straßen lagen tagelang verstümmelte Leichen, am Hauptfriedhof wurde ein Massengrab ausgehoben. Rund 82 Prozent der gesamten bebauten Fläche und etwa 90 Prozent der Innenstadt waren zerstört. Zunächst blieben nur etwa 5.000 Menschen in Würzburg, die in erhaltenen Gebäuden am Stadtrand, in Ruinenkellern, Gartenhäusern und Hütten hausten. Die anderen wurden in Fahrzeugen, die die Nazi-Behörden zur Verfügung stellten, in Gemeinden der Umgebung gebracht, wo sie in Hallen und Gaststätten untergebracht waren.

Die Ruinenstadt Würzburg einige Monate nach dem 16. März 1945. Im Vordergrund das Mainviertel. Die notdürftig reparierte Alte Mainbrücke führt zur Domstraße und zum Dom. Etwa 75 Prozent der Wohnungen waren vernichtet. (Carl Lamb, Bayerisches Landesamt für Denkmalpflege)

Zehn Tage nach der Bombardierung kehrte in der Nacht zum 27. März der 16-jährige Helmut Försch von einem Einsatz beim Reichsarbeitsdienst nach Würzburg zurück. Unter Missachtung eines entsprechenden Befehls meldete er sich nicht bei der Reichswehr, die noch sechs Wochen gegen die hoffnungslos überlegenen Alliierten kämpfte, sondern suchte in Grombühl nach seiner Familie, deren Wohnhaus zerstört war. Im Alter schrieb er das Geschehnis auf: „An die Häuser hatten die Überlebenden oft letzte Nachrichten für ihre nach ihnen suchenden Angehörigen und Freunde geschrieben. ‚Wir sind bei Onkel Franz in Dürrbach', ‚Familie Kraus – sind in Rimpar' etc., und nach einer solchen Nachricht suchte ich auch. Nichts, am ganzen Haus kein Wort, auch nicht von anderen Hausbewohnern – kein Hinweis. Leben sie noch?"

Am Tag darauf fand Helmut Försch die Mutter und die beiden Brüder im ehemaligen Naturfreundehaus bei Veitshöchheim, das während des Dritten Reiches Stütz- und Treffpunkt der von den Nationalsozialisten verbotenen Naturfreunde geblieben war, zu denen auch die Familie Försch gehörte: „Mama und meine kleineren Brüder Rudi (13) und Ludwig (8) lebten und hatten in der Hütte mit über 40 anderen Freunden Zuflucht gefunden; das Haus hatte damals circa 20 Betten. ‚Helmut, jetzt sin mehr ganz arm, mir ham garnix mehr, alles is verbrennt', war alles, was sie herausbrachte. Dann erst begann mir zu dämmern, wirklich bewusst zu werden, dass es nicht nur die Wohnung war, die wir verloren hatten, dass mir nicht nur die zwei Paar Socken, eine Garnitur Unterwäsche, eine Drillichhose und ein kariertes Sakko, das eigentlich dem Papa gehörte, und ein paar Taschentücher geblieben waren, sondern dass das Zuhause verloren war, und das wog schwerer als all das Materielle. Dass wir erst im Oktober 1948 wieder eine Wohnung bekamen und die Hütte für dreieinhalb Jahre notdürftiger Ersatz für ein verlorenes Zuhause blieb, ahnten wir noch nicht, waren glücklich, zu leben und endlich wieder beisammen zu sein, nachdem auch Papa im Sommer aus der Gefangenschaft heimgekommen war."

Zunächst tobte im späten März 1945 noch der Krieg. Alliierte Tiefflieger töteten Menschen, die nicht rechtzeitig Deckung fanden, und auch die Bombardierung der Zellerau und der damals noch unabhängigen Gemeinde Unterdürrbach kostete zahlreiche Leben und zerstörte Gebäude und Wohnungen. Gleiches geschah beim mehrtägigen Kampf um das auf Befehl der NSDAP fanatisch verteidigte Würzburg zu Beginn des Monats April.

Friedrich Münich. (Sammlung Roland Flade, Würzburg)

Der 16-jährige Friedrich Münich aus der Neubergstraße in der Sanderau, der mit Mutter und Schwester den Beginn der Kämpfe im Keller des unzerstörten Wohnhauses überstanden hatte, erlebte, während in der übrigen Stadt noch gekämpft wurde, die Zwangsinternierung durch amerikanische Soldaten und die Besetzung der elterlichen Wohnung. Am Abend des 4. April 1945 kamen er und seine Angehörigen ins Studentenhaus am Sanderrasen; am Morgen des 11. April, fünf Tage nach dem Ende des Kampfes, durften alle Internierten nach Hause zurückkehren. Die Münich'sche Wohnung, in der ein paar Tage lang amerikanische Soldaten gelebt hatten, befand sich in einem heillosen Zustand: „Sie war geplündert, teilweise auch zerstört worden", erinnert sich Friedrich Münich. „Die Zimmer waren fast vollständig ausgeräumt, Möbel verstellt und geöffnet, kleine gar durch ein Fenster in den Garten gestürzt worden. Ihre Inhalte bedeckten in einem Wirrwarr den Boden oder stauten sich, wie fast alle meine Bücher, vom Regen und von Mutters wenigen, bisher sorgsam aufgesparten, jetzt aber zerborstenen Gläsern Marmelade durchtränkt, im Freien bis zur Fensterbank im Erdgeschoss auf." Eine wertvolle Geige aus Familienbesitz fehlte, außerdem Klaviernoten, Friedrich Münichs Schachspiel und viele Dinge des täglichen Lebens. Unangetastet waren jedoch die im Garten vergrabenen Gegenstände und das Radiogerät, das der Familie später, als wieder elektrischer Strom geliefert wurde, gute Dienste leistete.

Am 25. April 1945 ging der 31-jährige Domkaplan Fritz Bauer durch die Stadt; ihm fielen Rauchfähnchen auf, die an einigen Stellen aus den Trümmern aufstiegen. Er vermutete Glut, die noch glomm, und kletterte durch eine Ruine auf eine der Rauchquellen zu. In seinem Tagebuch lässt sich sein Erstaunen nachlesen: „Was entdecke ich? Ein Ofenrohr, das knapp einen Meter aus einem Kellerloch ragt. Dann höre ich gedämpfte Stimmen aus der Tiefe. Das Geheimnis lüftet sich. Bewohner haben sich im Keller eines ausgebrannten und eingestürzten Hauses eingerichtet. Sie hatten ein Öfchen oder einen Herd aus den Trümmern geschart und Feuer gemacht. Das verbeulte und rostige Rohr leitet den Rauch ins Freie."

Eine solche notdürftige Unterkunft konnte lebensgefährlich sein, warnte der von den Amerikanern eingesetzte Oberbürgermeister Gustav Pinkenburg am 3. August

1945: „Das Beziehen von Kellern und anderen Räumen mit darüber liegendem Schuttwerk in Ruinen birgt große Gefahren in sich, da die Schuttmassen im Laufe der Zeit durch die Einflüsse der Witterung und insbesondere durch die Gewichtszunahme der Schuttmassen bei Regenwetter einstürzen und alles unter sich begraben." Sein Appell blieb erfolglos; hatten unmittelbar nach der Brandnacht nur wenige Tausend Menschen in Würzburg gelebt, so waren es am Ende des Jahres schon wieder rund 53.000, von denen viele unter ähnlich lebensbedrohlichen Umständen ihr Dasein fristeten.

Zwei Tage nach der Entdeckung des Domkaplans kehrte auch Ortrun Koerber mit ihren Angehörigen in die Wohnung am Wittelsbacherplatz zurück; nur Carlo, der bereits nach Italien aufgebrochen war, fehlte. Zuvor hatte er, wie er Ortrun berichtete, gemeinsam mit ehemaligen Gefangenen den Verwalter des Lagers, in dem er zeitweise leben musste, umgebracht. Als die Koerbers in ihre Zimmer kamen, in denen ebenfalls GIs campiert hatten, waren sie verzweifelt: Alle Räume, besonders die Küche und die Toilette, fanden sie unbeschreiblich schmutzig vor. Da es kein fließendes Wasser gab, mussten Ortrun und Ingeborg Wasser in Eimern aus einem Brunnen holen. Nach einer Woche anstrengender Arbeit sahen die Zimmer wieder einigermaßen normal aus. „Wenn wir am Abend die Vorhänge zuziehen und Ingeborg auf dem Klavier Chopin spielt, wäre es fast wie früher", notierte Ortrun, „wenn Papa hier wäre". Dieser sollte im August 1945 nach seiner Flucht aus einem russischen Lager zurückkehren. Später wurde die Wohnung der Koerbers am Wittelsbacherplatz für die Besatzer beschlagnahmt. Sie lebten zunächst in Rimpar und ab 1957 in Bad Dürkheim.

Dem Zellerauer Werner Fuchs und seinen Eltern, die im Krieg alles verloren hatten und zeitweise ebenfalls im Vereinsheim der Naturfreunde in Veitshöchheim untergekommen waren, gelang es in den unmittelbaren Nachkriegszeit, eine der unzerstörten Wohnungen in der Scherenbergstraße zugeteilt zu bekommen, in der allerdings drangvolle Enge herrschte: „Die Dreizimmerwohnung im dritten Stock mussten wir mit einer anderen dreiköpfigen Familie teilen, und auch die ursprünglichen Wohnungsbesitzer durften ein Zimmer behalten", notierte Werner Fuchs. „So teilten sich drei Familien Küche und Bad und versuchten friedlich miteinander auszukommen, was nicht immer leicht war. Es gab weder Wasser, Gas noch Strom, und ein Teil der Fenster war zerbrochen. Aus den wenigen nicht zerstörten Kasernen in unserer Nähe holten wir Betten, Spinde, Tisch und Stühle, kurz alles, was wir nötig brauchen konnten. Auch transparentes Papier fanden wir dort, mit dem wir die fehlenden Fensterscheiben behelfsmäßig ersetzen konnten." Nach einigen Monaten besserten sich die Wohnverhältnisse, denn der Besitzer der Wohnung zog, wahrscheinlich um der Arbeitspflicht in der Stadt zu entfliehen, mit seiner Frau zu Verwandten aufs Land. So brauchte Werner Fuchs nicht länger den einzigen Wohnraum mit seinen Eltern zu teilen, sondern ein Untermieter und er bekamen jeder die Hälfte des freiwerdenden Zimmers zugewiesen.

Dies war die Situation jener Würzburger, die das Dritte Reich meist in der Heimatstadt überlebt hatten und die nun oft im wahrsten Sinne des Wortes vor den Trümmern ihrer Existenz standen und irgendwo unterzukommen versuchten. Aber es gab auch die anderen Würzburger, die von den Nazis zum Tod bestimmt waren und die in nur wenigen Fällen Lager und Todesmärsche überlebt hatten. Im Sommer 1945 kehrten vereinzelt Juden und Jüdinnen in die Trümmerwüste zurück, die einmal ihre Heimat gewesen war. 21 Menschen kamen am 10. Juli 1945 aus dem Lager Theresienstadt. Unter ihnen waren David Rosenbaum, der spätere Vorsitzende der neugegründeten jüdischen Gemeinde, der Koch Max Fechenbach, Bruder des von den Nazis 1933 ermordeten SPD-Politikers Felix Fechenbach, mit seiner Frau Hilde und den Kindern Walter und Susi sowie der ehemalige Verwalter des jüdischen Friedhofs, Bernhard Behrens, der um seine ermordete Frau und Tochter trauerte. Sein Sohn Henry Behrens, ebenfalls ein Überlebender, erwartete ihn bereits im Haus auf dem Friedhof, in dem viele Juden vor der Deportation hatten wohnen müssen und einige nun wieder lebten.

„Wie hatte sich das Bild des Friedhofs verändert", schrieb Bernhard Behrens in einem Brief an amerikanische Freunde. „Das Haus unversehrt, jedoch leere Fensterhöhlen in den unteren Räumen, zerschlagen bei der Sprengung des Flugplatzes am Hubland. Die Zimmer waren während des Krieges von der Stadt für Dienstzwecke benutzt worden; jetzt waren die Türen aufgebrochen und die Räume leer." Bernhard und Henry Behrens bezogen wieder ihre Wohnung im Friedhofsgebäude. Viele andere Rückkehrer kamen im jüdischen Altersheim neben dem Krankenhaus unter, das beim Bombenangriff des 16. März 1945 nur mittelschwere Beschädigungen erlitten hatte und schnell wieder notdürftig instandgesetzt wurde. Völlig zerstört waren dagegen das benachbarte jüdische Krankenhaus und weitere jüdische Altersheime in der Nähe. Vernichtet waren auch die große Synagoge und die jüdische Volksschule in der Domerschulstraße sowie das alte Gebäude der Israelitischen Lehrerbildungsanstalt in der Bibrastraße, das Massenquartier vor der letzten großen Deportation 1943. Im Erdgeschoss der Synagoge, die die jüdische Gemeinde 1939 an die Stadt hatte verkaufen müssen, hatten sich nach dem 16. März 1945 offenbar einige Nichtjuden notdürftig eingerichtet.

Die zum Lüften aufgehängten Kissen deuten darauf hin, dass sich in der ehemaligen Synagoge in der Domerschulstraße nach der Zerstörung Würzburgs einige Menschen häuslich eingerichtet hatten. In dem 1939 enteigneten Gebäude war im Dritten Reich eine Zwischendecke eingezogen und die städtische Handwerkerschule untergebracht worden. (Sammlung Roland Flade, Würzburg)

Als erster Vorsitzender der neugegründeten jüdischen Gemeinde amtierte Max Fechenbach. Er wohnte mit seiner Familie und anderen Überlebenden vor seiner 1946 erfolgten Auswanderung in die USA in der Villa des 1939 nach New York emigrierten Apothekers Max Mandelbaum in der Rottendorfer Straße 26. Auch diese Tatsache war symbolträchtig: Mandelbaum hatte sein Haus unter dem Druck der Gestapo weit unter Wert an die Stadt abgeben müssen, von der es sich NSDAP-Gauleiter Otto Hellmuth für eine geringe Summe überschreiben ließ. Nun diente die Villa, in der Hellmuth mit anderen NSDAP-Größen feuchtfröhliche Feste gefeiert hatte, als zweites jüdisches Wohnheim. In Herbst 1945 lebten wieder 59 Juden in Würzburg. 1933 waren es 2.145 gewesen.

Unterdessen sorgte in der Stadt eine Maßnahme für Unruhe, die aus nachvollziehbaren Gründen erfolgte, aber von vielen Menschen, die an ihrer Heimatstadt hingen, die sie unter keinen Umständen verlassen wollten, nicht verstanden wurde. Am 12. September 1945 kündigte Oberbürgermeister Gustav Pinkenburg in einem Wurfzettel, der vor Erscheinen der „Main-Post" einzigen Nachrichtenquelle der Stadt, eine unbeliebte Aktion an: „Vor Eintritt der kalten Jahreszeit hat noch eine große Anzahl von Familien und Einzelpersonen das Stadtgebiet von Würzburg zu verlassen, um eine Katastrophe mit schweren Gesundheitsschäden und Todesopfern zu verhindern", schrieb er. Gemeint war die zwangsweise Evakuierung von alten Menschen und anderen, die keinen notwendigen Beitrag zum wirtschaftlichen, amtlichen oder kulturellen Leben Würzburgs leisteten. Pinkenburg berichtete, dass Kommissionen in Nachbardörfern „zur Unterbringung geeignete Räume" suchten, „die dann vom zuständigen Landrat beschlagnahmt werden".

Der Oberbürgermeister forderte die von der Beschlagnahme Betroffenen zu einer menschlichen Behandlung der Ausgesiedelten auf. Es dürfe nicht vorkommen, „dass Evakuierte mit unmutsvollen, spöttischen oder gar beleidigenden Worten und Reden empfangen werden, dass den Evakuierten die ihnen zugeteilten Räume verweigert werden und dass ihnen schlechtes oder unzureichendes Essen verabreicht wird." Genau dies, die Verweigerung der Aufnahme, geschah jedoch des Öfteren, wie es in einem Bericht der Stadtverwaltung für die ersten Nachkriegsjahre heißt: „Oft genug kam der Transport von Menschen mit ihren Siebensachen auf dem gleichen Fuhrwerk wieder nach Hause, fand aber die Wohnung schon wieder bezogen."

Insgesamt, so der Bericht weiter, sei die Aktion „die aufregendste und im Effekt nutzloseste Maßnahme, die ergriffen werden konnte" gewesen: „Der Widerstand war beiderseitig: Die Würzburger wollten nicht hinaus und die Landleute wollten sie nicht haben." Die Behörden mussten des Öfteren Zwangsmaßnahmen ergreifen. So wurden Bewohner aus Kirchheim und Rimpar zu Geldstrafen verurteilt, weil sie sich weigerten, ausgebombte Familien aus Würzburg aufzunehmen.

Es wäre besser gewesen, „das unablässige, dem Zuzugsverbot widersprechende Einsickern neuer Einwohner eisern abzudrosseln", stand in dem Bericht. Tatsächlich hatte Oberbürgermeister Pinkenburg schon am 21. Juni 1945 verkündet, dass jeder Zuzug nach Würzburg verboten sei; dieser könne „nur Berufstätigen, die am Wiederaufbau der Stadt mithelfen, gestattet werden". Wer dennoch komme, habe die Folgen zu tragen: „keine Lebensmittelkarten, keine Bezugsscheinzuteilung, keine Wohnungszuteilung". Das Verbot war ein hoffnungsloses Unterfangen, wie die am Ende des Jahres erreichte Einwohnerzahl von rund 53.000 zeigte.

Es sollte Jahre dauern, bis alle Evakuierten – egal, ob sie halb freiwillig oder gezwungenermaßen ihre Heimatstadt verlassen hatten – nach Würzburg zurückkehren konnten. Für den 15. Oktober 1949 verzeichnete das Adressbuch des folgenden Jahres auf 27 Seiten rund 6.750 namentlich bekannte „Außenbürger" mit ihrer neuen, teilweise auch der alten Adresse. Da nur die Haushaltsvorstände aufgeführt waren, kann von einer wesentlich höheren Zahl von Evakuierten ausgegangen werden, die in den Gemeinden der Umgebung lebten. Die Außenbürger durften an den Stadtratswahlen in Würzburg teilnehmen, was freilich nur ein schwacher Trost war. Auch durch vielerlei Aktionen, zum Beispiel durch Gastspiele von Würzburger Künstlern und Tanzensembles in Landkreisgemeinden, versuchte man, ihnen das Gefühl zu vermitteln, dass sie in der Heimat nicht vergessen waren. Sie aber warteten voller Ungeduld darauf, dass endlich der Wiederaufbau begann, der ihnen die Rückkehr erlauben würde. Womöglich erreichte sie die Nachricht, dass die „Gemeinnützige Wohnungsgenossenschaft Frauenland", die am 16. März 1945 29 Häuser mit 186 Wohnungen verloren hatte, bereits am 3. Dezember 1945 mit der Neuerrichtung ihrer Gebäude in der Kirchbühlstraße im Frauenland begann. Ab diesem Zeitpunkt ging es langsam, sehr langsam aufwärts.

1946 - 1949

Leben in Ruinen, Kellern und Baracken

Manche der unzähligen „Außenbürger" in den Orten um Würzburg herum griffen zur Selbsthilfe. Dies geschah beispielsweise im damals noch unabhängigen Nachbardorf Lengfeld, in das viele Ausgebombte evakuiert worden waren. Einige besaßen im Pilziggrund, der nach dem Bach Pilzig benannt ist, Wochenendhäuser und Gartenhäuschen, die sie im Lauf der Zeit zu einfachen Siedlungshäusern ausbauten. Freilich fehlte lange noch jegliche Infrastruktur: Es gab keine befestigte Straße, keinen Wasseranschluss und keine Stromversorgung. Da in der kleinen Siedlung vor allem Würzburger lebten, beantragte der Lengfelder Gemeinderat 1948 deren Eingemeindung nach Würzburg, was die Stadt jedoch wegen der durch den Wiederaufbau anstehenden großen finanziellen Herausforderungen ablehnte. Nach einer Ortsbesichtigung äußerte das Staatliche Gesundheitsamt noch 1956 schwere Bedenken hinsichtlich der Situation im Pilziggrund: „450 - 500 Personen leben dort. Wasserversorgung sehr schlecht, vorerst nur Notbehelf. Kanalisation fehlt. Beseitigung des Abwassers vorerst durch Sickergruben gestattet." Später wurden die Mängel behoben und es entstanden zusätzliche Häuser und eine Kirche (St. Lioba, 1963), außerdem eine Schule (1966), die den Kinder den Weg nach Grombühl ersparte. Im Jahr 1978 wurde Lengfeld und mit ihm die inzwischen massiv erweiterte Pilziggrundsiedlung schließlich doch nach Würzburg eingemeindet.

Auch in einem weiteren, damals noch eigenständigen Nachbardorf entstand in den ersten Jahren nach Kriegsende eine Häusergruppe, in die vor allem Ausgebombte aus Würzburg einzogen: Die mit Unterstützung von Josef Voll, dem Inhaber der Karosseriefirma Voll KG in Heidingsfeld, ab 1949 hochgezogene sogenannte „Voll-Siedlung" in der Bonhoeffer-Straße in Versbach, bestehend aus mehreren zweistöckigen Wohnblöcken mit ausgebautem Dach. Bis in die 80er-Jahre hinein blieben die Gebäude im Besitz der Voll KG, danach übernahm sie die Heuchelhofgesellschaft (heute „Stadtbau"). Auch Versbach gehört seit 1978 zur Stadt Würzburg.

Wer in einer der Wohnungen im Pilziggrund oder in der Voll-Siedlung lebte, konnte sich glücklich schätzen. Die Menschen, die in den ersten Nachkriegsjahren in Würzburg selbst wohnten, taten dies im Gegensatz dazu meist in Notbehausungen oder – falls sie in stehengebliebenen Häusern unterkamen – in drangvoller Enge. Die Versorgung mit Lebensmitteln war völlig unzureichend; um überhaupt Lebensmittelkarten zu bekommen, mussten alle (außer Mütter mit mehreren noch nicht schulpflichtigen Kindern) regelmäßig an der Schutträumung mitwirken. Walter Röder, Fotograf der im November 1945 erstmals erschienenen „Main-Post", hat die bedrückende Atmosphäre jener Jahre in seinen Fotos festgehalten.

Eine Notwohnung im Keller eines zerstörten Hauses. (Walter Röder, Main-Post)

Ein Beispiel von vielen: Ilse Schiborr, seit 1947 mit dem Schauspieler Gerd Ruthe verheiratet, schilderte den Besuch bei Freunden, die sich im Ruinengebäude des ehemaligen Finanzamts in der Hofstallstraße notdürftig ein Zuhause geschaffen hatten. Werner Müller, zurückgekehrt aus Gefangenschaft, hatte zunächst Dachpappe und Holz besorgen müssen, was damals äußerst schwierig war, um die Unterkunft wenigstens provisorisch abzudecken. Wenn das Ehepaar Ruthe ihn und seine spätere Frau Gudrun besuchte, betraten sie die Ruine seitlich durch einen freigelegten Eingang. „Dann kam man in einen dunklen, langen, feuchten Gang mit einem eisernen Guss als Wasserstelle für etliche Familien, die dort in den verschiedenen früheren Büroräumen Zuflucht gefunden hatten", schrieb Ilse Schiborr in ihren Lebenserinnerungen: „Das etwa 20 Quadratmeter große Zimmer hatten die beiden durch einen Vorhang in Schlafraum und Wohnküche getrennt. Die zwei Schlafstellen fertigte Werner aus Holzteilen selbst. Der schwarze Kohleherd, auf dem Essen zubereitet und Wäsche abgekocht wurde, war von irgendwoher organisiert worden." Später erhielt das inzwischen verheiratete Ehepaar Müller aufgrund der schweren Kriegsverletzung des Mannes mit Unterstützung der Stadt ein Grundstück in der Nähe der Frankenwarte, wo Werner Müller praktisch mit seinen eigenen Händen ein Häuschen für die mittlerweile größer gewordene Familie errichtete.

Jedes Gebäude, das irgendwie zum Wohnen genutzt werden konnte, war voller Menschen, egal, welchem Zweck es vorher gedient hatte. Am 24. Januar 1946 schrieb der 55-jährige Otto Seidel, Hausmeister in der am 16. März unzerstört gebliebenen Universitätsaugenklinik am Röntgenring, in der er mit seiner Familie auch wohnte, ins Tagebuch: „Studenten-Massenquartiere in der Klinik, weil keine Unterkunft hier ist in der Stadt und sie wollen Vorlesungen besuchen. Schwarzer Saal und Kasino mit Strohsackbetten eingerichtet, circa 30 Betten." Auch andere Krankenhäuser dienten als Notquartiere. Im August 1946 übernahm der 46-jährige Werner Wachsmuth die Chirurgische Klinik der Universität und das Direktorat des Luitpoldkrankenhauses. Über die Atmosphäre im „Lukra" jener Monate schrieb er rückblickend, dass sich zahlreiche Wohnungslose in die Klinik geflüchtet und hier eingerichtet hätten, darunter Professoren mit ihren Familien. Ein besonders drastischer Fall war die aseptische

Frauenstation der Chirurgischen Klinik, wo, auf einzelne Krankenzimmer verteilt, drei Professorenfamilien lebten. Wachsmuth: „Es bedurfte besonderer Vorsicht, um bei der täglichen Visite nicht aus Versehen in die Intimsphäre einer Familie hineinzugeraten."

Im Jahr 2007 kehrte Gerhard Kneitz mit der reparierten Tonvase in den Keller in der Haugerglacisstraße 7 zurück. (Theresa Müller, Main-Post)

Wer als alter Würzburger wieder oder noch in der Heimatstadt wohnte, war versucht, im Keller seines zerstörten Hauses auf die Suche nach eventuell noch vorhandenen Besitztümern zu gehen. Dies tat auch Gerhard Kneitz. Mit zwölf Jahren getraute er sich im Oktober 1946 – was streng verboten war –, über den Hintereingang in den Keller des Hauses Haugerglacisstraße 7 vorzudringen: „Ich stocherte mit einem Draht im Schutt herum. Da tauchte in der Asche angerußtes, mir bekanntes Porzellan auf: eine leicht beschädigte Gruppe mit drei Blaumeisen, ein Schmuckschälchen mit einem Rosendeckel und eine Tonvase mit einer Hirschkäfer-Darstellung, ein Geburtstagsgeschenk meines Vaters an meine Mutter. Sie war stark durchgeglüht und zerbrach bald in zwei Teile. Später wurde sie repariert." Als die „Main-Post" Erlebnisse von Würzburgern und Würzburgerinnen rund um den 16. März veröffentlichte, brachte sie auch die

Hilma Werth, koloriert von Jürgen Schimmer. (Roland Flade, Würzburg)

Erinnerung von Gerhard Kneitz, zusammen mit einem Foto, das ihn im Jahr 2007 im Keller jenes Hauses mit der reparierten Tonvase zeigte.

Über den Einwohnern Würzburgs hing in den ersten Jahren nach Kriegsende ein Damoklesschwert: Jederzeit konnten sie, falls sie in einem intakten Haus lebten, von den amerikanischen Besatzern ausgewiesen werden. Oder, kaum weniger dramatisch, ihr Hausrat konnte beschlagnahmt werden. Die 17-jährige Hilma Werth und ihre Angehörigen, die in der Keesburgstraße wohnten, machten viele Momente der Unsicherheit durch, wie sie sich später erinnerte: „Unsere ständige Angst war: Würden wir ein zweites Mal obdachlos werden? Denn die amerikanische Besatzung ließ nun ihre Familien nachkommen und beschlagnahmte laufend die wenigen noch intakten Häuser." Die 17-Jährige sah mit Bangen, wie vor dem Haus gegenüber eines Tages plötzlich ein US-Soldat mit geschultertem Gewehr stand und wie ein ganzes Schlafzimmermobiliar requiriert und abtransportiert wurde. „Auch unser Haus, in dessen drei Wohnungen sechs Familien lebten und zwei Geschäfte untergebracht waren, wurde mehrere Male inspiziert", schrieb Hilma Werth: „Wie gelähmt sahen wir zu, wie die Amerikaner, ohne uns zu beachten, durch unsere Zimmer schlenderten. Wäre der Wohnblock oberhalb von uns nicht eine Ruine gewesen, hätte man uns gewiss hinausgeworfen, denn die Amerikaner suchten Wohnungen mit Zentralheizung, allerdings nicht in einzeln stehenden Häusern." So blieb die Familie verschont.

Die Beschlagnahmen hatten sofort nach der Einnahme der Stadt im April 1945 begonnen. Damals waren für US-Offiziere zunächst stehengebliebene Villen, oft mit Garten, am Dallenberg und im Judenbühlweg geräumt worden. Herbert Schott beschrieb in seiner Doktorarbeit über die Besatzungszeit in Würzburg einen besonders krassen Fall: „Der Bewohner eines Hauses am Oberen Dallenbergweg musste nach der Beschlagnahme seines Hauses in einer Baracke leben, die auf dem Gelände einer Lehmgrube errichtet worden war. Eine gemauerte Unterlage besaß die Baracke nicht, der Holzunterbau war morsch, der Fußboden schwankend, Feuchtigkeit und Kälte drangen ein. Heizmaterial konnte nicht gelagert werden, da die Baracke nicht trocken war; die nächste Wasserstelle lag 600 Meter weit weg." Dass für die von der

Army übernommenen Wohnungen und Häuser Miete gezahlt wurde, machte die Situation für die Betroffenen nicht besser.

Ende November 1945 waren von den Amerikanern unter anderem beschlagnahmt: das Garnisonslazarett am Mönchberg (später US-Hospital, heute Wohnanlage), die Lehrerbildungsanstalt (jetzt Universität am Wittelsbacherplatz), die Goethe-Schule in der Von-Luxburg-Straße, 51 Privathäuser und 157 Zimmer. „Diese Zahlen erscheinen auf den ersten Blick nicht so hoch", schrieb Herbert Schott, „aber gemessen am hohen Zerstörungsgrad Würzburgs, an der Tatsache, dass die Militärregierung vorzugsweise die von ihr beschlagnahmten Gebäude erneuern ließ und dass der Verbrauch an Strom, Gas, Wasser, den die Stadt Würzburg zahlen musste, extrem hoch und damit teuer war, zeigen diese Zahlen das wachsende Konfliktpotenzial." Die Besatzungsmacht beanspruchte fast alle Arbeiter des Baugewerbes, der Spenglerei und Installation für ihre Zwecke; dadurch verzögerte sich der Wiederaufbau. Schott: „Während die Würzburger froren, trugen amerikanische Frauen und Mädchen auch im Winter kurze weiße Söckchen, wenn sie, wie es ein Zeitzeuge beschreibt, aus den geheizten Villen in die ebenfalls vorgeheizten Privatautos huschten."

Ecke Wirsberg-/Büttnerstraße war eine Notbehelfssiedlung auf engstem Raum entstanden. Im Hintergrund sind bereits erste wiederaufgebaute Häuser zu sehen. (Walter Röder, Main-Post)

Im Jahr 1946 hatte Würzburg schon wieder etwa 50 Prozent der alten Bevölkerungszahl erreicht. Unterfränkische Abgeordnete sprachen im Landtag von „menschenunwürdigen, jeglicher Beschreibung spottenden Unterkünften, die zur körperlichen, seelischen und moralischen Verwahrlosung führen". Zusätzlich dramatisch wurde die Lage dadurch, dass Vertriebene und sogenannte „displaced persons", verschleppte ehemalige KZ-Insassen und Zwangsarbeiter, in der Stadt untergebracht werden mussten, Letztere vor allem in früheren Kasernen. Vertriebene aus den ehemaligen deutschen Ostgebieten lebten zunächst oft in erhaltengebliebenen Schulen, sodass viel Unterricht ausfiel, bevor die Regierung von Unterfranken regelrechte Flüchtlingslager in Heidingsfeld und am Galgenberg einrichtete.

Zu Beginn des Jahres 1946 beschloss die amerikanische Besatzungsmacht, die Frauen der in Würzburg stationierten US-Offiziere nachkommen zu lassen. Die Folge waren zahlreiche weitere Beschlagnahmen, vor allem im Frauenland, dem einzigen Stadtteil mit halbwegs intaktem Wohnraum. Im April 1946 übernahmen die Amerikaner 15 Häuser in der Salvator-, Haydn-, Steidle- und Simon-Breu-Straße. Diese Aktion stand in eklatantem Widerspruch zu Verlautbarungen vor Kriegsende, wie sich Hermann Knell erinnerte: „Die siegreichen Alliierten, besonders die Amerikaner, hatten uns während des Krieges durch die ‚Voice of America' versichert, dass ihre Truppen keine Privatheime beschlagnahmen würden, um die Angehörigen der Besatzungstruppen unterzubringen. Das war jedoch nur Propaganda."

Die Wohnungsnot verschärfte sich jetzt dramatisch: Ende April 1946 waren 2.800 Zimmer in Würzburg mit je sechs, 3.450 Zimmer sogar mit sieben Personen belegt. Die Stadtverwaltung warnte im Juni vor einer erschreckenden Zunahme von Tuberkulose „in der unzulänglich ernährten und in unhygienischen Wohnungen hausenden Bevölkerung". Im Frauenland wurde die Lage explosiv. In einer Frauenversammlung war im April von einer „Verzweiflungsstimmung" die Rede; jeder Aufbauwille müsse angesichts der Besatzungspolitik erlahmen. Die Kirchen schickten einen „Notschrei" nach München. Einige Betroffene sahen keinen Ausweg mehr und dachten an Selbstmord, schrieb Herbert Schott; eine Frau sprang mit ihren drei Kindern, die sie an sich gebunden hatte, in den Main. Die Aktion der Besatzer ging auch über Ostern und am Weißen Sonntag 1946 weiter. Herbert Schott: „Während die Menschen in der Kirche waren, kamen Amerikaner und beschlagnahmten die Häuser. Die zurückkehrenden Bewohner mussten froh sein, wenigstens einen Teil ihrer Habe noch zu erhalten."

Anfang Juli 1946, als schon 95 Häuser im Stadtbereich belegt waren, drohte eine erneute Eskalation. Jetzt sei das ganze Frauenland, so ein Gerücht, für die Beschlagnahme vorgesehen. Und in der Tat begann eine US-Kommission mit der Inventarisierung von Einrichtungsgegenständen. Über 60 zusätzliche Häuser standen auf einer Liste. Die Polizeiwache im Frauenland rechnete mit Ausschreitungen. In dieser aufgewühlten Atmosphäre ergriffen drei Frauen die Initiative; sie beschlossen, am Samstag, 13. Juli 1946, dem amerikanischen Stadtkommandanten im Studentenhaus am Sanderrasen einen Besuch abzustatten. Durch Mundpropaganda ließen sich andere Würzburgerinnen, deren Häuser und Wohnungen ebenfalls in Gefahr waren, mobilisieren. Eine Resolution wurde entworfen und ins Englische übersetzt. Die folgenden Stunden beschrieb Herbert Schott so: „Mehrere Hundert Frauen – die Angaben lauten 350 oder 800 – zogen vors Studentenhaus, Kinder an der Hand oder im Kinderwagen, Einkaufstaschen in der Hand." Der amerikanische Stadtkommandant Major Melvin B. Vorhees erklärte sich bereit, die Delegation zu empfangen. „Während dieser Unterredung gingen die Frauen mit ihren Kindern im Bereich des Studentenhauses aus Angst schweigend auf und ab, denn eine Kundgebung war verboten und hätte vielleicht eine Kurzschlussreaktion der bewaffneten Militärpolizei hervorgerufen, die an jeder Ecke stand und mit Jeeps patrouillierte. Deutsche Polizisten forderten die Demonstrantinnen aus dem Mundwinkel heraus auf, nicht stehen zu bleiben."

„Wir wissen, dass Sie ein menschliches und mitfühlendes Herz haben", stand in der Resolution der Frauen. „Nehmen Sie uns und unseren Kindern nicht die letzte Lebenshoffnung!". Die Unterbringung der Würzburger sei „menschenunwürdig geworden und aus hygienischen und moralischen Gründen nicht mehr tragbar." Der Major solle weitere Beschlagnahmen stoppen: „Lassen Sie nichts unversucht, Ihre vorgesetzten Dienststellen über die wahre Lage Würzburgs aufzuklären." In einem

Zeitungsbericht stand wenig später, der Major habe in dem zweistündigen Gespräch „warmes Verständnis geäußert" und sei auf die Sorgen der Frauen eingegangen. Er versprach, der zunehmenden Säuglingssterblichkeit und der Seuchengefahr besondere Aufmerksamkeit zu widmen. Wider Erwarten hatte die in dieser Form in der amerikanischen Besatzungszone einmalige Aktion zumindest teilweise Erfolg: Von den zusätzlich zur Beschlagnahme vorgesehenen Häusern requirierten die Amerikaner bis Anfang 1947 nur 15.

Ende Februar 1947 waren in Würzburg insgesamt 140 Häuser mit 1.809 Wohnräumen beschlagnahmt, 1950 immer noch 122 Gebäude. Erst als ab 1951 die US-Wohnsiedlungen „Skyline" und „Lincoln Housing Area" am Galgenberg errichtet waren, konnten viele der ursprünglichen Besitzer und Mieter wieder einziehen. Es sollte allerdings bis zum 16. April 1957 dauern, bis die Amerikaner das Anwesen Judenbühlweg 8 als letztes privates Wohnhaus endgültig wieder freigaben.

In den ersten Nachkriegsjahren konnte vor allem in den Außenbezirken gebaut werden. Auf diesem Foto, das Ende der 40er- oder Anfang der 50er-Jahre von der Kirche Stift Haug aus aufgenommen wurde, sieht man jedoch, dass vereinzelt auch in der Innenstadt neue Häuser entstanden. In der Mitte des Bildes steht das wiederaufgebaute und mit einem neuen Dach versehene Juliusspital. (Würzburger Versorgungs- und Verkehrs-GmbH)

Aus heutiger Sicht scheint es erstaunlich, dass nicht sofort nach dem Ende des Krieges mit dem Bau neuer Wohnungen begonnen wurde. Um den Vorwurf mangelnder Aktivität zu entkräften, schrieb der 75-jährige Oberbürgermeister Hans Löffler, der von 1946 bis 1948 nochmals an der Spitze der Stadt stand, im August 1947 einen Brief an den Chef der bayerischen US-Militärverwaltung. Darin verwahrte er sich dagegen, dass Würzburg im Vergleich zu anderen Städten beim Aufbau hinterherhinke, und erklärte die besonderen Schwierigkeiten der Stadt. „Würzburg wurde am 16. März 1945 und in den darauffolgenden Kampfhandlungen zerstört", stand in dem Brief. „Die Handwerksbetriebe und die Maschinen waren zerstört und verschüttet, die Arbeiterschaft war zerstreut, es waren nur noch ein paar Tausend Menschen in Würzburg, die anderen waren geflüchtet. Noch fünf Monate nach der Zerstörung fehlten den Handwerkern die allernotwendigsten Werkzeuge: Hammer und Zange, Säge und Feile, von Maschinen zu schweigen." Dennoch sei neu gebaut worden – nur eben von wenigen Ausnahmen abgesehen nicht in der Innenstadt.

In den Statistischen Mitteilungen der Stadtverwaltung für 1948 war von 1.139 Wohnungen die Rede, die seit 1945 durch „Neu- und Wiederaufbau, Instandsetzung sowie Um-, An- und Ausbau" geschaffen worden seien. Dies konnte angesichts der Ende 1948 erreichten Einwohnerzahl von 68.127 lediglich ein Tropfen auf den heißen Stein sein. Im folgenden Jahr sah es mit 2.235 neuen Wohnungen bereits etwas besser aus, doch waren inzwischen auch über 6.500 Einwohner hinzugekommen. Da die meisten Bürgerinnen und Bürger in drangvoller Enge lebten, ist auch die Zahl der zusätzlichen Wohnräume, in denen stets mehrere Menschen leben mussten, relevant: 1948 waren es 2.425, im Jahr darauf immerhin 4.528.

Im Bericht der Stadtverwaltung für die unmittelbaren Nachkriegsjahre wurde wie schon im Brief des Oberbürgermeisters hervorgehoben, dass sich der Bauwille vor allem am Stadtrand gezeigt habe, „wo Genossenschaften auf der breiten Grundlage der vielen mit kleinem Kapital ausgerüsteten Wohnungssuchenden eine immerhin ansehnliche Kapitalmacht darstellten und wo durch sparsame, vielleicht spärliche Grundrisse, mäßige Stockwerkshöhen und rationellen Bauvorgang eine viel breitere Wirkung erzielt werden konnte als beim Ruinenaufbau." Erneut übernahmen

Genossenschaften, wie schon in der Weimarer Republik, eine führende Rolle bei der Schaffung neuen Wohnraums, darunter außer den bereits bestehenden Organisationen die „Heimathilfe Wohnungsbaugenossenschaft eG", die „Kronprinz-Rupprecht-von Bayern-Stiftung" sowie das kirchlich orientierte „St. Bruno-Werk", die allesamt 1949 gegründet wurden. Das „St. Bruno-Werk", ins Leben gerufen vom Würzburger Bischof Julius Döpfner, machte sich dessen Motto „Wohnungsbau ist Dombau und Wohnungssorge ist Seelsorge" zu eigen; seine ersten Projekte entstanden in Seegartenweg und Seilerstraße in Heidingsfeld mit 104 Wohnungen (ab 1949) und in den Straßen Essigkrug und St. Jakobusstraße in Versbach (ab 1956).

Die häufig einzig mögliche sparsame Bauweise zeigte sich zum Beispiel an der Grombühler Wohnung, in die Helmut Försch und seine Angehörigen 1948 einzogen. Ein Badezimmer fehlte, die Familie war auf das städtische Wannen- und Brausebad an der Grombühlbrücke angewiesen. „Es dauerte sehr lange, bis alle Haushalte mit diesem Attribut moderner Hygiene ausgestattet waren", schrieb Försch: „In vielen Wohnungen war zwar ein Raum dafür vorgesehen, auch mit den Anschlüssen versehen, aber nicht eingerichtet und als Wohnraum genutzt. Auch uns ging das so, als wir 1948 wieder eine Wohnung beziehen konnten. Und so wartete man, wie beim Friseur, bis eine Dusche oder Wanne frei war."

Vereinzelt gab es auch schon in der unmittelbaren Nachkriegszeit Bauaktivitäten von Privatleuten in der Innenstadt, so vom Ehepaar Brehm, das weitgehend in Eigenleistung 1947 in der Oberthürstraße ein Häuschen errichtete. Die 40-jährige Greta Brehm, Mutter der 14-jährigen Zwillinge Rita und Elisabeth, und ihr 45 Jahre alter Mann Martin Brehm, ein Glaser und Schreiner, wurden so praktisch im Alleingang zu Baumeistern. Sie wollten ihre Notunterkunft an der Frankenwarte verlassen und in die Stadt zurückkehren, wo die Brehms lange zu Hause gewesen waren. In der Hütte hatte es kein fließendes Wasser gegeben, es musste mühsam vom Dorfbrunnen in Höchberg geholt werden.

Das Ehepaar erwarb von Gretas Eltern das Trümmergrundstück Oberthürstraße 7; das dafür nötige Geld hatten sie sich von der Sparkasse geliehen. Martin Brehm nahm unbezahlten Urlaub und im Sommer 1947, zwei Jahre nach Kriegsende, ging es an den Wiederaufbau. Zunächst musste der Schutt weggeräumt werden. Dann trugen die Brehms alle noch brauchbaren Backsteine aus den umliegenden Ruinen zusammen und klopften mit einem Hammer den restlichen Mörtel ab. „Durch gute Beziehungen bekam mein Mann ein paar Sack Zement", schrieb Greta Brehm in ihren Lebenserinnerungen. „In einer Ruine fanden wir ein halbes Kinderbettgestell aus Drahtgeflecht. Das wurde geradegebogen und auf Holzlatten genagelt, fertig war unser Sandsieb." Wasser transportieren die frischgebackenen Baumeister in alten Benzinkanistern mühsam vom Brunnen auf der Juliuspromenade herbei, manchmal auch vom Augustinerkloster. Das Ehepaar siebte Bauschutt durch das Bettstättchen, mischte Sand und Zement dazu und produzierte so Mörtel zum Mauern. Die Zwillingstöchter halfen mit. Greta Brehm: „Alles hätte viel mehr Spaß gemacht, wenn nicht immer dieser knurrende Magen gewesen wäre. Ein paar Fettbrote als Tagesration für einen ‚Bauarbeiter' war nicht gerade sehr aufmunternd. Und so schleppten wir uns jeden Abend müde und hungrig hinauf zur Frankenwarte."

An einem Morgen, als es wieder losgehen sollte, herrschte Enttäuschung auf der Baustelle: „Das Gemeinste war, dass einmal unsere mühsam zusammengetragenen und geputzten Backsteine geklaut worden waren. Das war schon zum Heulen. Ich sah, dass meinem Mann das Wasser in den Augen stand; gesagt hat er kein einziges Wort." Greta Brehm und ihr Mann schufteten weiter und jeden Abend ragten die Mauern ein Stück höher empor.

Endlich hatten sie den ersten Stock erreicht. Weiter durften sie nicht bauen, weil das Gebäude vor dem Angriff auch nur ein Stockwerk samt Erdgeschoss gehabt hatte. Jetzt brauchte das Haus noch ein Dach. Auf dem Land machten sie einen Betrieb ausfindig, der den Dachstuhl aufrichtete und das Dach deckte. Der Ehemann zog dann noch eine Decke ein und legte den Fußboden. Eines Tages kam ihr Vater und staunte, was sie schon alles geleistet hatten. Allerdings gefiel ihm die „Hühnerleiter" nicht, die in den ersten Stock führte. Er sagte nicht viel, war aber am nächsten Tag wieder da und hatte das Geld für eine hölzerne Treppe dabei.

Nun fehlten noch Fenster, Türen und Möbel. Greta Brehm: „Mein Mann konnte aus dem Nachlass eines verstorbenen Schreiners eine Hobelbank und Werkzeug kaufen.

Die Leute fuhren uns sogar noch alles von Gerbrunn her ans Haus. Im unteren Raum richtete er sich dann eine Werkstatt ein und fertigte da die Türen und Fenster an. Alles von Hand." Er übernachtete jetzt schon im halbfertigen Neubau, mit den Kleidern in den Hobelspänen liegend. Die Hobelbank und das Werkzeug waren so wertvoll, dass sie um jeden Preis vor Dieben geschützt werden mussten. Am Morgen kam die Ehefrau mit den Zwillingen von der Frankenwarte herunter und brachte das Frühstück. Die drei legten mit Hand an, wo immer es nötig war.

Im Oktober 1947 stand der langersehnte Umzug an. Greta Brehm erinnerte sich an jedes Detail: „Zuerst wurden die Etagenbetten abmontiert, auf dem Handwagen in die Stadt gebracht und im Haus wieder aufgebaut. Nun hatten wir wieder Wohnzimmer, Schlafzimmer, Küche und Werkstatt, alles in einem Raum im Parterre. Oben im ersten Stock war noch alles leer. Aber wir mussten wenigstens nicht jeden Abend unsere müden Knochen den Berg hochschleppen." Danach kehrte der Ehemann zu seiner Firma zurück und arbeitete nach Feierabend und am Wochenende am Haus weiter, während Greta Brehm sich um die Anschaffung der nun allein noch fehlenden Möbel kümmerte. Sie ging zu einem Kollegen ihres Mannes, der in Heidingsfeld in einer großen Möbelschreinerei beschäftigt war. Dieser bürgte bei seinem Chef, sodass sie auf Raten ein Schlafzimmer und Küchenmöbel kaufen konnten. Jetzt bot das mitten in der Ruinenlandschaft stehende Haus einen Komfort, von dem die meisten Würzburger und Würzburgerinnen nur träumen konnten.

Nach Greta Brehms Tod im Jahr 1997 lebte ihre Tochter Rita Shannon in dem kleinen Gebäude. Nach deren Tod wurde es durch einen mehrstöckigen Neubau ersetzt.

Einen Einblick in die primitiven Lebensverhältnisse der ersten Nachkriegsjahre gibt die 1936 geborene Sieglinde Johnston, geb. Ullrich, in ihren 1999 erschienenen Erinnerungen „Sieglinde. Die unbekannte Bekannte erzählt". Die Würzburgerin hatte zunächst zehn Jahre bei Verwandten in Wiesenbronn gewohnt. Ihr Vater, der Weinkaufmann Hans Ullrich, war 1946 im Alter von 45 Jahren in russischer Gefangenschaft gestorben, der achtjährige Bruder Hans-Peter im selben Jahr tödlich verunglückt. Im Mai 1949 bezog Sieglinde mit ihrer Mutter, der zwei Jahre älteren Schwester Margot und dem bereits im Februar 1945 in Grombühl ausgebombten Großvater eine Notwohnung auf dem Gutshof „Zur Neuen Welt" am Leutfresserweg, in dem die Malerin Gertraud Rostosky lebte und arbeitete und einen Kreis von Künstlern und Literaten um sich scharte.

Sieglinde Johnston über Gertraud Rostoskys Gut „Zur Neuen Welt"

„Es war schon aufregend, zurück in die Stadt, wo ich geboren wurde, Mutti endlich vom Dorf weg, Opa wieder da, wo er seinen Lebensabend verbringen wollte! Die Wohnung selbst war jedoch wirklich notdürftig. Selbst das Wasser musste eimerweise unten vorm Haus von einem Haupthahn geholt werden. Monate später wurde die Installation von Wasser und Klo vorgenommen. Man brauchte eine Genehmigung. Die Bestimmungen waren deshalb so streng, weil aus jeder Familie eine kräftige Person beim Schutträumen helfen sollte. Bei uns fehlte diese Person. Am Tag, als wir einzogen, praktisch unsere Sachen noch abluden, kam schon ein Beamter vom Wohnungsamt. Was für ein Glück! Er war ein Schulfreund von Onkel Hans, dem Bruder meiner Mutter, der uns beim Umzug half. Er legte ein gutes Wort für uns ein: ‚Frau ist Witwe, Vater ist über 78 Jahre alt …'

Sieglinde Johnston (geb. Ullrich) im Jahr 1959. Damals erschien ein Artikel über sie und ihre gelegentlichen Bühnenauftritte in der „Main-Post". (Walter Röder, Main-Post)

Der Gutshof am Leutfresserweg 32 war voll mit Familien und Kindern. Die IG Farben von Berlin hatte in dem Bau, wo wir wohnten – ehemaliger Schweinestall! – bei Kriegsende die Zimmer aus Sperrholzplatten gebaut. Dazu kam noch an jedem Ende des Gebäudes ein aus Steinen gemauertes Zimmer. Unsere Wohnküche hatte an der schrägen Wand ein extra großes Einzelbett, das Mutti während des Tages mit Decken kunstvoll in eine Couch verwandelte. Das Federbett wurde gerollt nach hinten gelegt und die Kopfkissen dienten rechts und links als Armstütze. In der Mitte stand ein Tisch mit vier Stühlen. Rechts an der Wand, wo man zur Tür reinkam, stand ein Küchenbüfett. Links von der Tür war der Herd, daneben stand Opas Holzstuhl, dann kamen eine kleine Liege mit rundem Tischchen und noch ein Holzlehnstuhl. Vor der Liege war ein kleiner Teppich. Diese Ecke nannten wir unser Wohnzimmer. Das Radio, ein „Telefunken", unser Luxus, war unser Mittelpunkt am Abend.

Unser Gebäude lag links, etwas erhöht von der Straße. Rechts ist ein großes Tor mit Pforte; dieses führte in den Gutshof mit noch drei weiteren Gebäuden: Der Pferdestall war ebenso in eine Wohnung im Erdgeschoss ausgebaut. Das sogenannte Herrenhaus mit mehreren Wohnungen und Zimmern war voll belegt. Vierköpfige Familien wohnten in einem Zimmer. Man trennte mit Decken und Sperrholz die Wohnecke von der Schlafecke. Links war das Haus der ehemaligen Dienstboten. Jetzt wohnten in einer Wohnung Verwandte der Besitzerin des Gutshofes. Die anderen Wohnungen waren an ausgebombte Familien vermietet.

Wie traurig Mutti manchmal war! Der Mann in Kriegsgefangenschaft gestorben, ihr kleiner Junge tödlich verunglückt, ihre Möbel, die untergestellt waren, alle verbrannt. Anstatt in einer schönen Wohnung zu wohnen, musste sie mit der notdürftigen zufrieden sein."

Während größter Mangel an Wohnraum herrschte und Tausende evakuierte Bürgerinnen und Bürger dringend auf die Rückkehr warteten, war die Stadt mit der misslichen Tatsache konfrontiert, dass Würzburg, ungeachtet seiner besonders schweren Zerstörung, eine große Anzahl von Flüchtlingen und Heimatvertriebenen aufnehmen musste, für die die Regierung von Unterfranken zuständig war. Diese hatte zunächst ein großes Flüchtlingslager in der Winterhäuser Straße in Heidingsfeld eröffnet. Angesichts des ungebremsten Zustroms von Vertriebenen beschlossen die Beamten, ein weiteres Lager, ebenfalls außerhalb der Innenstadt, zu errichten. Ihr Blick fiel auf das Hubland, wo sich bis 1945 ein Fliegerhorst befunden hatte und nun Teile davon als „Leighton Barracks" den amerikanischen Besatzern dienten. Diese hatten in Baracken nach dem Krieg unter anderem deutsche Kriegsgefangene untergebracht. Ab Januar 1948 standen diese Baracken leer, die sich zwischen der Straße am Hubland und der Rottendorfer Straße (heute Campus Hubland Nord) befanden. Obwohl es sich um für die Tropen bestimmte leichte Holzhäuser handelte, mit Dachpappe gedeckt, ohne räumliche Einteilung, Isolierung und Fundamente, weckten sie Begehrlichkeiten.

Im Bayerischen Staatsministerium für Sonderaufgaben, das mit der Aufarbeitung der NS-Diktatur beauftragt war, überlegte man zunächst, in den Baracken am Galgenberg ein Gefangenenlager für 1.500 verurteilte Nationalsozialisten einzurichten. Die Würzburger Stadtverwaltung konnte diesem Plan nichts abgewinnen und sah vielmehr die Chance, hier eine vorstädtische „Wohnsiedlung mit Gartenanteil" in der Tradition von Krieger-, Hindenburg- und Lehmgrubensiedlung zu entwickeln. Allerdings hätte es 750.000 Reichsmark gekostet, um die Baracken in einen dauerhaft bewohnbaren Zustand zu versetzen. Im Stadtrat regte sich daher Ende Januar 1948 Kritik an dieser Investition; eine solch hohe Summe solle besser in den Bau fester Häuser investiert werden.

Der Flüchtlingskommissar der Regierung von Unterfranken brachte Anfang Februar dann ein Lager für Vertriebene ins Gespräch. Oberbürgermeister Hans Löffler, der aufgrund seines Amtes zunächst an die Bürger seiner Stadt dachte, erhob scharfen Protest und machte, wie er notierte, „die Priorität der Stadt geltend, die nicht Neuzuzug, sondern Entlastung in der Wohnungsnot" brauche. Die Situation blieb zunächst ungeklärt und die Baracken standen weiter leer. Heinz Kilian, der Kreisbeauftragte der Ausgebombten und Evakuierten, verlangte am 11. März 1948 in einem scharfen Brief an den Stadtrat, die Baracken für die Rückführung von Evakuierten zu benutzen. Es sei „eine Schande und Blamage für die Stadt Würzburg ihren Außenbürgern gegenüber, dass diese Baracken heute noch unbewohnt sind".

Täglich bedrängten ihn Menschen, „irgendwie einen Weg zu finden, welcher sie am schnellsten wieder nach Würzburg bringt".

Tatsächlich entstand das vom Flüchtlingskommissar ursprünglich ins Gespräch gebrachte Lager für bis zu 1.100 Vertriebene; die offizielle Eröffnung fand nach dem Einzug der ersten Bewohner am 12. Juni 1948 statt. Das Lager bestand im Endausbau aus 32 Wohnbaracken, acht Wasch- und Toilettenbaracken, drei Verwaltungs- und zwei Abstellbaracken sowie einer Küchenbaracke samt Kantine. Die primitiven Holzhäuser hatten ursprünglich nur über kleine Schiebefenster mit einer undurchsichtigen Platte anstelle von Fensterglas verfügt; diese waren bis zur Eröffnung durch richtige Fenster ersetzt worden, doch der weitere Ausbau dauerte noch mehrere Monate. Arbeiter schufen Fundamente für jene Baracken, die nur auf morschen Pfählen standen, brachten die sanitären Anlagen in einen benutzbaren Zustand, bauten Installationen und Kamine ein und befestigten die bei Regen schlammige Hauptstraße.

Einige der 47 Baracken des Regierungs-Flüchtlingslagers Galgenberg. (Sammlung Irma Zeckel, Würzburg)

Bald wurden Zwischenwände in die jeweils rund 210 Quadratmeter großen Unterkünfte eingezogen. Dabei entstanden jedoch keine Wohnungen, sondern pro Baracke nur drei sogenannte „Stuben". In jeder lebten durchschnittlich 15 Menschen, gelegentlich auch mehr. Ihr Essen erhielten sie aus der Lagerkantine. Um 12 Uhr gab es Mittagessen, bei dem auch gleich das Abendbrot in Rationen mitverteilt wurde; Bedürftige brauchten nichts zu bezahlen. Die Regierung von Unterfranken stellte Mobiliar und Öfen zur Verfügung, sodass ab Herbst jedes Barackendrittel beheizt werden konnte. Viele der erwachsenen Lagerbewohner fanden Arbeit in der Stadt, oft beim Wiederaufbau.

„In einer ‚Stube' lebten manchmal vier Familien auf engstem Raum", erinnerte sich Irma Zeckel, die achtjährig im November 1948 mit Schwester, Bruder, Mutter und Großvater aus dem Sudetenland, das inzwischen zur kommunistisch gewordenen Tschechoslowakei gehörte, ins Lager kam. Ihr Vater war 1946 in einem tschechischen Gefängnis gestorben. Erst später erhielten viele Baracken weitere Zwischenwände, die zwar nicht die drangvolle Enge beseitigten, immerhin jedoch ein Minimum an Privatsphäre ermöglichten. Einen Monat vor Irma Zeckels Ankunft hatte ein Reporter der „Main-Post" die kleine Barackenstadt auf der Höhe besucht. Die Räume seien in allen Fällen überbelegt, schrieb er. „In vielen ‚Stuben' stehen die Feld- und Einheitsbetten übereinander, und trotzdem ist kein Platz mehr für einen Schrank vorhanden." Manche Bewohner hätten sich ihren Bereich „mit bescheidensten Mitteln wohnlich gemacht, indem sie zum Beispiel Gardinen aus Verbandsmull an den Fenstern anbrachten".

„Unser Leben spielte sich zwischen Stockbetten ab", erinnerte sich Irene Kamm, die im Alter von 16 Jahren im Juni 1948 mit Eltern und Schwester an den Galgenberg kam: „Von einem Bett zum anderen war ein Brett befestigt, wo unser Essgeschirr Platz fand. Für Kisten und Koffer war kein Platz. Die waren in einer anderen Baracke und wir durften uns wöchentlich eine Stunde die fehlenden Sachen holen."

Am 3. Dezember 1949 veröffentlichte die Vertriebenen-Zeitung „Die Brücke" einen äußerst kritischen Bericht über das Lager, wobei vor allem die „Stuben" im Mittel-

punkt standen. Frauen und Mütter, Kinder und Jugendliche seien am schwersten davon betroffen, Familienglück sei „ausgerottet", hieß es in dem Text. „Der Mensch, der ohne jede private Lebenssphäre sein muss, verliert alle Bindungen und Hemmungen", klagte die Autorin und fragte: „Haben alle verantwortlichen Menschen schon einmal darüber nachgedacht, was es bedeutet, wenn alle Lebensakte, die intim und privat bleiben müssen, in solcher Umgebung kein Geheimnis mehr sind?" Als sich der Vater von zwei Kindern über das lockere Sexualleben zweier lediger Mitbewohnerinnen einer „Stube" bei der Lagerverwaltung beschwerte und um die Unterbringung seiner Familie in einer anderen Baracke bat, konnte diesem Wunsch wegen Platzmangels nicht entsprochen werden. Allerdings wurden später zwei sogenannte „Frauenbaracken" für alleinstehende Frauen zur Verfügung gestellt.

Bild oben: *Drangvolle Enge herrschte in den „Stuben" des im Juni 1948 eröffneten Regierungs-Flüchtlingslagers am Galgenberg. (Sammlung Roland Flade, Würzburg)*

Im Oktober 1948 entstand in zwei Räumen eine Lagerschule für zunächst 57 Kinder. Die Einrichtung, in der zwei Lehrer von Montag bis Samstag alle Jahrgangsstufen bis zur achten Klasse unterwiesen, entwickelte sich schnell zu einem Zentrum des Lagerlebens. Ihre wichtigste Funktion war es, endlich einen regelmäßigen Rhythmus in den Tagesablauf der Buben und Mädchen zu bringen, für die es zudem bald Jugendgruppen gab. An Sonn- und Feiertagen wurde in der Schulbaracke Gottesdienst gefeiert, abends diente einer der beiden Räume als Lesezimmer, in dem von Verlagen gespendete Zeitungen und Zeitschriften auslagen und Vorträge gehalten wurden. „Wenn wir die Hausaufgaben erledigt hatten, haben wir gespielt", erinnerte sich Irma Zeckel. „Wir sind rumgelaufen, sind Rad gefahren und haben das Lager unsicher gemacht."

Kinder stellten einen beträchtlichen Prozentsatz der Galgenberg-Bewohner. Im Januar 1949 wurden 16 Säuglinge, 47 Drei- bis Sechsjährige und 151 Buben und Mädchen im schulpflichtigen Alter gezählt. Auch eine Berufsschule nahm bald ihren Betrieb auf; für die Kleinen gab es einen 1949 eröffneten Kindergarten, außerdem einen Spielplatz und für alle Altersgruppen einen Sportplatz, auf dem die beiden Mannschaften des Lagersportvereins trainierten. Abwechslung brachten überdies Tanzveranstaltungen, Aufführungen von Theatergruppen und Treffen diverser Jugendgruppen, für die die katholische Pfarrei St. Barbara zuständig war. Erwachsene betätigten sich im Schachclub, dem Männerchor und einem kleinen Orchester. Zur Infrastruktur des Lagers gehörten eine Fürsorgerin und ein angestellter Lagerarzt; in der „Revierbaracke" befanden sich mehrere Krankenzimmer. Außerdem gab es im Endausbau einen Frisiersalon, einen Raum für Heimarbeiter, eine Schreinerei und Schlosserei, dazu eine Leihbücherei samt Lesesaal, eine Baracke zum Wäschetrocknen, eine Metzgerei, eine Schusterei und einen Tabakwarenladen.

Insgesamt fanden im Lauf der Jahre in Würzburg mindestens 15.000 Vertriebene und Flüchtlinge eine neue Heimat. Am Hubland war ein kleiner Stadtteil für einige von ihnen entstanden. Kaum jemand konnte sich vorstellen, dass sein Ende schon bald kommen würde, auch wenn viele Bewohnerinnen und Bewohner angesichts der beengten Wohnverhältnisse genau dies ersehnten.

1950 - 1959

Der Wiederaufbau gewinnt an Geschwindigkeit

Knapp zwei Jahre nach der Eröffnung des Vertriebenenlagers am Galgenberg war die Geduld der Bewohnerinnen und Bewohner mit ihrer misslichen Wohnsituation – trotz aller Bemühungen der Verantwortlichen – am Ende: Sie verlangten die zusätzliche Unterteilung der „Stuben" in den Baracken; dadurch sollten winzige, aber doch wohnungsähnliche Behausungen entstehen. Der Lagerausschuss verfasste im März 1950 eine dringliche Bittschrift an das bayerische Innenministerium, das Geld für Umbauten bewilligen sollte. Der Ausschuss zeichnete ein dramatisches Bild: Mit Schrecken dächten die Lagerinsassen daran, einen weiteren Winter „in Massenunterkünften mit zum Teil über 15 Personen pro Stube zusammengedrängt vegetieren zu müssen". Es gebe keine Aussicht auf feste Wohnungen, sodass mit der dringend nötigen Unterteilung der Stuben „nur dem primitivsten Recht auf menschenwürdige Unterbringung Genüge getan" werde.

Bewohner des Regierungs-Flüchtlingslagers Galgenberg vor ihrer bescheidenen Behausung. (Sammlung Heidrun Zimmermann, Würzburg)

Die Beamten lehnten die Forderung ab, möglicherweise, weil sie bereits wussten, was erst später an die Öffentlichkeit kam. Jedenfalls sollte es nur noch weniger als eineinhalb Jahre dauern, bis der zunächst unmöglich erscheinende Umzug in neue Häuser tatsächlich stattfand. Verantwortlich dafür waren die amerikanischen Besatzer, die Würzburg zu einem Zentrum der Militärverwaltung in Unterfranken ausbauen wollten. In der Stadt beschäftigte Offiziere hatten seit Längerem das Recht, ihre Familien aus den USA nachkommen zu lassen; für diese waren zahlreiche Häuser beschlagnahmt worden. Da dies auf Dauer keine Lösung sein konnte und den berechtigten Missmut der Würzburgerinnen und Würzburger zur Folge hatte, beschlossen die Amerikaner, eine Wohnsiedlung in unmittelbarer Nähe der Leighton Barracks samt einer neuen Grundschule zu errichten, zumal jetzt auch für weitere Gruppen von Armeeangehörigen der Familiennachzug möglich wurde. Das Problem war nur, dass der anvisierte Bauplatz sich genau dort befand, wo die Baracken des Flüchtlingslagers standen.

Am 25. Oktober 1950 hieß es in einem Zeitungsbericht erstmals, dass der Galgenberg auf Anordnung der Besatzungsmacht geräumt werden solle. Die Flüchtlinge sollten in den Kasernen in der Mainaustraße untergebracht werden, deren Ausbau mit 1,5 Millionen Mark veranschlagt werde. Dieser Plan ließ sich freilich nicht realisieren, weil unklar war, ob die Amerikaner eines Tages nicht auch diese Kasernen beanspruchen würden. Allerdings war die Bundesregierung bereit, für ein Alternativprojekt großzügig Mittel zur Verfügung zu stellen. In einer Besprechung im Rathaus wurden am 8. März 1951 verschiedene Möglichkeiten erwogen, unter anderem die Ansiedlung der Vertriebenen in Grombühl oder die Nutzung ausgebauter Ruinen. Die Stadt legte großen Wert darauf, die Barackenbewohner zu streuen, damit die Heimatvertriebenen keinen Block innerhalb eines Stadtteils bildeten. Dies war jedoch nicht möglich. Nach einer Finanzzusage des Bundes in Höhe von drei Millionen Mark wurde schließlich doch eine geschlossene Bebauung von 300 Wohnungen akzeptiert. Die Stadt stellte das erforderliche Gelände links und rechts der Frankfurter Straße zur Verfügung und der Bund trug die gesamten Kosten.

Nahe der Frankfurter Straße wurden im Sommer 1951 in großer Eile Wohnblocks für die am Galgenberg in Baracken wohnenden Vertriebenen hochgezogen. (Walter Röder, Main-Post)

Nun ging alles sehr schnell. Am 18. April 1951 begannen die Bauarbeiten und schon am 14. August 1951 meldete die „Main-Post" unter der Überschrift „Galgenberg ade!" die Fertigstellung der 15 Blocks; die Umsiedlung solle binnen 14 Tagen abgeschlossen sein. Damit sei „eine Zeit des Improvisierens hinter Bretterwänden" für die Vertriebenen vorbei, hieß es in dem Artikel: „Jeder, der das trostlose Leben in Baracken kennt, wird begrüßen, dass sie nun nach langem Warten in vollwertige Wohnungen einziehen können."

„Ende August werden 240 Familien die grauen öden Baracken auf dem kahlen Galgenberg für immer verlassen haben; dann wird es nicht lange dauern und man wird kurzerhand diese Massenunterkünfte abreißen", schrieb die „Main-Post". „So eine Baracke, in der es im Sommer zu heiß und im Winter zu kalt ist, in der es zieht, die Dielen knarren, jedes Wort von jedem gehört wird, treibt zur Hoffnungslosigkeit", hieß es weiter in dem Artikel. „Obwohl jetzt jeder weiß, dass er zu der oder der Stunde umzieht, haben die Menschen teilweise einen Pessimismus, der sich erst dann verflüchtigt, wenn die Hausfrau mit dem glänzenden Schlüssel die neue Wohnung aufschließt und sich alles über die Türschwelle drängt. Dann kommt es vor, dass die Frauen plötzlich weinen müssen, weil doch nun nichts mehr passieren kann und alles wahr sein muss."

Luxuriös waren die schnell hochgezogenen Neubaublöcke nicht, die in Michel-, Bruno-, Schork- und Max-Planck-Straße standen. Aber immerhin ermöglichten sie nun ein eigenständiges Leben inmitten der Würzburger Stadtbevölkerung. Auch für das religiöse Leben wurde bald gesorgt; in unmittelbarer Nachbarschaft entstand 1955 die Kirche St. Elisabeth. Einige Flüchtlinge zogen vom Galgenberg nicht in die Häuser an der Frankfurter Straße um. Manche gingen, wahrscheinlich um billiger zu wohnen bzw. um näher bei ihrer Arbeitsstätte zu sein, aufs Land. Drei Dutzend alleinstehende Personen kamen auf eigenen Wunsch in das noch einige Zeit weiterbestehende Flüchtlingslager in Heidingsfeld. Am 29. August 1951 berichtete die „Main-Post", dass der Umzug schneller als geplant vonstatten gehe und dass von den 47 Wohn- und Wirtschaftsbaracken am Hubland bereits 15 abgerissen seien. Am Sonntag, 2. September 1951, wurde die Wohnanlage in der Zellerau mit einem katholischen und einem evangelischen Gottesdienst eingeweiht.

Gleichzeitig öffnete die neue US-Grundschule („Elementary School") auf dem Gelände der ersten entfernten Baracken ihre Tore, laut „Main-Post" damals die modernste Schule Unterfrankens. Die vorher für amerikanische Buben und Mädchen requirierte ehemalige Bertholdschule in der Von-Luxburg-Straße, die jetzt Goetheschule hieß, stand ab diesem Zeitpunkt wieder für Würzburger zur Verfügung. Auf dem Weg von der Straße Am Hubland zur „Elementary School" entstanden anschließend außerdem 256 Wohnungen für Militärangehörige in mehrstöckigen, zunächst bunt getünchten Häusern. Mehrere Baufirmen mit einem großen Maschinenpark errichteten 14 große Wohnblocks mit Flachdächern im neuen Wohngebiet „Skyline Hill" – wegen der ungewöhnlichen Architektur von den Würzburgern „Schuhschachtel-Häuser" genannt – sowie Erschließungsstraßen. Zeitweise waren zehn Firmen mit 2.000 Arbeitern gleichzeitig tätig. Das Gelände war eingezäunt; Schilder warnten „Achtung! Großbaustelle". Gleichzeitig wurde an der Rottendorfer Straße vor dem Tor der US-Kaserne die „Lincoln Housing Area" gebaut, bestehend aus sechs Wohnblocks mit traditionellen Satteldächern – möglicherweise ein Zugeständnis an in der Nähe wohnende Deutsche, die an Flachdächer noch nicht gewöhnt waren.

Die neuen Wohnblocks am „Skyline Hill". Die ursprünglichen Flachdächer wurden später durch traditionelle Dächer ersetzt. (Sammlung Alexander Kraus, Würzburg)

Die 1951 fertiggestellten Häuser der „Lincoln Housing Area" in der Rottendorfer Straße vor dem Eingangstor der „Leighton Barracks". (Walter Röder, Main-Post)

Innerhalb weniger Monate waren also 15 Blocks für die Vertriebenen und 20 für amerikanische Soldaten und ihre Familien entstanden. Schon im Sommer 1954 fand am „Skyline Hill" die Übergabe weiterer großer Wohngebäude statt, denen später noch mehr folgten. Um 1955 begann der Bau von Offiziershäusern entlang der Straße Am Galgenberg, die von den Amerikanern „Colonels' Lane" genannt wurden.

Blick in den siebziger Jahren in die Küche einer Wohnung im amerikanischen Wohngebiet „Skyline Hill". (Sammlung Alexander Kraus, Würzburg)

Im selben Jahr wurde eine Oberschule („High School") gegenüber der „Elementary School" errichtet. Das Gebäude der „Elementary School" steht heute inmitten des Universitäts-Campus Hubland Nord und beherbergt unter anderem das Universitätsarchiv und das Institut für Hochschulkunde. Die „High School" sowie viele der ab 1951 gebauten und in den letzten Jahren gründlich sanierten amerikanischen Wohngebäude des „Skyline Hill" dienen ebenfalls der universitären Forschung und der Lehre, genauso wie die 1990 eröffnete dritte Schule, die „Middle School", die jetzt das Sprachenzentrum der Uni beherbergt. Die Häuser der „Lincoln Housing Area" gingen nach dem 2008 erfolgten Abzug der Amerikaner an Wohnungsunternehmen. Manche Gebäude am „Skyline Hill" wurden abgerissen; dasselbe Schicksal erlitten viele der 1951 für die Vertriebenen errichteten einfachen Häuser in der Zellerau, die im 21. Jahrhundert durch moderne Neubauten ersetzt wurden.

Während die Amerikaner am Hubland zahlreiche Wohnblocks hochzogen und auch die Gebäude für die Vertriebenen in der Zellerau entstanden, kam der Wiederaufbau in der ganzen Stadt endgültig in Schwung. Bereits 1950, als im Dezember wieder 80.489 Menschen in der Stadt lebten, waren 2.803 Wohnungen errichtet worden; 1951 waren es dann schon 2.926. Im Jahr 1952 erstellte allein die Kommune 212 Wohnungen für fast zwei Millionen DM in Form von Neubauten oder Um- und Wiederaufbauten. Diese dienten schwerpunktmäßig der Unterbringung von Kellerbewohnern, „Zwangsgeräumten", also Menschen, die in von den Amerikanern beschlagnahmten Häusern gewohnt hatten, und sonstigen „Elendsfällen". 752 Familien mit 2.281 Köpfen warteten Ende 1952 als solche „Elendsfälle" immer noch auf eine angemessene Unterbringung.

Im Jahr 1953 wurden 2.118 Wohnungen errichtet. Die Stadt war hieran mit dem Aufbau des Hauses Weißenburgstraße 6 mit 74 Wohnungen beteiligt. Darin wurden 18 „Elendsfälle" und 38 Zwangsgeräumte untergebracht. Das Land Bayern baute 80 Unterkünfte für Menschen, die in den „Stallwohnungen", ausgebauten Pferdeställen der Mainaukaserne, gelebt hatten. Es ging voran, aber es blieb noch enorm viel zu tun; angesichts dieser Tatsache sprach die Stadtverwaltung in ihrem Jahresrückblick für 1953 weiterhin von „Elend". 1954 kamen 2.115 Wohnungen hinzu. Der bayerische Staat ließ 80 Wohnungen bauen, was die vollständige Räumung der Mainaukaserne, in die die Bereitschaftspolizei einzog, ermöglichte. In den städtisch finanzierten Wohnungen wurden außer den schon für 1953 aufgeführten Elendsfällen auch „4 Tbc-Fälle" und ein „Spätestheimkehrer", offenbar aus russischer Gefangenschaft, untergebracht.

Ein zeitweiliger Rückkehrer nach Würzburg war der jüdische Rechtsanwalt Karl Rosenthal, der von 1949 bis 1953 im Altersheim in der Valentin-Becker-Straße wohnte. Von hier aus, wie auch vorher und danach in den USA, kümmerte er sich um Rückerstattungsverfahren und vertrat Geschädigte bzw. deren Nachfahren in Wiedergutmachungsangelegenheiten. Von Rosenthals Villa in der Rotkreuzsteige, die ein Schauplatz der Ausschreitungen des Novemberpogroms von 1938 gewesen war, waren nur noch Trümmer übrig; als sein Sohn Fritz ihn im Sommer 1952 besuchte, fotografierte er Karl Rosenthal in der Ruine.

Rechtsanwalt Karl Rosenthal in der Ruine seines Hauses in der Rotkreuzsteige, fotografiert von seinem Sohn Fritz während dessen Deutschlandbesuchs im Sommer 1952. (Sammlung Roland Flade, Würzburg)

Die Würzburger Statistischen Mitteilungen berichteten für 1954, dass gemeinnützige Unternehmen allein 343 Wohnungen in 87 Gebäuden beisteuerten. Inzwischen waren in der Stadt immerhin wieder fast 24.000 Wohnungen vorhanden, verglichen mit annähernd 28.000 vor dem 16. März 1945. Zu den gemeinnützigen Unternehmen, die beispielsweise in der Brunostraße in der Zellerau aktiv wurden, gehörten außer der „Baugesellschaft für Kleinwohnungen" (heute „Stadtbau") auch die „Baugenossenschaft für Eisenbahner eG". Letztere hatte schon 1951 alle ihre 34 beschädigten oder zerstörten Gebäude im Heimgarten wieder aufgebaut. In den nächsten zwei Jahrzehnten kamen 37 weitere Häuser mit 342 Wohnungen in den Stadtteilen Grombühl, Sanderau, Zellerau und Äußere Pleich hinzu. Die 1949 in Schweinfurt gegründete „Baugenossenschaft für Heimatlose" erweiterte 1950 ihren Geschäftsbereich nach Würzburg und firmierte nun als „Heimbaugenossenschaft Unterfranken eG". Sie errichtete in der Arndtstraße (Sanderau) 28 Wohnungen, denen 14 in der Sanderstraße sowie je 16 in der Ulrichstraße (Frauenland) und der Weißenburgstraße (Zellerau) folgten. Zwischen 1955 und 1962 stellte die „Heimbaugenossenschaft" weitere 250 Wohnungen zur Verfügung.

Im Jahr 1955 überschritt die Bevölkerungszahl erstmals seit dem 16. März 1945 wieder die Grenze von 100.000; es kamen 2.269 Wohnungen hinzu, 1956 immerhin 2.568. Die Stadt beteiligte sich mit Häusern am Toräckerweg (Heidingsfeld), in Steinheil- und Schiestlstraße (Grombühl) sowie vor allem durch den Wiederaufbau des Balthasar-Neumann-Hauses Ecke Franziskanergasse/Wolfhartsgasse. In ihren Gebäuden brachte die Kommune unter anderem Familien von Außenbürgern unter, dazu wiederum zahlreiche Elendsfälle sowie Spätheimkehrer. Zwei Wohnungen erhielten Künstler, die hier auch ihre Ateliers einrichten konnten – ein deutliches Zeichen für eine langsam beginnende Normalisierung. Gleichzeitig ging die Trümmerräumung unvermindert weiter. 1956 wurden – um nur ein Beispiel aus diesen Jahren zu nennen – 177 Ruinengrundstücke geräumt und 138.600 Kubikmeter Trümmerschutt abtransportiert. Insgesamt waren seit der Zerstörung der Stadt bereits 1,9 Millionen Kubikmeter Trümmerschutt angefallen und entsorgt worden.

In eine der neugebauten Wohnungen zog im Mai 1956 Sieglinde Johnston (geb. Ullrich) samt Mutter, Schwester und Großvater aus dem Gut „Neue Welt" um. Sieglinde hatte eine Lehre in einer Einzelhandelsfirma für Modeartikel und Schneiderbedarf absolviert und, ebenso wie ihre Schwester, die als Buchhalterin in einer Kleiderfabrik arbeitete, Geld für den Umzug gespart. Denn Geld war für den Bezug einer neuen Wohnung nötig, wie es in Sieglinde Johnstons Buch heißt: „Wir waren ganz eifrig am Sparen. ‚Baukostenzuschuss' – das war das Stichwort. Ohne eine gesparte Summe konnte man wirklich keine Wohnung mieten." Als Sieglindes Lehrzeit im November 1954 zu Ende war und sie eine besser bezahlte Stelle in einer Textilfirma annahm, konnte endlich die Suche beginnen. „Es sollte vorerst mal eine Dreizimmerwohnung sein", schrieb sie. „Oft fand ich ein Inserat in der ‚Main-Post': ‚3-Zi.-Wohnung, Kü., Bad, ab sofort mit LAG'. Das war Lastenausgleich. Der wurde von der Stadt an diejenigen bezahlt, die entweder ausgebombt waren oder wie meine

Mutti alle ihre untergestellten Möbel verloren hatten. Da unser Opa total ausgebombt war und über 80 Jahre, hatte man ihm seine Summe schon ausbezahlt."

Ende Mai 1956 kam der lang ersehnte Umzugstag; mit ihren Angehörigen bezog sie eine Dreizimmerwohnung mit Küche, Bad und Balkon in der Weingartenstraße, ausgestattet mit Kohleöfen: „Wir waren alle überglücklich. Wir meinten, nun seien die sieben schlechten Jahre vorbei und die guten Jahre beginnen! Wir mussten uns nicht mehr genieren, junge Freunde einzuladen." Der folgende Winter brachte eine weitere neue Erfahrung: „Das erste Mal nach sieben Jahren, dass wir eine richtig warme Wohnung hatten!" Der Großvater war dafür verantwortlich, die Öfen täglich („mit Spreißerli und Papier") in Betrieb zu nehmen und Kohle nachzulegen. Er bestand auch darauf, die Holzscheite im Keller selbst zu spalten. Nur das Hochtragen der Kohlen durften die Mädchen erledigen.

Ein Wohnzimmer der 50er-Jahre, arrangiert im WVV-Archiv in der Ständerbühlstraße. (Roland Flade, Würzburg)

Als Sieglinde Ullrich am 8. Juni 1957 ihren 21. Geburtstag feierte, war so etwas wie Normalität eingekehrt: „Wir fragten die Hausleute, ein etwas älteres Ehepaar, das direkt über uns wohnte, um Genehmigung. Das gehörte zum guten Ton, schon alleine wegen der Musik, denn es sollte auch getanzt werden. Ich bestellte eine kalte Platte beim Metzger, als Getränke gab es eine Erdbeerbowle. Auf unserem fast neu erstandenen Braun-Telefunken-Plattenspieler legten wir Platten auf. Foxtrott, Tango, Boogie und Rock & Roll." Ende März 1960 reiste Sieglinde nach London, um Englisch zu lernen; sie begegnete dem Engländer John Patrick Johnston, den sie im Januar 1961 in Würzburg heiratete. Das Ehepaar kehrte nach London zurück und bekam zwei Kinder. 1999 veröffentlichte Sieglinde Johnston ihre Erinnerungen.

1957, als in der Weingartenstraße endlich richtig Geburtstag gefeiert werden konnte, wurden in Würzburg weitere 361 Gebäude mit 2.316 Wohnungen hochgezogen. Stolz vermeldete die Stadt, dass inzwischen 1.318 Familien von Außenbürgern mit 3.529 Personen hatten zurückkehren können. Die neuen städtischen Blocks in der Mainaustraße 71 und 71a sowie Ziegelaustraße 4 dienten laut Jahresrückblick der Freimachung eines weiteren Barackenlagers, das sich in der Frankfurter Straße 98 befand. Allerdings war die Zahl der Elendsfälle mit 911 weiterhin beträchtlich. 1958 und im Jahr darauf errichtete die Stadt aus ihrem Etat erneut Häuser, in die ausschließlich Bewohner des Lagers in der Frankfurter Straße zogen, das nun geschlossen werden konnte. Die Menge des seit Kriegsende geräumten Trümmerschutts lag inzwischen bei 2,33 Millionen Kubikmetern.

Die Situation blieb trotz allen Baufortschritts prekär. Für 1959 zählte die Stadtverwaltung 9.591 Familien von Wohnungssuchenden mit insgesamt fast 26.000 Personen. Darunter waren 4.606 Evakuierte, 3.713 Vertriebene, 10.779 Ortsansässige und 6.752 Ortsfremde. Würzburg präsentierte sich also 14 Jahre nach Kriegsende wieder so attraktiv, dass zahlreiche Auswärtige in die Stadt kommen wollten. Das Hauptaugenmerk der Verwaltung galt jedoch zunächst und verständlicherweise den immer noch vorhandenen zahlreichen Elendsfällen und den Außenbürgern, von denen 1959 weitere 352 zurückgeführt werden konnten. Ein Erlass des Bundeswohnungsbauministeriums vom Januar 1959 legte fest, dass nun auch Jungverheiratete bei der Zuweisung von Wohnraum bevorzugt zu behandeln seien.

Im Jahr 1959 kam Jehuda Amichai, ein ehemaliger Würzburger, besuchsweise in seine Geburtsstadt, die sich gerade mitten im Wiederaufbau befand. Er hatte sie, damals noch unter dem Namen Ludwig Pfeuffer, 1936 zum letzten Mal gesehen, als er als Zwölfjähriger mit der Familie ins damalige britische Mandatsgebiet Palästina, das heutige Israel, ausgewandert war. Ein paar Jahre nach seinem Besuch veröffentlichte er auf Hebräisch den Roman „Nicht von jetzt, nicht von hier", der erst viel später, als Amichai schon lange Würzburger Kulturpreisträger war, ins Deutsche übersetzt wurde. In seinem Roman, der auf raffinierte Weise Erlebtes und Erfundenes miteinander verbindet, geht die Hauptperson zu Amichais ehemaligem Haus in der St.-Benedikt-Straße. Er sieht dort statt des alten Gebäudes, das der Krieg vernichtet hat, ein modernes Studentenwohnheim, das 2024 immer noch hier steht. In seinem Roman beschreibt er die Konfrontation mit dem verlorenen Gestern und dem neuen Heute: „Es gab weder Haus noch Türmchen, weder die Köpfe von Ungeheuern noch balkontragende Riesennacken. Stattdessen ein gradliniger moderner Bau mit breiter Treppe zum großzügigen Eingang, auf der viele junge Menschen wie Engel in Jakobs Traum auf und ab liefen. Die Küche war im Keller. Früher standen dort Stellagen, auf denen meine Mutter die Äpfel lagerte, und nebenan lehnten die Kohlensäcke."

Jehuda Amichai im Jahr 1991 bei einem späteren Besuch in Würzburg. Er steht vor dem jüdischen Altersheim (heute Gemeinde- und Kulturzentrum „Shalom Europa"), dessen Atmosphäre er 1963 in seinem Roman „Nicht von jetzt, nicht von hier" beschrieben hatte. (Norbert Schwarzott, Main-Post)

„Durch einen hohen Fensterbogen streckte ein Baum einen einzelnen Ast wie zum Gruß hervor. Hinter diesem Bogen hatte Ruths Zimmer gelegen. Und nun wohnte ein Baum in ihrem Zimmer. Von dort, wo ich stand, hatten sie Ruths Fenster in der Kristallnacht mit Steinen eingeworfen, sodass ihre Bettdecke mit Glassplittern übersät worden war. Der Zaun um den schmalen Vorgarten hatte nichts abbekommen, aber die Pforten waren durch Schutthalden versperrt. Sicher kamen Kinder zum Versteckspielen hierher."

Auch eine andere Szene im Roman beruhte auf Amichais tatsächlichem Erleben bei seinem Würzburg-Besuch im Jahr 1959. Wie die fiktive Hauptperson traf er im jüdischen Altersheim in der Valentin-Becker-Straße eine Bekannte aus Kindertagen, die deportiert worden war, aber den Holocaust überlebt hatte und jetzt mit weiteren Überlebenden in dem Heim wohnte. Amichais Schilderung der Atmosphäre in dem Haus ist beklemmend.

Jehuda Amichai über die Atmosphäre im jüdischen Altersheim

„Der Speiseaal war modern. Die meisten Tische waren bereits besetzt. Durch ein großes Glasfenster blickte man in den Garten. Der Raum war frisch renoviert, aber die Menschen darin dämmerten dahin wie am Ende des Versöhnungstages. Alles wirkte groß und unpersönlich wie ein Wartesaal auf dem Bahnhof.

Fast jeder saß für sich allein an einem runden Tisch. An manchen Tischen waren drei Stühle frei. Einige hockten über ihren Teller gebeugt, als speisten sie gemeinsam mit ihren Toten. Einen alten Mann sah ich in furchtbarer Stille sein Fleisch kauen. Die Toten waren stumm, und auch die noch Lebenden klirrten nur mit Gabeln und Porzellan und weiter nichts. Auf einem Regal an der rechten Seitenwand standen ein Fernseher und zwei gerahmte Porträts: Präsident Chaim Weizmann und Theodor Herzl. Anscheinend waren sie das Werk eines Hobbymalers unter den alten Leuten, der sie nach Photographien gemalt hatte, wobei das Ganze unter seinen alten zittrigen

Händen etwas krumm und schief geraten war. Über diesem Dreigestirn aus zwei Staatsmännern und einem Fernseher prangten eine israelische Flagge und ein paar welke Kränze, die vom letzten festlichen Anlass dort zurückgeblieben waren. In der Ecke stand eine Anrichte mit Tellern, Töpfen und Schüsseln, die in einem handbetriebenen Aufzug aus dem Keller heraufkamen. Man hörte nur das Rasseln der Aufzugkette und das Klappern des Geschirrs.

Am Versöhnungstag hielt man im Altersheim eine Gedächtnisfeier ab. Die Liste der Toten war derart lang, dass man auf einen Teil des Zusatzgebets und alle Bußgebete des Nachmittagsgottesdienstes verzichtete. "

Im Jahr 1964 fotografierte der Fotograf Stefan Moses einige Bewohnerinnen und Bewohner des jüdischen Altersheims in Würzburg. (© Münchner Stadtmuseum, Sammlung Fotografie, archiv stefan moses)

Auferstanden aus Ruinen

Keine zwei Monate nach dem britischen Bombenangriff endete der Krieg mit der bedingungslosen Kapitulation Nazi-Deutschlands. Würzburg wurde von amerikanischen Truppen besetzt und die Nazi-Administration ihrer Posten enthoben.

Oberbürgermeister Theo Memmel, der auch Aufsichtsratsvorsitzender der „Gemeinnützigen Baugesellschaft für Kleinwohnungen" war, wurde 1948 im Rahmen der Entnazifizierung zu fünf Jahren Arbeitslager verurteilt. Wenig später erschien Memmel den neuen Machthabern nur noch als Mitläufer, der mit einer Strafe von 500 Deutschen Mark und einem Jahr Gefängnis auf Bewährung davonkam. Sein Vorgänger Hans Löffler wurde am 16. August 1946 wieder zum Oberbürgermeister gewählt und war damit auch Aufsichtsratsvorsitzender der „Gemeinnützigen Wohnungsbaugesellschaft".

Der von den Nazis berufene hauptamtliche Geschäftsführer, Leonhard Meyer, schied vorübergehend aus dem Amt aus, kehrte aber bald zurück. Während seiner Abwesenheit übernahm der Leiter des städtischen Sozialamtes, Prof. Dr. Franz, die Geschäftsführung. Die „Gemeinnützige" machte sich noch 1945 unter den bestehenden Rahmenbedingungen (kein Geld, kein Material, keine Arbeitskräfte) daran, kleinere Kriegsschäden zu beheben. Immerhin 24.500 Reichsmark konnten dafür mobilisiert werden. Auch ein großer Teil der Mieterinnen und Mieter engagierte sich für den nun folgenden Wiederaufbau, sei es durch klagloses Hinnehmen der zum Teil katastrophalen Wohnbedingungen in den Ruinen oder durch Eigenarbeit und private Geldmittel.

30 Wohnungen an der Frankfurter Straße

Vor dem Bombenangriff am 16. März 1945 hatte die „Gemeinnützige Baugesellschaft" eine Baustelle mit 42 Wohnungen in der Frankfurter Straße besessen, die weit gediehen waren, aber während des Krieges nicht zu Ende gebaut werden konnten. Zwölf dieser Wohnungen wurden Opfer der Bomben, aber die verbliebenen 30 konnten noch 1945 notdürftig fertiggestellt werden. Zur Jahreswende 1946/1947 arbeitete die Gesellschaft an der Instandsetzung von 75 Wohnungen, Ende 1947 waren bereits 371 Wohnungen bezugsfertig. Mit der Einführung der D-Mark ging der „Gemeinnützigen" allerdings das Geld aus und der größte Teil der bereits begonnenen Baumaßnahmen musste eingestellt werden. Erst 1949 wurden Baudarlehen bewilligt, mit denen der Wiederaufbau fortgesetzt werden konnte. Am 1. Januar 1950 waren 478 Wohnungen bezogen und im gleichen Jahr kamen noch 171 „Wiederaufbauten" und 104 Neubauten dazu, sodass die „Gemeinnützige" am Ende des Jahres 753 Wohnungen besaß, 160 waren noch im Bau oder standen kurz vor der Fertigstellung.

Der Alte Kranen, ein übriggebliebenes Ruinengrundstück (Foto: Georg Heußner, Main-Post)

Zum Wohnungsbau gehörte auch die Möglichkeit der Nahversorgung. In den Quartieren wurden deshalb nicht nur Wohnungen, sondern auch Gewerbeeinheiten gebaut und vermietet. In diese Zeit fallen die Briefe der Einzelhändlerin Karoline W. und des Schuhmachers Hans B.:

Am 7. 8. 1953 schrieb Karoline W. an Stadtrat Dr. Zimmerer:

„Betrifft: Verlegung meines Lebensmittelgeschäfts aus der Kaserne und Konzession zum Milchverkauf.

Da ich mein bisheriges Ladenlokal in der Krafft von Dallmensingen-Kaserne räumen muss, wurde mir der Laden Ecke Friedrichstr./Hartmannstr. in der Gemein. Baugenossenschaft zugewiesen.

Ausser meinem Lebensmittelgeschäft sollte soweit mir bekannt war zunächst noch eine Metzgerei und ein Gemüsegeschäft im gleichen Bau untergebracht werden. Da ich in meinem alten Geschäft gerade in Fleischwaren, Obst und Gemüse einen guten Umsatz erzielen konnte, sind dadurch die Aussichten dazu in dem neuen Geschäft sehr gering. Unglücklicherweise befindet sich noch in unmittelbarer Nähe ein Lebensmittelfilialbetrieb einer hiesigen Grossfirma.

Ich habe deshalb sogleich Schritte unternommen, um den Milchverkauf mit aufnehmen zu können. Dies erscheint mir in diesem Fall die einzige Möglichkeit die Rentabilität des Geschäfts zu sichern. Für mich als kriegsversehrte Flüchtlingsfrau um so wichtiger, da ich auch für Zinsen und Tilgung eines Aufbaukredits in der Höhe von DM 5.000,-- aufkommen muss. Zudem habe ich die Verpflichtung, meine Mutter, Tochter sowie meine Schwester und Schwager, die anlässlich der jüngsten Vorkommnisse in der Ostzone flüchten mussten, zu ernähren.

Dass nun auch noch in dem gleichen Bau ein Milchgeschäft kommen sollte, wurde mir erst jetzt vom Gewerbeamt gesagt und mein Antrag zunächst überhaupt nicht angenommen. Davon war mir nichts bekannt und es scheint, dass dies erst in die Wege geleitet wurde, als man erfahren hat, dass ich den Milchverkauf aufnehmen möchte.!

Ungeachtet wie dem auch sein mag, unter den angegebenen Verhältnissen muss ich sehen, dass ich zu einem lebensfähigen Geschäft komme. Wenn wirklich noch ein Milchgeschäft im gleichen Bau mithereingenommen wird, so ist dies nicht meine Schuld und es wäre Sache der zuständigen Behörden, dass jeder mit möglichster Sicherheit zu einem Geschäft, das lebensfähig ist, gekommen wäre.

Ich werde gezwungen mein bisheriges Geschäft aufzugeben und glaube deshalb als kriegsversehrte Flüchtlingsfrau ein bevorzugtes Anrecht auf ein lebensfähiges Geschäft zu haben und stelle deshalb nochmals Antrag auf die Erteilung der Milchkonzession. Da zudem in der unmittelbaren Nähe meines neuen Geschäfts starke Bautätigkeit herrscht, ist damit zu rechnen, dass das verlangte Mindestquantum erreicht werden kann.

Hochachtungsvoll !
Karoline W."

Haus mit Lebensmittelladen in der Zellerau (Foto: Walter Röder, Main-Post)

Im selben Jahr schrieb Hans B. an die Gemeinnützige Baugesellschaft für Kleinwohnungen GmbH:

„Wie ich durch zuverlässige Mitteilung vernommen habe, sind von den an der Hartmannstraße von der Gemeinnützigen Baugesellschaft für Kleinwohnungen demnächst fertigzustellenden Läden noch einige frei. Ich bitte dringend, einen von diesen Läden an mich zu vermieten, und zwar aus folgenden Gründen:

Nachdem meine im Anwesen des Konsumvereins, Frankfurterstraße 28, betriebene Werkstätte durch den Angriff zerstört wurde, baute ich mir aus eigenen Mitteln an der Pforte des St. Josefsheims, Würzburg, Frankfurter Str. 24, ein kleines Häuschen auf und richtete es mir mit meinen ausgegrabenen und wiederhergestellten Handwerksmaschinen aus der Werkstätte ein und betreibe dort seit 8 Jahren eine gut gehende Schuhmacherei mit Schuhwarenhandel. Der Grund und Boden, auf dem dieses Häuschen steht, gehört dem Kath. Fürsorgeverein für Mädchen, Frauen und Kinder e. V. Dieser hat nun sein Hauptgebäude Frankfurterstraße 24 (St. Josefsheim) restlos ausgebaut und benötigt jetzt das Häuschen an der Pforte dringend für eigene Zwecke und hat mir deshalb bis zum 1. Oktober 1953 gekündigt. Ich bin nun in der schwierigen Lage, mir bis zu diesem Zeitpunkt eine neue Unterkunft für Werkstätte und Laden, und zwar in der nächsten Nähe meiner bisherigen Tätigkeit, damit ich meinen guten Kundenkreis wenigstens einigermaßen beibehalten kann. Dazu wäre nun einer der von Ihnen zu erstellenden Läden an der Hartmannstraße das Geeignetste. Ich bitte dringend um Zuweisung eines solchen.

Für nähere Verhandlungen, auch über einen evtl. zu leistenden Zuschuß, stehe ich jederzeit gerne zur Verfügung.

Hochachtungsvoll

gez. Hans B."

Quelle: Stadtarchiv Würzburg (Orthografische und grammatikalische Fehler wurden aus Gründen der Authentizität übernommen).

Nachdem die eigenen Wohnungen instandgesetzt oder wiederaufgebaut waren, mussten in der zerstörten Stadt dringend neue Wohnungen gebaut werden. Ruinengrundstücke gab es genug, allerdings waren die 1950er-Jahre durch permanente Geldknappheit gekennzeichnet, sodass die Gesellschaft nicht annähernd so viele Grundstücke erwerben und bebauen konnte, wie notwendig gewesen wären.

Im Geschäftsbericht für das Jahr 1956 heißt es: „Die Bautätigkeit verlagerte sich mehr und mehr auf die Errichtung von Verkaufseigenheimen und die Durchführung von Betreuungsbauten. Diese Entwicklung ist darauf zurückzuführen, dass in Würzburg vorrangig der Wiederaufbau von Ruinenanwesen gefördert wird und die Gesellschaft selbst eigene Ruinenanwesen nicht mehr besitzt und nur in geringem Umfang zerstörte Objekte erwerben konnte."

Verkaufseigenheime und Betreuungsbauten

Bei den Verkaufseigenheimen musste die Gesellschaft keine eigenen Mittel einsetzen beziehungsweise konnte sie durch den Verkauf wieder zurückbekommen. Mit Betreuungsbauten waren Bauvorhaben gemeint, die die „Gemeinnützige" im Auftrag und auf Kosten Dritter durchführte. Ende 1956 wurde beispielsweise mit dem Bau eines Hauses in der Hans-Löffler-Straße 8 begonnen, in dem es eine Wohnung und eine Metzgerei geben sollte. In der Gerberstr. 8 baute die Gesellschaft ein Gebäude mit sieben Wohnungen und zwei gewerblichen Einheiten wieder auf, das einem Bäckermeister gehörte. Die Finanzierung der Bauvorhaben war gesichert.

Bei allen finanziellen Schwierigkeiten trug die „Gemeinnützige Wohnungsbaugesellschaft für Kleinwohnungen" im Rahmen ihrer Möglichkeiten auch mit eigenen Projekten zur Linderung der nach wie vor allgegenwärtigen Wohnungsnot in Würzburg bei. Ein besonders dringliches Problem waren die sogenannten Elendswohnungen. Im September 1956 wurden beispielsweise 48 Ein-, Zwei- und Drei-Zimmer-Wohnungen zur Verminderung der Elendsfälle in der Frankfurter Straße fertiggestellt.

Elendswohnungen

Der Begriff „Elendswohnungen" mag aus heutiger Sicht etwas drastisch klingen, wer aber Berichte von Zeitzeugen liest, merkt schnell, dass kein Quäntchen Übertreibung in diesem Wort steckt. Das Elend in diesen Wohnungen war sichtbar, greifbar, riechbar: „Über knarrende Holzstiegen führt der Weg in Küchen und Stuben, aus denen ein feuchter, modriger Geruch dringt. Er rührt nicht von etwaiger Unsauberkeit der Bewohner her, sondern der Regen troff in den Gewitternächten durch die morschen Decken, deren große, hässliche Flecken seine Spuren zeigen", schrieb beispielsweise am 21. Mai 1960 ein Kolumnist der „Main-Post", der sich als Pseudonym den Namen des mittelalterlichen Vizegrafen Eggehardus ausgesucht hatte. Da werde es einem Angst, wenn man abends ins Bett gehe, denn niemand könne wissen, ob in der Nacht die Decke auf einen stürzte, berichtete ihm eine Bewohnerin. Und so geht sein Bericht weiter: „Auf dem Weg durch die Baracken stehen Wasserpfützen und bilden einen Bach. Es ist nicht nur Wasser, was in ihn fließt. Dass Jauche und Abwasser darunter sind, verwundert nicht. Der Kanalisationsabfluss ist verstopft. Die Toiletten, kaum mehr als solche zu erkennen, laufen über und stehen unter Wasser. Der Kot drückt von unten her und hebt den Boden. Zu benutzen ist kein einziger der Gemeinschaftsaborte mehr. Geschieht es trotzdem, dann nur, weil die Notdurft ja irgendwo verrichtet werden muss. (…) Den Gestank zu schildern, der aus dem allem aufsteigt, bleibe mir erspart. Auch die Schilderung eines Blickes in nicht mehr benutzte Aborte, in denen sich Abfall und Kot zu Bergen türmen, in denen es von Maden wimmelt." So sah es aus damals, in Würzburg in der Wredestraße, mitten im sogenannten Wirtschaftswunder. Und die Wredestraße war kein Einzelfall. In der Weißenburgstraße hausten 64 Familien in einem alten Kasernengebäude. Die von Bomben gerissenen Löcher in den Außenwänden waren auch fast eineinhalb Jahrzehnte nach Kriegsende nur mit Holzlatten verschlossen, die Zimmerdecken bestanden an einigen Stellen aus dünnen Pappplatten. Dies ließe sich fortsetzen. Im Jahr 1955 waren in Würzburg immer noch 1.986 Notwohnungen, davon 766 extreme Elendsfälle, verzeichnet. Sechs Jahre später wurde das Gesetz zur Wohnraumbewirtschaftung aufgehoben, nachdem Wohnungslose in große Wohnungen oder

Häusern auch gegen den Willen der Besitzer eingewiesen werden konnten. In Würzburg gab es noch 37 Keller- und Ruinenbewohner, 245 Gartenhaus- und Barackenbewohner, 668 überbelegte Wohnungen, 245 aus sonstigen Gründen ungesunde Wohnungen – und 53 Fälle von Tuberkulose.

Elendswohnung: Das unter der Decke gespannte Tuch soll den Regen abhalten. (Foto: Walter Röder, Main-Post)

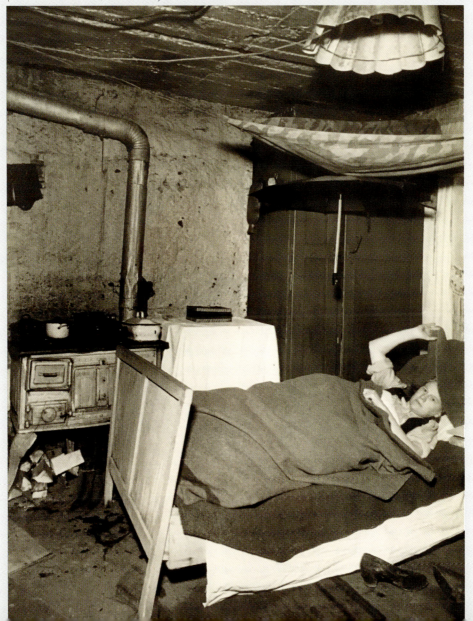

Im Dezember 1956 wurde nach einem Jahr Bauzeit die Ruine in der Ludwigstr. 8 mit 16 Wohnungen und einem Bürotrakt für die Mitarbeiterinnen und Mitarbeiter der „Gemeinnützigen Baugesellschaft für Kleinwohnungen" fertiggestellt und bezogen. Dort befinden sich noch heute die Büros der „Stadtbau Würzburg".

Bis Anfang der 1960er-Jahre verbesserte sich die Situation der Gesellschaft nicht. Im Gegenteil: Die Bautätigkeit ging weiter zurück, da die „Gemeinnützige" keine eigenen baureifen Grundstücke mehr hatte. Zwar konnte der Erwerb von zwei Flügelbauten in der Fasbenderstraße abgeschlossen werden und die Stadt Würzburg hatte der Gesellschaft ein Erbbaurecht für Grundstücke in den Siedlungswegen eingeräumt. Mit einem schnellen Baubeginn war 1961 aber nicht zu rechnen, da die Menschen, die auf diesen Grundstücken in Notunterkünften hausten, erst anderweitig untergebracht werden mussten. Auch konnten keine neuen Betreuungsprojekte gewonnen werden.

Trotzdem zeigte sich ein Lichtblick am Horizont. Die 14 Mitarbeiterinnen und Mitarbeiter der Gesellschaft waren trotz schwacher Bautätigkeit ausgelastet. Zum einen gab es einiges in puncto Instandsetzung und Modernisierung des Althausbestandes zu tun, Änderungen im Steuerrecht umzusetzen und die Planungen für die Fasbenderstraße voranzutreiben, zum anderen zeichnete sich aber bereits eines der großen Bauprojekte der Gesellschaft am Horizont ab, für das die Planungen begonnen hatten.

Im Januar 1958 hatte die „Gemeinnützige" die Lindleinsmühle mit den dazugehörenden Grundstücken von knapp 400.000 Quadratmetern Fläche für 450.000 DM gekauft. Die Planungen für einen vollständig neuen Stadtteil begannen, der Stadtrat beschloss 1961 die Bebauung der Lindleinsmühle.

Gremien und Funktionen der Gemeinnützigen Baugesellschaft 1950

Aufsichtsrat:

Aufsichtsratsvorsitzender der Gemeinnützigen ist qua Amt der Oberbürgermeister. Hans Löffler, der Würzburger Oberbürgermeister vor der Nazizeit, wurde von den Amerikanern 1945 zum Aufbaukommissar ernannt und am 16. August 1946 wieder zum Oberbürgermeister gewählt. Am 30. Juni 1948 trat er, mit Verweis auf sein fortgeschrittenes Alter, von seinem Amt zurück. Der Stadtrat wählte daraufhin Hermann Hagen zum Oberbürgermeister, der jedoch aus gesundheitlichen Gründen absagte. Als Ersatz wurde der Stadtrat Karl Grünewald gewählt. Dieser war in Bezug auf seine Vergangenheit während des Nationalsozialismus als unbedenklich eingestuft worden, allerdings mehrten sich schon bald Zweifel an diesem „Persilschein". Nach nur drei Monaten wurde er seines Amtes enthoben und in einem zweiten Spruchkammerverfahren als Mitläufer eingestuft. Damit verlor er seine Wählbarkeit. Mit Wirkung zum 1. Juli 1949 wurde schließlich Franz Stadelmayer vom Stadtrat zum Oberbürgermeister gewählt.

Der **Aufsichtsrat** der Gemeinnützigen Baugesellschaft für Kleinwohnungen bestand im Jahr 1950 demnach aus:

Dr. Franz Stadelmayer, Oberbürgermeister, Vorsitzender

Dr. Philipp Ritter von Nastvogel, Stadtkämmerer

Anton Mokroß, Oberbaudirektor

Josef Kern, Direktor

Hans Hiller, Direktor

Dr. Heino Lederer, Stadtrechtsrat

Geschäftsführung:

Leonhard Meyer, Regierungsbaumeister, Geschäftsführer

1960 - 1979

Außenbürger, DDR-Flüchtlinge und Großwohnsiedlungen

Mitte März 1960 gedachte die Stadt der fast völligen Zerstörung am 16. März 1945 und legte eine Bilanz vor, der zufolge 28.000 Wohnungen erstellt worden seien, 5.000 mehr, als vor dem Krieg existiert hatten. In diesem Jahr 1960 wohnten fast 114.000 Menschen in Würzburg, einige Tausend mehr als 1939. Allerdings lebten weiterhin rund 3.660 Ausgebombte als Außenbürger fern der Heimat, für die Würzburg sich weiterhin verantwortlich fühlte. Viele von ihnen brauchten finanzielle Unterstützung, die Stadt und Bürger tatsächlich leisteten. „Dadurch wurden wirtschaftliche Notstände durch Gewährung von Bar- und Sachleistungen (darunter Spenden) behoben und gelindert", heißt es in einem Rückblick der Verwaltung auf das Jahr 1960. Freilich waren zahlreiche Außenbürger 15 Jahre nach der Evakuierung bereits zu alt, um in normale Wohnungen zurückzukehren. 227 Alleinstehende und 88 Ehepaare entschieden sich daher 1960 für eine spätere Altenheimunterbringung. Viele starben auch vor der Rückkehr aus dem nicht selbst gewählten Exil.

Am 13. Juli 1960 fand der siebte sogenannte „Außenbürgertag" statt, an dem rund 600 Bedürftige teilnahmen, die Geschenke erhielten, meist bereitgestellt von Würzburger Geschäftsleuten. Es gab 1960 zudem die schon traditionelle Weihnachtshilfeaktion, damit, wie die Stadtverwaltung schrieb, mit Bargeld, Gutscheinen und Sachspenden „unseren Außenbürgern wieder eine besondere Weihnachtsfreude bereitet werden kann". Auch in den folgenden Jahren wurde die Aktion fortgeführt, bis etwa ab der Mitte des Jahrzehnts das Thema „Außenbürger" keine Rolle mehr zu spielen schien.

1960 machte sich bemerkbar, dass der Wiederaufbau der Innenstadt weit fortgeschritten war. Das Bauen hatte sich in letzter Zeit stark in die Außenbezirke verlagert, wo überwiegend neu gebaut wurde. Im Jahr 1955 hatte der Wiederaufbau zerstörter Häuser noch 87 Prozent der Bautätigkeit ausgemacht, nur 13 Prozent entfielen auf Neubauten. Sechs Jahre später machte der Neubau 80 Prozent aus und der

Wiederaufbau lediglich 20 Prozent. Angesichts des inzwischen deutlich gewachsenen Bestands an Wohnraum wurde am 1. Juli 1961 die Wohnraumbewirtschaftung aufgehoben. Als Wohnungssuchende waren an diesem Tag allerdings immer noch 8.155 Familien mit 22.351 Personen registriert. Es kann jedoch angenommen werden, dass sich darunter viele Menschen befanden, die nach Würzburg ziehen wollten, hier aber noch nie ansässig gewesen waren. Auch die Zahl der weiterhin vorhandenen Elendsfälle war beträchtlich: 668 Menschen lebten in überbelegten, 224 in ungesunden Wohnungen, 245 in Gartenhäusern und sonstigen Unterkünften aus Holz, 37 in Kellern und Ruinen.

Wer angesichts der imposanten und unmittelbar nach dem Krieg als unmöglich erscheinenden Aufbauleistung der letzten Jahre gedacht hatte, dass die Zeit der Baracken in Würzburg zu Ende sei, sah sich eines Besseren belehrt. Allerdings dienten sie jetzt nicht, wie 13 Jahre zuvor, der Aufnahme von Vertriebenen aus dem Osten, sondern beherbergten unter anderem DDR-Bürger, die bis zum Bau der Mauer und der Verminung der Zonengrenze am 13. August 1961 täglich zu Tausenden in den Westen strömten und für die es nirgends genügend angemessene Wohnungen gab, am allerwenigsten in Würzburg.

Einer jener DDR-Bürger war der 13-jährige Bernd Höland, der am Ostersamstag 1961 mit dem Dampfzug zusammen mit seinem Vater und dem fünf Jahre älteren Bruder aus dem heimischen Thüringen nach Berlin fuhr. Reisen in den Westen waren damals grundsätzlich noch möglich; seine Mutter befand sich an jenem Tag bereits zu Besuch bei Hölands Schwester, die einige Jahre zuvor nach Würzburg gekommen war. Bernd Höland erinnerte sich an jenen besonderen Ostersamstag: „Wir sind mit jeweils 75 Ostmark abgehauen; Klamotten hatten wir nicht dabei, um kein Misstrauen zu erregen. Mein Bruder war als Mitglied der Freien Deutschen Jugend, der FDJ, verkleidet, ich mit kurzer Hose als Junger Pionier. Als wir um vier Uhr in der Nacht in Berlin am Lehrter Bahnhof ankamen, standen überall Volkspolizisten, da waren wir natürlich geschockt."

Was dann passierte, ohne dass sie aufgehalten wurden, hat Höland nie vergessen: „Wir sind einfach durch die Tür gegangen und über eine weiße Linie, auf der ‚Britischer Sektor Berlin' stand. Da waren wir im Westen." Drei Viertel der Menschen in jenem Dampfzug machten es genauso. Der Vater und der ältere Bruder kamen zunächst in ein Notaufnahmelager in Gießen, während der minderjährige Bernd gleich nach Würzburg gebracht wurde. In den nächsten Monaten folgten Vater und Bruder. Ihr neues Zuhause wurde ein Barackenlager zwischen Weißenburg-, Georg-Eydel-, Fasbender- und Steinachstraße, in dem rund 650 DDR-Flüchtlinge wohnten. In einem Interview erinnerte sich Bernd Höland an jene Zeit.

Bernd Höland über das Zellerauer Barackenlager für DDR-Flüchtlinge

Roland Flade sprach mit Bernd Höland.

Wenn man an Würzburg im Jahr 1961 denkt, stellt man sich kein Barackenlager vor. Aber die Flüchtlinge aus der DDR, die in großer Zahl ankamen, mussten ja irgendwo untergebracht werden. Wie sah das Lager aus?

Wir hatten nichts, als wir angekommen sind; wir waren froh, dass wir irgendwo unterkamen. Es gab 20 Baracken aus Holz-Fachwerk, die jeweils acht mal sechs Meter groß waren; sie standen alle auf einem Fundament aus Mauerwerk. Unter dem Boden war es hohl, weshalb die Kälte im Winter von unten hochkroch. Wir legten daher Teppiche, die wir als Spende erhalten hatten, auf den Boden. Zu jeder Baracke führte eine kleine Treppe aus Holz. Durch die dünnen Holzwände hat man natürlich gehört, was in den anderen Räumen passiert.

Bernd Höland im Zellerauer Barackenlager für ehemalige DDR-Bürger mit einer befreundeten Mitbewohnerin, einer Mutter von drei Kindern, die aus der Berliner Gegend stammte. (Sammlung Bernd Höland, Würzburg)

Wie viele Menschen wohnten in einer Baracke?

In jeder Baracke waren vier Familien in jeweils einem Zimmer von 20 bis 30 Quadratmetern untergebracht. Manchmal herrschte drangvolle Enge, wenn es mehr als zwei Kinder gab. In unserem Zimmer standen für zwei Erwachsene und zwei Kinder zwei Doppelstockbetten; jeder hatte also eine eigene Schlafmöglichkeit. Außerdem gab es einen zweitürigen Schrank, einen viereckigen Tisch, der etwa einen Quadratmeter groß war, vier Stühle, eine Lampe und einen Holzherd mit zwei Platten. Die Möbel kamen von der Caritas; man musste halt nehmen, was man gekriegt hat. Wir hatten an den Schrank ein Bretterregal genagelt und ihn so gestellt, dass der Schlafbereich etwas abgetrennt war. Jede Baracke verfügte über eine gemeinsame Toilette und eine Waschmöglichkeit für alle Bewohner, aber keine Dusche.

Das muss ziemlich beengt und ungemütlich gewirkt haben.

Eigentlich nicht. Wir hatten uns mit der Enge und den Wohnverhältnissen arrangiert. Man konnte gut in der Baracke leben, wir waren zufrieden damit. Es war ein kleiner Raum, aber du hast dich dort heimisch gefühlt und der Herd hat ihn im Winter ordentlich geheizt. Meine Mutter hat die Holzwände zum Teil mit Tüchern oder alten Bettlaken abgedeckt und Bilder darauf gehängt, da sah es schon heller aus. Jedes Zimmer hatte nur ein Fenster, leider ohne Fensterbank, also konnte man auch keine Blumen hinstellen, die den Raum noch etwas gemütlicher gemacht hätten.

Wie verlief das Leben in den Baracken?

Meine Mutter hat den Haushalt gemacht. Mein Vater fand schnell Arbeit als Dachdecker. Ich ging zwei Jahre lang noch in die Adalbert-Stifter-Schule. Wenn wir abends zusammensaßen, haben wir meistens Karten gespielt oder „Mensch ärgere dich nicht". Es ist auch gelegentlich mal ein Bier getrunken worden oder eine Flasche Wein. In unserer Baracke mit den vier Zimmern haben wir manchmal zum Gang alle Türen offen gelassen und zum Beispiel zusammen Geburtstag gefeiert.

Gab es eigene Räume für gemeinsame Aktivitäten?

Nein. Es existierte kein Ort, wo man sich aufhalten konnte. Gemeinsame Aktivitäten existierten nicht, aber wir konnten in die Heiligkreuz- oder die Deutschhauskirche gehen, wo einiges geboten wurde. In der warmen Jahreszeit haben wir Kinder natürlich draußen zwischen den Holzbaracken Völkerball oder Federball oder so etwas Ähnliches gespielt, oder wir sind mit dem Fahrrad herumgefahren.

Wie lange haben Sie in dem Lager gewohnt?

Nach etwa zweieinhalb Jahren haben wir eine schöne Drei-Zimmer-Wohnung in der Friedrichstraße bekommen – die lag nur etwa 100 Meter von unserer Baracke entfernt. Das Lager wurde meiner Erinnerung nach Ende der 60er-, Anfang der 70er-Jahre aufgelöst. Unter anderem ist hier die Polizeiinspektion Würzburg-Land entstanden. Weiter hinten kam dann später das Finanzamt.

Ihr Fazit?

Leicht war das Leben im Lager nicht. Aber insgesamt war es sogar eine schöne Zeit, denn die Freundschaften von damals, auch unter den Erwachsenen, haben lange bestanden.

Bernd Höland absolvierte nach der Schulzeit zunächst eine Lehre als Dachdecker und ging dann zur Bundeswehr. Als Gründer und langjähriger Vorsitzender des Freundeskreises Würzburg-Suhl setzte er sich ab 1988 für enge Beziehungen zwischen den Menschen in Suhl und Würzburg ein und leistete in der thüringischen Partnerstadt vielfältige Hilfe. Die Politik reagierte auf den Zustrom von Menschen aus der sogenannten Sowjetischen Besatzungszone (SBZ) durch finanzielle Unterstützung für die Stadt Würzburg, wie es zehn Jahre zuvor schon im Fall der Vertriebenen aus den ehemaligen Ostgebieten geschehen war. 1961 stellten Bund und Land im Rahmen des „SBZ-Programms" beispielsweise Mittel für 164 Wohnungen zur Verfügung, in die 549 Personen einzogen.

Der Wiederaufbau war nun voll im Gang. Von Dezember 1961 bis November 1962 wurden in Würzburg 1.395 Wohnungen errichtet, 1963 weitere 635, 1964 noch einmal 632. Damit einher ging – immerhin 18 Jahre nach der Zerstörung Würzburgs – das Ende der Trümmerräumung. 1963 wurden lediglich nochmals 75 Trümmergrundstücke von Schutt befreit und die noch vorhandenen Reste der Fassaden, die einzustürzen drohten, mit abgebrochen. Seit Beginn der Schutträumung waren 2.526.500 Kubikmeter Trümmerschutt abgefahren worden, bilanzierte die Stadtverwaltung. Abgesehen von der Räumung „noch einiger weniger Trümmergrundstücke" sei die „Trümmerräumung mit Ablauf des Jahres 1963 abgeschlossen", hieß es im städtischen Jahresrückblick mit einigem Stolz. Dabei hatte im ersten „Merian"-Heft 1948 ein Autor geschrieben, Würzburg werde „auf Generationen Trümmerstätte bleiben". Seine pessimistische, aus der Situation im Jahr 1948 aber verständliche Prophezeiung („Die Lebenden werden unter Trümmern die Augen schließen und ihre Kinder und Kindeskinder unter Trümmern hausen") war für jeden sichtbar nicht eingetreten.

Die neugebauten Wohnungen im Würzburg der 60er-Jahre kamen vielen Bürgerinnen und Bürgern, die jahrelange Notbehelfe ertragen hatten, luxuriös vor, selbst wenn sie dies nicht waren. Im WVV-Archiv wurde eine typische Küche jener Zeit zusammengestellt. (Cornelia Wagner, Würzburg)

Mit der Lindleinsmühle (ab 1963) und dem Heuchelhof (ab 1968) entstanden in den folgenden Jahren zwei hochverdichtete, am Reißbrett geplante Großwohnsiedlungen, die dem Wohnungsbau weiteren Auftrieb gaben. In den Jahren dazwischen wurden zudem – um nur ein Beispiel zu nennen – 60 Wohnungen in einem großen Neubau in der Peter-Schneider-Straße neben der ursprünglichen Gartenstadt Keesburg errichtet. Im Rückblick auf das Jahr 1965 konnte die Stadtverwaltung vermelden, dass binnen zwölf Monaten über 1.000 weitere Wohnungen hinzugekommen seien, darunter viele für Mieter und Eigentümer in Großbauten, wie sie beispielsweise die entstehende Lindleinsmühle prägten. Im folgenden Jahr wurde unter anderem ein achtgeschossiges Haus des „St. Bruno-Werks" in der Straße Lange Bögen fertig. In den Jahren bis 1968 errichteten verschiedene Bauträger jährlich zwischen 500 und 800 neue Wohnungen.

In den 60er-Jahren zog die 1960 geborene Margit Mühlrath-Northmann mit ihren Eltern in eine Parterrewohnung im Neun-Parteien-Haus Am Dicken Turm 2. Das Gebäude gehörte zur Siedlung „Grünhöfe", die von 1955 bis 1960 im Areal zwischen Alter Kasernstraße und Dreikronenstraße entstanden war und zunächst 323 Wohnungen in Häusern an den Straßen Am Dicken Turm, Elstergasse und Laufergasse umfasste, die heute der Bayerischen Versicherungskammer gehören. Ziel war es, wie auch bei anderen Neubauten jener Zeit, schnell bezahlbaren Wohnraum ohne als unnötig erachteten Luxus zu schaffen. In ihren 2012 erschienenen Erinnerungen „Neue Geschichte aus meiner Kindheit im Meeviertel der 60er Jahre" erinnerte sich Margit Mühlrath-Northmann an die Lebensumstände „Am Dicken Turm", die sie als komfortabel beschrieb. Der Straßenname erinnert an einen 1889 abgerissenen Turm, der zur Festungsmauer gehört hatte.

Margit Mühlrath-Northmann über einen Neubau im Mainviertel

„Für damalige Verhältnisse war unsere Wohnung äußerst komfortabel, auch wenn sie sehr hellhörig war. Küche, Kinderzimmer und Bad mussten mit Kohle beheizt werden. Im Wohnzimmer stand ein großer Ölofen, der meist aufmuckte und sich nur mit großer Mühe ‚anwerfen' ließ, bevor der Besuch da war. Meine Eltern hielten sich außer am Weihnachtsabend eher selten in diesem Raum auf; wir waren sonntags meist unterwegs.

Margit Mühlrath-Northmann mit ihrer Mutter Helga (links), einer Verwandten und dem Vater Peter im Wohnzimmer der elterlichen Wohnung. (Sammlung Margit Mühlrath-Northmann, Fürth)

Für das Schlafzimmer war überhaupt keine Wärmequelle vorgesehen. Der Lebensmittelpunkt war ohnehin die große Wohnküche, in der zudem später der Fernseher stand. Hier wurde nicht nur gekocht und gegessen. Mein Vater entspannte sich nach der Schicht auf seinem ‚Canapé', während unser Wellensittich Hansi Gesang und Gezeter von sich gab. Herrliche Kuchen und Plätzchen entstanden am Küchentisch mit der gemütlichen Eckbank. Die Schränke waren in hochmodischem Pastell gehalten; selbst die Küchenuhr war darauf abgestimmt. In der Küche stand auch unsere Waschmaschine. Für warmes Wasser zum Spülen sorgte schnell ein kleiner Boiler. Natürlich durfte man nicht allzu verschwenderisch sein.

Margit Mühlrath-Northmanns Mutter im Wohnzimmer. (Sammlung Margit Mühlrath-Northmann, Fürth)

Zur Winterzeit war morgens Disziplin angesagt, denn mittels ‚Spreißerli', Zeitungspapier, Eierkohle und Briketts musste erst einmal Wärme geschaffen werden. Wurde das Heizmaterial in großen Säcken von der ‚Kohlenunion' geliefert, musste meine Mutter, geschützt mit einem Kopftuch, danach stundenlang Treppenabgang und Keller putzen.

Auch das Wohnzimmer zierte der Chic der späten Fünfziger, also ohne wuchtiges und düsteres Mobiliar. Der wichtigste Einrichtungsgegenstand war natürlich der Musikschrank. Bei schönem Wetter wurden die Stores zurückgezogen und die Tür zum Balkon geöffnet. Denn das Rauchen gehörte ‚dazu' und es wurde auf diese Weise gleich gelüftet. Neben Aschenbechern aus Las Vegas, die unsere amerikanischen Verwandten mitgebracht hatten, rundeten zeitgenössische Details wie ein

Haltegestell mit verschiedenfarbigen Schnapsgläsern oder das ebenfalls populäre Holzäffchen aus Skandinavien das Gesamtbild ab.

Unser schlauchförmiges Bad wurde von einem riesigen Emaille-Ofen dominiert, der jeden Donnerstag zum Einsatz kam. Ansonsten war das Wasser kalt, selbst am Waschbecken. Ein Heizkörper war nicht vorhanden und im Winter war es somit sechs Tage kalt. Die tägliche Körperpflege mit heißem Wasser kam aus der Küche zustande. Dort wurde ich per Waschschüssel versorgt. Übrigens war unsere gesamte Wohnung mit braunem Linoleum ausgelegt, auf dem leider die Funkenflecken vom Küchenherd besonders gut zu sehen waren. Mit Besen, Mopp und einem Totschläger von Bohner nebst Wachs wurde alles ‚in Schuss gehalten'. Im Schlafzimmer stand der zartgelbe Besenschrank, der viele Staublappen und andere Reinigungsutensilien beinhaltete. Bett, Schrank und Frisiertisch waren in luftigem Beige gehalten.

Bis auf die getünchte Küche und das weiß gestrichene Bad waren die Wände mit Tapeten verkleidet, selbstverständlich dezent. So richtig bunt wurde es erst im nächsten Jahrzehnt. Das kleine Kinderzimmer neben der Haustür mit dem Briefschlitz lag am Ende des Korridors. Der kleine Kohleofen wurde winters nur in Betrieb genommen, wenn Spielkameraden kamen, und auch dann nicht immer. Dann spielten wir eben in der warmen Küche."

Obwohl Würzburg wegen der weitgehend fehlenden Industrie keine Arbeiterstadt war, siedelten sich auch hier ausländische Arbeitskräfte an. Genaue Zahlen existieren nicht, doch stieg die Zahl der Ausländer in der Stadt in den 60er-Jahren von 1.300 auf 3.200. Allein die Zahl der Personen aus den klassischen Gastarbeiterländern wie Griechenland, Italien, Jugoslawien, Spanien und der Türkei erhöhte sich von 1963 bis 1970 um mehr als 1.100. Das erste Abkommen zur Anwerbung von Gastarbeitern war bereits 1955 mit Italien geschlossen worden. Es folgten Vereinbarungen mit Spanien, Griechenland, der Türkei, Portugal, Marokko und Tunesien sowie 1968 mit Jugoslawien. Infolge der Ölkrise wurde 1973 ein Anwerbestopp erlassen.

Die 1950 in Ostbosnien geborene Ankica Milovanovic kam am 5. Dezember 1968 um 11 Uhr mit dem Zug zusammen mit zwölf weiteren jugoslawischen Mädchen am Würzburger Hauptbahnhof an. Sie sollte bei Siemens arbeiten, was sie dann auch jahrzehntelang tat. Ein von der Firma geschickter Kleinbus brachte sie ins damalige Siemens-Haus in der Mergentheimer Straße. In dem Wohnheim lebte Ankica mit ihren jugoslawischen Gefährtinnen sowie Griechinnen und Türkinnen während der nächsten drei Jahre. Dies war typisch für jene Zeit, denn Gastarbeiter und Gastarbeiterinnen wohnten zunächst meist in Sammelunterkünften, getrennt nach Geschlecht.

Ein türkisches Gastarbeiterehepaar lebte 1970 in diesem kleinen Dachzimmer in der Würzburger Altstadt. (Walter Röder, Main-Post)

Im Jahr 1970 veröffentlichte die „Main-Post" einen Artikel über die häufig unzumutbaren Wohnverhältnisse der ausländischen Arbeitnehmer. Der Bericht war mit einem Foto illustriert, das einen türkischen Ehemann im 7,5 Quadratmeter großen Dachzimmer zeigte, das er mit seiner Frau bewohnte. In dem Raum herrschte drangvolle Enge; die Miete betrug 150 Mark. „Im Monat, versteht sich, nicht etwa im Jahr", merkte die Zeitung an und wies darauf hin, dass das Weitwinkelobjektiv des Bildberichters das Zimmer größer erscheinen ließ, als es tatsächlich war.

Von 1969 bis 1974 setzte sich die rasante Zunahme der Zahl von Wohnungen fort. Jährlich kamen zwischen 400 und knapp 800 hinzu. Außer dem Heuchelhof und der Lindleinsmühle wuchs 1973 beispielsweise die Sanderau durch 56 Wohneinheiten im Haus Virchowstraße 24 a, b und c, weitere 33 in der Neubergstraße (Nr. 50 a, b, c), der Danziger Straße 3 und 5 und der Friedrich-Spee-Straße 42 (insgesamt 32 Wohneinheiten). Positiv wirkte sich aus, dass seit der Eingemeindung Heidingsfelds am 1. Januar 1930 die Fläche Würzburgs um 43 Prozent auf fast 5.700 Hektar angewachsen war, was überhaupt erst die Entwicklung des Heuchelhofs möglich machte. Die nächsten Eingemeindungen, die erneut wertvolles Baugelände brachten, kamen erst 1974 (Rottenbauer), 1976 (Ober- und Unterdürrbach) sowie 1978 (Lengfeld und Versbach). Allerdings wurden im letzten Teil dieses Jahrzehnts jährlich nur zwischen 240 und 340 neue Wohnungen fertiggestellt – offensichtliche Auswirkungen der durch den Ölpreisschock ausgelösten Wirtschaftskrise.

1972 war der Südbahnhof abgerissen worden. Auf diesem Gelände erstellte die „Baugenossenschaft für Eisenbahner Würzburg eG" einen Neubau mit 27 Wohnungen und verlegte auch ihre Geschäftsstelle in dieses Gebäude. 1976 errichtete die Genossenschaft zwei weitere Häuser mit insgesamt 46 Wohnungen in der Richard-Strauß-Straße 22/24.

Zu den bedeutenden Baumaßnahmen des Jahres 1974 gehörte ein Studentenwohnheim mit 56 Zimmern in der Peter-Schneider-Straße in unmittelbarer Nähe der Gartenstadt Keesburg. Zu diesem Zeitpunkt waren Wohnheimplätze sehr begehrt, „zumal man auch glaubte, dass die Wohnheime besonders in der Lage seien, auf der einen Seite soziale Kontakte zu vermitteln, auf der anderen Seite einer wenn übertriebenen, dann lästigen Kontaktpflicht zur ‚Zimmerwirtin' auszuweichen", wie es 1975 in einem Artikel der Zeitschrift „Würzburg heute" hieß. Allerdings standen den rund 13.500 Studierenden, die allein an der Universität im Wintersemester 1976/77 erwartet wurden, sowie den Studenten und Studentinnen an Musik- und Fachhochschule lediglich 1.500 Wohnheimplätze gemeinnütziger Träger sowie etwa 500 Plätze in privaten Studentenhäusern und Korporationshäusern zur Verfügung. Andererseits sorgte die nach dem Ölpreisschock angespannte wirtschaftliche Lage aber auch dafür, dass in manches Zimmer in größeren Privatwohnungen, das in Zeiten der Prosperität für den Eigenbedarf genutzt worden war, Studierende einziehen konnten.

Der Artikel von 1975 befasst sich ausführlich mit einem neuen Modell studentischen Wohnens, das aus der Not geboren worden sei – der Wohngemeinschaft: „Als kaum mehr möblierte Privatzimmer zu haben waren, mieteten sich kleine Gruppen von Studenten leerstehende Mehrzimmerwohnungen. Mit wenig Geld wurden die notwendigsten Möbel angeschafft, Strom- und Wasserkosten wurden anteilig umgelegt. Diese Wohnform setzt sich heute immer mehr durch, denn die Vorteile sind deutlich: Obwohl jeder sein eigenes Zimmer hat, stehen die Gemeinschaftseinrichtungen allen zur Verfügung. Die Kosten sind trotz selbst zu tragender Einrichtung nicht höher als für möblierte Privatzimmer." Bei Vermietern seien „Skepsis und Zurückhaltung weitgehend abgebaut" worden, „nachdem sich herausstellte, dass es sich hier nicht um Kommunen in dem Sinne, wie sie jahrelang abschreckend in der Presse dargestellt wurden, handelt, sondern um Zusammenschlüsse seriöser Studenten".

Nicht nur beim Thema studentisches Wohnen brachten die 70er-Jahre Neues. Während viele Wohnungen durch farbenfrohes Mobiliar, den Einsatz von bunten, selbstklebenden d-c-Fix-Folien und wildgemusterten Tapeten den Abschied vom biederen Einrichtungsstil der Nachkriegszeit zelebrierten, bot ein Möbelhaus namens „sinus" ab 1972 am Schmalzmarkt und danach an verschiedenen anderen Stellen in Würzburg hochwertige Möbel und Leuchten aus Italien mit einer ungewohnten reduzierten Formensprache an. Dieser neue Wohnstil gefiel im Gegensatz zu den Pizzerien, die sich längst in der Stadt verbreitet hatten, nicht jedem. Als ein ortsfremdes Ehepaar in der Karmelitenstraße einen Würzburger nach dem inzwischen dorthin umgezogenen „sinus"-Möbelgeschäft fragte, antwortete dieser: „Nee! Höchstens da beim Fischbrunnen, aber die haben nur so Krankenhausmöbel."

Nur zwei Jahre später wurde in Eching bei München die erste deutsche Ikea-Filiale eröffnet. Kurz nach der Premiere von „sinus" hatten also Kundinnen und Kunden, die an (damals) ungewöhnlichem Wohnambiente interessiert waren, eine weitere Einkaufsmöglichkeit, wobei im Fall von Ikea noch die studentenfreundlichen Preise eine Rolle spielten. Später kamen – von Würzburg aus betrachtet – näherliegende Ikea-Niederlassungen in Fürth (1981) und Hanau (1997) hinzu. Die Würzburger mussten bis zum Juni 2009 warten, bis Ikea auf der Mainfrankenhöhe seine 20.500 Quadratmeter große Filiale errichtete.

Bild links: *Möbelstücke aus einem bunten Würzburger Wohnzimmer der 70er-Jahre, zu sehen im WVV-Archiv. (Cornelia Wagner, Würzburg.)*

Visionäre Projekte

Die 60er- und 70er-Jahre des vergangenen Jahrhunderts waren die hohe Zeit der städtebaulichen Großprojekte in ganz Westdeutschland. Zwischen 1946 und 1960 stieg die Einwohnerzahl der Bundesrepublik Deutschland von 46,2 Millionen auf 55,4 Millionen, eine Zunahme um gut 20 Prozent. In Bayern wuchs die Bevölkerung zwar nur um gut sieben Prozent, ganz anders sah es aber in Würzburg aus. 1946 lebten gerade einmal noch 55.604 Menschen in den Ruinen der Residenzstadt, 1960 waren es 114.028 – eine Zunahme von über 100 Prozent. Dies war zum einen dem Wiederaufbau geschuldet – Würzburger, die die Stadt verlassen hatten, strömten zurück. Aber auch Flüchtlinge und Studenten kamen vermehrt nach Würzburg, sodass auch nach 1960 mit einem weiteren, wenn auch geringeren Bevölkerungswachstum gerechnet wurde.

Um diesem Zustrom gerecht zu werden, mussten neue Wohnungen her, und zwar im großen Stil. Ganze Stadtteile sollten gebaut werden, und das nach neuestem Stand der Stadtsoziologie. Keine Trabantenstädte als Schlafsiedlungen, sondern Wohnquartiere mit aller notwendigen Infrastruktur, von den Einkaufsmöglichkeiten über die Freizeitgestaltung bis zur Kirche. Für die Ära der städtebaulichen Großprojekte stehen in Würzburg vor allem die neuen Stadtteile Lindleinsmühle und Heuchelhof.

Die Lindleinsmühle wurde von der „Gemeinnützigen Baugesellschaft für Kleinwohnungen" entwickelt. Für solch ein Großprojekt braucht man zuallererst Geld. Staatliche Wohnungsbauprogramme waren das eine, Darlehen und Hypotheken das andere. Aber auch die Gesellschaft selbst musste finanzkräftiger werden. Deshalb beschloss die Gesellschafterversammlung 1963 die Erhöhung des Stammkapitals und die Aufnahme der Städtischen Sparkasse Würzburg als neue Gesellschafterin. Danach hatte die „Gemeinnützige Baugesellschaft für Kleinwohnungen GmbH" 14 Gesellschafter und ein Stammkapital von 1.769.000 DM.

Lindleinsmühle. (Foto: Silvio Galvagni, Main-Post)

Die Gesellschafter der Gemeinnützigen Baugesellschaft für Kleinwohnungen GmbH ab dem Jahr 1963

	Einlage	Anteile
Stadtgemeinde Würzburg	890.000 DM	178
Überlandwerk Unterfranken AG	150.000 DM	30
Würzburger Hofbräu AG	45.000 DM	9
Buchner, Friedrich (Bauunternehmen)	5.000 DM	1
Molinari, Georg (Bauunternehmen)	10.000 DM	2
Schneller, Kaspar Söhne)	5.000 DM	1
Wander, Karl (Ziegelei)	5.000 DM	1
Würzburger Straßenbahn GmbH	35.000 DM	7
Univ. Druckerei Stürtz AG	10.000 DM	2
Keidel, Fritz (Bauunternehmen)	20.000 DM	4
Allgemeine Ortskrankenkasse Würzburg	80.000 DM	16
Bezirk Unterfranken	300.000 DM	60
Höhn, Balthasar (Bauunternehmen)	20.000 DM	4
Städt. Sparkasse Würzburg	185.000 DM	37
Insgesamt	**1.760.000 DM**	**352**

Um einiges größer war das zweite städtebauliche Großprojekt in Würzburg: der Heuchelhof. Hier hatte die Stadt über 200 Hektar Grund und Boden erworben, auf denen einmal 20.000 Würzburgerinnen und Würzburger wohnen sollten.

Um den neuen Stadtteil Wirklichkeit werden zu lassen, gründete die Stadt Würzburg die „Heuchelhofgesellschaft – Städtische Entwicklungs- und Wohnungsbaugesellschaft mbH". Ende Juni wurden ein Treuhand- und ein Gesellschaftsvertrag geschlossen, denen der Stadtrat am 13. Juli 1966 zustimmte. Der Gesellschaftsvertrag sah ein Stammkapital von 50.000 DM vor, auf seiner Sitzung am 13. Juli beschloss der Stadtrat, den gesamten städtischen Grundbesitz auf dem Heuchelhof im Wert von 32 Millionen DM in die Gesellschaft einzubringen.

Am 20. Juli 1966 erfolgte die Eintragung ins Handelsregister.

Aufsichtsrat und Geschäftsführung der Heuchelhofgesellschaft 1966

Aufsichtsrat

Dr. Helmuth Zimmerer, Oberbürgermeister, Vorsitzender

Egid Boyer

Karl Hatzold

Heiner Hauck

Ernst Heiß

Margarete Koche

Alfred Salomon

Hermann Zürrlein

Dr. Hans Ruchti

Hans Sponsel

Helene Miesel

Josef Heck

Simon Blenk

Dr. Hugo Vierheilig

Wilhelm Theiß

Geschäftsführer

Adolf Müller

Eine, die fast von Anfang an dabei war, ist Helga Bendel. Sie arbeitete seit 1961 bei der Stadt Würzburg und seit 1964 im Personalreferat des damaligen Stadtdirektors Gerhard Vogel. Als dieser 1969 Geschäftsführer der Heuchelhofgesellschaft wurde, nahm er Helga Bendel mit. Sie erinnerte sich anlässlich ihres Ausscheidens bei der „Stadtbau" im Jahr 2007: „Wir hatten damals nur leere Räume im Iduna-Haus. Gesessen sind wir auf Holzkisten. Manche meiner Freunde haben mich vor einer ungewissen Zukunft gewarnt. 1974 kam dann der Umzug in die Wirsbergstraße und 1977 sind wir zur ‚Gemeinnützigen Baugesellschaft' in die Ludwigstraße gezogen. Die Pionierzeit bei der Heuchelhofgesellschaft war sicherlich die spannendste, aber oft auch die mit Sorgen und Nöten belasteste. Aber mir ist nie langweilig geworden."

Für die „Gemeinnützige Baugesellschaft für Kleinwohnungen" gab es 1969 eine Zäsur: Leonhard Meyer gab mit 70 Jahren sein Amt als Geschäftsführer an Adolf Müller ab, der weiterhin stellvertretender Geschäftsführer der Heuchelhofgesellschaft blieb. 34 Jahre lang hatte Leonhard Meyer die „Gemeinnützige" an verantwortlicher Stelle geleitet.

Leonhard Meyer: Mann der ersten Stunde

Er war von Anfang an dabei. Im ersten Geschäftsbericht für das Jahr 1935 wird er noch als Stellvertreter des Geschäftsführers Hubert Groß, seines Zeichens städtischer Baurat, gelistet. Beide Posten waren ehrenamtlich. Es zeigte sich jedoch schnell, dass die anfallende Arbeit nicht nebenbei zu bewältigen war, deshalb wurde Leonhard Meyer 1936 zum hauptberuflichen Geschäftsführer berufen und Groß sein ehrenamtlicher Stellvertreter. Meyer war gerade 37 Jahre alt. Er hatte Bauingenieurwesen studiert und als Regierungsbaumeister gearbeitet. Bis zum Kriegsbeginn 1939 errichtete die „Gemeinnützige Baugesellschaft" unter seiner Führung 400 Wohnungen, bis 1945 kamen noch einmal 146 Wohnungen hinzu. Während des Krieges war Leonhard Meyer neben seiner Geschäftsführertätigkeit auch Bereitschaftsführer der Luftschutzpolizei. Nach dem Krieg wurde er kurz aus seinem Amt bei der „Gemeinnützigen" entfernt, kehrte jedoch bald wieder auf seinen Posten zurück. In einer Würdigung im Geschäftsbericht der „Gemeinnützigen Baugesellschaft" für das Jahr 1969 heißt es: „Als ‚Mann der ersten Stunde' stellte Regierungsbaumeister Meyer seine Tatkraft und sein Können nun ganz ungeteilt in den Dienst der großen Aufgabe: Wohnungsbau für die breiten Schichten der Bevölkerung. (…) Seine in dieser Zeit bewiesene Zähigkeit, ja Besessenheit von der großen Aufgabe brachte er dann nach der Währungsreform voll zur Entfaltung. Die Gegenüberstellung der Bilanzierungs-Summe im Jahr 1949 mit 2,6 Millionen DM und bis zum heutigen Bilanz-Ausweis von 43 Millionen DM, dann des damaligen Wohnungsbestandes von knapp 600 Wohnungen mit dem heutigen Ergebnis von 2.300 Wohnungen zeigt den Aufstieg dieser GmbH, den sie dem großartigen Einsatz ihres Geschäftsführers in erster Linie verdankt."

Zu den herausragenden Leistungen Meyers zählen der Erwerb und die Erschließung des Baugebiets Lindleinsmühle. Als er Ende 1969 sein Amt abgab, war er bereits krank, Leonhard Meyer starb am 15. Juni 1970. Das ihm zugedachte Bundesverdienstkreuz konnte er nicht mehr entgegennehmen.

Lagesbesprechung am Modell der Lindleinsmühle: v l. Leonhard Meyer, Hansheinz Bauer, MdB, Stadtbaurat Paul Heinrich Otte (Foto: Stadtbau Würzburg)

Im Jahr 1977 verkaufte die Stadt Würzburg ihren Wohnungsbesitz an die Heuchelhofgesellschaft, deren 100-prozentige Anteilseignerin sie war. Es ging um 1.559 Wohnungen im Wert von 39 Millionen DM. Allerdings lasteten noch Schulden von 13 Millionen DM auf den Immobilien, die die Heuchelhofgesellschaft übernehmen musste. Für die restlichen 26 Millionen DM gewährte die Stadt ihrer Tochter einen Kredit. Als Grund für die Transaktion nannte der damalige Stadtkämmerer Gerhard Pfeuffer mögliche Rationalisierungseffekte und, dass Modernisierungsmaßnahmen nun in einer Hand lägen. Aus der Stadtentwicklungsgesellschaft für den Heuchelhof war nun eine Wohnungsbaugesellschaft mit einem stattlichen Wohnungsbesitz geworden. Horst Laugwitz, langjähriger Mitarbeiter und zeitweiliger Geschäftsführer der Heuchelhofgesellschaft, erinnert sich:

Horst Laugwitz: Plötzlich mussten wir Wohnungen vermieten

„Wir haben zum 1.1.1977 den städtischen Wohnungsbesitz von rund 1.600 Wohnungen übernommen. Als ich das erste Mal in ein Haus in der Zellerau kam, in der Weißenburgstraße, ein ehemaliges Kasernengebäude, war ich schockiert. Wir trafen die Hausmeisterin an, die hatte vorne nur noch einen Zahn, an der Decke hing eine Funzel mit einer 15-Watt-Birne, im Flur hatte es mal gebrannt, die Spuren waren deutlich zu sehen, an der Wand standen noch die Gewehrständer. Das war wie in einem Hitchcock-Film. Wir haben dann aber mit der Hausmeisterin sehr gut zusammengearbeitet.

Für uns waren das schwierige Zeiten, denn plötzlich mussten wir Wohnungen vermieten. Wir hatten zwar 124 Neubauwohnungen, aber die waren neu, die gingen schnell weg. Deshalb hat Herr Vogel von der ‚Gemeinnützigen' angeboten, dass wir eine Bürogemeinschaft bilden könnten und von denen lernen. Wir haben dann vier oder fünf Bautechniker und einige Handwerker dazugeholt, um schlagkräftiger zu werden.

Die Stadt hatte uns viele Mieter übergeben, die die Miete nicht bezahlt haben. Wir waren aber auf die Mieteinnahmen angewiesen. Also haben wir eine kleine Abteilung aufgebaut, die Mahnbescheide und Kündigungen verschickte, Räumungsklagen anstrengte. Wir haben mehrere Jahre gebraucht, bis die Leute gemerkt haben, oh, bei der Heuchelhofgesellschaft muss bezahlt werden."

Häuser in der Michelstraße (Foto: Silvio Galvagni, Main-Post)

Im Geschäftsbericht für das Jahr 1979 konnte die Heuchelhofgesellschaft wesentliche Verbesserungen vermelden. Die Wohnungsverwaltung lief nun wie gewünscht, die Mietausfälle hielten sich in einem tragbaren Rahmen.

Trotzdem gab es noch viel zu tun. Die Aufnahme von Obdachlosen, der hohe Anteil schlecht ausgestatteter Wohnungen und das Fehlen einer Instandhaltungsrücklage forderten die Gesellschaft.

Neben der Bürogemeinschaft gab es zwischen der „Gemeinnützigen Baugesellschaft" und der Heuchelhofgesellschaft auch organisatorische Verbindungen. Der Geschäftsführer der „Gemeinnützigen" war gleichzeitig der stellvertretende Geschäftsführer der Heuchelhofgesellschaft. Für eine noch engere Zusammenarbeit oder gar einer Fusion gab es jedoch eine Reihe von Hindernissen. Eines waren die privaten Gesellschafter der „Gemeinnützigen". Doch das begann sich langsam zu ändern.

Zum 1. Januar 1979 verkaufte die Ziegelei Karl Wander ihren Anteil von 5.000 DM an der „Gemeinnützigen Baugesellschaft für Kleinwohnungen" an die Heuchelhofgesellschaft und die Universitätsdruckerei Stürtz ihre Anteile im Wert von 10.000 DM an die Städtische Sparkasse Würzburg. Damit sah die Gesellschafterstruktur der „Gemeinnützigen" folgendermaßen aus:

Gesellschafter der Gemeinnützigen Baugesellschaft für Kleinwohnungen GmbH 1979

	Stammeinlage	Anteile in Prozent
Stadtgemeinde Würzburg	890.000 DM	50,5
Überlandwerk Unterfranken AG	150.000 DM	8,5
Würzburger Hofbräu AG	45.000 DM	2,5
Molinari, Georg	10.000 DM	0,6
Schneller, Kaspar Söhne,	5.000 DM	0,3
Heuchelhofgesellschaft	5.000 DM	0,3
Würzburger Straßenbahn GmbH	35.000 DM	2,0

Keidel Fritz, Bauunternehmung	20.000 DM	1,2
Allgemeine Ortskrankenkasse Würzburg	80.000 DM	4,5
Bezirk Unterfranken	300.000 DM	17,0
Höhn, Balthasar, Bauunternehmung	20.000 DM	1,2
Städtische Sparkasse Würzburg	200.000 DM	11,4
Insgesamt	**1.760.000 DM**	**100**

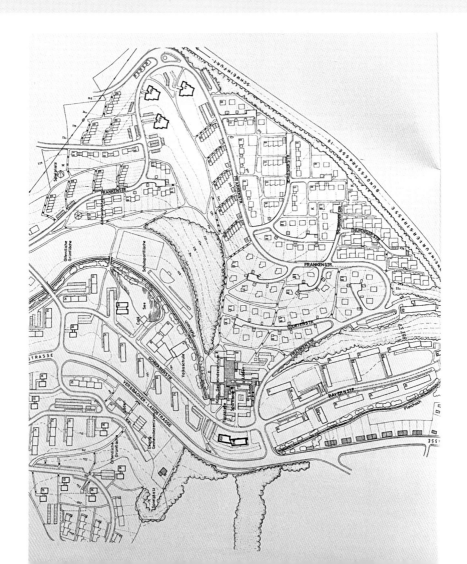

Große Pläne für die Lindleinsmühle

Die Pläne waren groß. In Abstimmung mit der Stadtplanung sollten in der Lindleinsmühle rund 1.300 Wohneinheiten einschließlich Eigenheimen für 9.000 Menschen entstehen. Eine Schule sollte der neue Stadtteil bekommen, eine Kirche, ein größeres und ein kleineres Einkaufszentrum. Als Bauzeit wurden vier bis fünf Jahre veranschlagt. Bereits 1958 hatte die „Gemeinnützige" damit begonnen, Land von der Buchnerschen Erbengemeinschaft zu kaufen. Der erste Bauabschnitt umfasste 248 Wohnungen. Eingabe- und Finanzierungspläne mussten erarbeitet werden, die notwendigen Genehmigungen eingeholt. Die Stadt Würzburg hatte schon Mitte Juni 1963 mit Kanalarbeiten und dem Straßenbau begonnen, während die „Gemeinnützige" bereits die Baustellen einrichtete, obwohl noch nicht alle Genehmigungen vorlagen. Erst 1964 beziehungsweise 1966 wurde der Bebauungsplan rechtskräftig und am 2. September 1963 erfolgte der erste Spatenstich.

Mit dem Baubeginn in der Lindleinsmühle änderte sich für die „Gemeinnützige" alles. Es ging nicht mehr darum, Betreuungsprojekte zu ergattern oder eine Handvoll Wohnungen auf einem Ruinengrundstück zu errichten. Hier entstand ein neuer Stadtteil, der wesentlich zur Linderung der Wohnungsnot in der Stadt beitragen würde.

Die Ende 1963 begonnenen 248 Wohnungen konnten Mitte bis Ende 1965 bezogen werden. Der Bau von 93 weiteren Wohnungen in fünf Häusern hatte bereits die Rohbauphase erreicht. Sie waren 1966 beziehungsweise 1967 bezugsfertig.

Natürlich gab es auch noch Bauprojekte neben der Lindleinsmühle, wie beispielsweise 15 Wohnungen in der Fasbenderstraße, elf in der Brettreichstraße und 48 im Steinbachtal. Im Verhältnis zu dem Großprojekt verblassten sie jedoch.

In der Lindleinsmühle ging es jetzt Schlag auf Schlag. 1967 wurden weitere Baulose fertiggestellt und mit dem Bau des Hochhauses in der Schwabenstraße begonnen. Auf 15 Stockwerken sollten 90 Wohnungen entstehen. Schon im Dezember 1968 konnten die ersten 42 Wohnungen bezogen werden, die restlichen 48 bis zum

Mai 1969. Das Hochhaus am See ist heute ein Wahrzeichen des Stadtteils.

20 Jahre Bauzeit

Der Bau des Stadtteils Lindleinsmühle zog sich über rund 20 Jahre hin. In diesen zwei Jahrzehnten änderten sich die Rahmenbedingungen der Wohnungswirtschaft mehrfach. Mitte der 1970er-Jahre steckte der Wohnungsbau und insbesondere der soziale Wohnungsbau in Westdeutschland in einer schweren Krise. Geld war knapp und teuer, Personalkapazitäten in der Bauwirtschaft wurden abgebaut. Im ganzen Land standen 12.000 Eigentumswohnungen und 3.000 Mietwohnungen leer. In Würzburg war die Situation zwar etwas besser, aber die Lage auf dem Wohnungsmarkt wirkte sich auch auf die „Gemeinnützige" beziehungsweise den Stadtteil Lindleinsmühle aus. Die großgedachten Pläne eines Stadtteils für 9.000 Menschen wurden abgespeckt.

Zum letzten Bauabschnitt gehörten die Häuser in der Hessenstraße. Der Baubeginn hatte sich wegen Nachbarschaftseinsprüchen verzögert, im Dezember 1981 hatte die Stadt Würzburg durch eine Anordnung für den sofortigen Vollzug die Voraussetzungen für den Baubeginn geschaffen, Ende 1982 war der Rohbau fertig und im November 1983 konnten die ersten Mieterinnen und Mieter einziehen. Eine von ihnen war Elke Seuffert, die heute noch in dieser Wohnung lebt. Sie erinnert sich:

Elke Seuffert: Muffensausen und Gemeinschaftssinn

„Wir waren die ersten, die in das Haus Hessenstr. 44 eingezogen sind. Der Aufzug funktionierte noch nicht, die Treppe hatte noch kein Geländer. Das war eine ganz schöne Schlepperei. Aber die Bauarbeiter haben sich gefreut, die konnten jetzt bei uns aufs Klo gehen und bekamen auch einen Kaffee oder ein Glas Wasser. Nachts hatten wir aber auch manchmal ein bisschen Muffensausen, wir waren ja noch ganz allein im Haus. Als dann aber nach und nach die Nachbarn eingezogen sind, waren wir schnell eine verschworene Gemeinschaft. Unsere Situation war ja mehr oder weniger die gleiche, wir waren jung, neu eingezogen und die meisten von uns hatten kleine Kinder. Dass es noch keinen Spielplatz gab, fiel da ganz schnell auf. Lamentiert wurde da aber nicht, sondern die Sache einfach selbst in die Hand genommen. Mit Holz vom Baumarkt und Sand von der Baustelle war an einem Samstag der provisorische Spielplatz fertig.

Also das Miteinander, das war schon toll. Wir haben uns auch umeinander gekümmert. Wenn wir jemanden zwei Tage nicht gesehen hatten und wir wussten, der war nicht in Urlaub, dann haben wir geklingelt und gefragt, ob was ist. Ich vergesse nie, als ich mal montags frei hatte und zu meiner Schwester gefahren bin. Am Dienstag kam ich zurück und bin direkt zur Arbeit gegangen, ein Kollege hat mich dann nach Feierabend nach Hause gefahren, sodass mich auch niemand an der Bushaltestelle sehen konnte. Am Abend, so gegen neun Uhr, klingelt es bei mir. Ich denke noch, huch, wer ist das denn so spät? Da stand dann die Nachbarin vor der Tür und sagt: ‚Mensch, bin ich froh, dass Sie da sind. Ist irgendetwas passiert?' ‚Nein', sag ich, ‚ich war nur bei meiner Schwester.' ‚Oh wie schön, dann sagen Sie doch nächstens einfach kurz Bescheid, wenn Sie wegfahren.'

Gegenüber früher ist der Stadtteil schon schöner geworden. Die ‚Stadtbau' hat den See neu gestaltet und alles ist viel moderner geworden. Leider gibt es den Metzger nicht mehr. Das ist ein Nachteil, denn auf den konnten Sie sich immer verlassen. Insgesamt ist die Lindleinsmühle einer der grünsten Stadtteile, sehr großzügig, sehr familienfreundlich. Dass hier so viele Menschen aus unterschiedlichen Ländern leben, stört mich überhaupt nicht. Im Gegenteil: Ich erinnere mich, als der See nach der Neugestaltung eingeweiht wurde, das war so wunderbar ‚multikulti' mit Leuten aus aller Herren Länder. Bei uns im Haus wohnen Türken, Russen, Rumänen, Leute aus dem ehemaligen Jugoslawien, das funktioniert hervorragend.

Das Verhältnis untereinander ist für mich das wichtigste. Ich muss mich ja nicht gleich zu jedem an den Tisch setzen, aber es ist doch schön, wenn man ein paar Worte wechseln kann. Für gute Nachbarschaft muss man aber auch etwas tun. Leben und leben lassen, sage ich immer, ich will nicht, dass mir jemand reinredet, also

rede ich den anderen auch nicht rein. Eine junge Frau mit Kind ein paar Straßen weiter hat mir mal erzählt, dass neben ihr ein junger Kerl wohnte, der mittags immer sehr laut Musik gehört hat. Da hat sie ihn zu sich eingeladen und ihn eine Viertelstunde mit ihrem Sohn allein auf dem Balkon gelassen. Als sie später noch mit ihm zusammensaß und etwas lauter redete, sagte der junge Mann: ‚Psst, er schläft doch jetzt'. Er hat sich dann auch noch entschuldigt, er habe ja noch keine Kinder und deshalb nicht gewusst, dass er leise sein müsse.
Natürlich muss man Regeln einhalten, aber man muss auch miteinander reden, und das funktioniert hier sehr gut. Ich jedenfalls will nicht wegziehen."

Wohnanlage Frankenstraße (Foto: Stadtbau Würzburg)

So geht es auch dem Ehepaar S., das schon drei Jahre vor Elke Seuffert und ihrem Mann in eine Wohnung am Schwarzenberg eingezogen ist. Für sie ist eine gute Nachbarschaft wichtig, aber ihre Begeisterung für das Wohnen in der Lindleinsmühle hat einen anderen Grund.

Ehepaar S.: „Fast wie in Schweden"

„Wir sind 1980 hier eingezogen und haben seitdem - zum Glück - immer in der gleichen Wohnung gelebt. Das Haus stand damals schon zwölf Jahre, wir haben durch Zufall erfahren, dass jemand auszieht, und uns dann gleich beworben. Unser Sohn war damals fünf Jahre alt, er ist in die Gustav-Walle-Schule gegangen, die konnte man von hier aus sehen. Jetzt sind die Bäume viel zu groß. Ein Blick aus dem Fenster entschädigt uns auch dafür, wenn mal etwas nicht gut läuft. Da draußen ist alles grün, das gibt es in Würzburg so nicht mehr oft. Einmal haben wir ein Reh gesehen, das auf der Wiese geäst hat, oder an Ostern drei Kaninchen, das war schon außergewöhnlich. Wir finden es auch gut, dass die ‚Stadtbau' die Wiese nicht mehr so oft mäht. Da wachsen jetzt viele schöne Blumen, das ist gut für die Insekten und die Vögel. Wir füttern die Vögel jeden Tag, inzwischen auch im Sommer.

Für uns sind die Grünflächen sehr wichtig. Kürzlich war mal ein junger Mann zum Mähen da. Der hat zuerst mit einem Greifer das Papier auf der Wiese aufgesammelt. Ich bin dann runter und habe ihm gesagt, dass ich das toll finde. Seine Kollegen machen das nicht immer, dann haben Sie schnell nicht ein Blatt Papier, sondern 1.000 Schnipsel auf der Wiese.

Seit wir eingezogen sind, hat sich die Natur um uns herum sehr gut entwickelt. Heute sind die Bäume groß und es ist alles grün. Unser Sohn lebt in Schweden, die Enkel kommen trotz der Entfernung immer sehr gerne zu uns. Hier ist es ja fast genauso grün wie in Schweden."

Heute leben rund 5.000 Einwohnerinnen und Einwohner aus 80 Nationen in der Lindleinsmühle. Die „Stadtbau Würzburg" ist mit 759 Wohnungen die größte Vermieterin im Stadtteil. Daraus erwächst auch eine soziale Verantwortung für das Quartier. So engagiert sich die Stadtbau beispielsweise beim Quartiersmanagement. Quartiersmanager Claus Köhler sieht seine Aufgabe darin, die Menschen im Stadtteil zusammenzubringen sowie ihre Sorgen und Nöte gegenüber Politik und Verwaltung zu vertreten. Die Lindleinsmühle wurde im Juni 2015 in das Bund-Länder-Programm „Soziale Stadt" aufgenommen. Ziel ist es, den Stadtteil nachhaltig aufzuwerten. Hierzu hat Köhler zusammen mit einem Planungsbüro und den Lindleinsmühlern ein integriertes Handlungskonzept entwickelt. In zwei Bürgerwerkstätten hatten die Einwohner des Stadtteils die Möglichkeit, ihre Wünsche, Anregungen und Verbesserungsvorschläge einzubringen. „Wir wissen jetzt, wo der Schuh drückt", sagte Köhler damals, „im nächsten Schritt geht es in die Umsetzungsphase. Das ganze Projekt wird acht bis zehn Jahre dauern." Unter der Überschrift „Wohnen und Umwelt" wünschten sich die Lindleinsmühler beispielsweise einen Ort, an dem man sich zwanglos begegnen kann. Das Ortszentrum hat diese Funktion in den vergangenen Jahren mehr und mehr verloren. Schuld daran ist nicht zuletzt der Leerstand einiger Geschäfte.

Das war 2015. Inzwischen hat sich eine Menge getan in der Lindleinsmühle. Das Quartiersmanagement hat im Quartiersbüro in der Frankenstraße einen festen Ort gefunden, die Stadtteilzeitung „Blick" ist fest etabliert, die Haltestellen von Bussen und Bahnen wurden barrierefrei ausgebaut, die Grün- und Freizeitanlage Neumühle wurde zu einem echten Anziehungspunkt über den Stadtteil hinaus – und das sind nur einige Beispiele. Als Nächstes soll die Lindleinsmühlener Mitte neugestaltet und ein Stadtteil- und Bürgerzentrum in der ehemaligen Sparkassenfiliale in der Frankenstraße eingerichtet werden. Sogar die Pleichach könnte mittel- bis langfristig renaturiert werden.

Modernisierte Häuser in der Lindleinsmühle. (Foto: xtract Media)

„Stadt der Moderne" auf dem Heuchelhof

Die Lindleinsmühle ist – trotz aller Schwierigkeiten – eine Erfolgsgeschichte. Ebenfalls in den 1960er-Jahren bot sich noch eine andere Chance für die städtebauliche Entwicklung Würzburgs, allerdings in ganz anderer Dimension: der Heuchelhof. Die Stadt Würzburg hatte auf der Hochfläche im Süden des Stadtgebiets von Freiherr Otto Philipp von Trockau und weiteren Landbesitzern 216 Hektar Land erworben. Zusätzliche Flächen kamen durch die Eingemeindung von Rottenbauer hinzu, sodass insgesamt 456 Hektar Fläche zur Verfügung standen. Platz genug, um einen ganzen Stadtteil zu bauen, der bis zu 20.000 Einwohnerinnen und Einwohner haben sollte.

Aus einem städtebaulichen Ideenwettbewerb im Jahr 1965 ging das Nürnberger Architekturbüro Prof. Gerhard Dittrich als Sieger hervor. Dittrich wollte eine Stadt der Moderne bauen. In einem hochverdichteten Kernbereich sollte mit bis zu zwölfgeschossigen Hochhäusern viel Wohnraum geschaffen werden. Daneben gab es aber auch große Grünflächen. Der Hochhausbereich wurde von in den Grünbereich eingebetteten flachen Einfamilienhäusern und Bungalows umgeben. Das Baugebiet, das „H 1" genannt wurde, war von einer Straße umgeben, der Hochhausbereich wurde lediglich durch sechs Stichstraßen mit Wendehämmern erschlossen. Der Großteil der Autos sollte in Tiefgaragen unter die Erde verbannt werden, der Zugang zu den Wohngebäuden über Fußwege erfolgen. Ein revolutionäres Konzept, das, so sollte sich später zeigen, allerdings von den Bewohnern nicht besonders gut angenommen wurde. Die drei Tiefgaragen mit zusammen 1.450 Stellplätzen machten den Menschen Angst: zu groß, zu dunkel, zu schmutzig.

Städtebau ist bekanntlich Langstrecke und kein Sprint. Das Gut Heuchelhof wurde von der Stadt 1961 erworben, die Planungen begannen 1964, der Ideenwettbewerb zeitigte 1965 erste Ergebnisse, die Heuchelhofgesellschaft wurde ein Jahr später gegründet und ein weiteres Jahr später begann der Bau der Heuchelhofstraße. 1971, zehn Jahre nach dem Kauf des Grundstücks, starteten die Hochbauarbeiten an den Hochhäusern von H 1.

Die Idee der Stadt war, dass die Heuchelhofgesellschaft die Entwicklung des Baugebietes durch den Verkauf der Baugrundstücke finanzierte. Einer, der fast von Anfang an dazu gehörte und dessen Hauptaufgabe der Grundstücksverkauf war, ist Horst Laugwitz. Er war 35 Jahre lang in verschiedenen Funktionen bei der Heuchelhofgesellschaft und später bei der „Stadtbau Würzburg" tätig und wohnt selbst auf dem Heuchelhof.

Horst Laugwitz: Hemdsärmelig und wagemutig

„Ich kam am 1. Juni 1973 zur Heuchelhofgesellschaft. Davor war ich bei der Stadt, aber eines Tages rief der Geschäftsführer der Heuchelhofgesellschaft, Gerhard Vogel, an. Er sprach mir auf den Anrufbeantworter, ich solle mal zurückrufen. Ich wusste ja, dass die Leute suchten, und so wurden wir schnell handelseinig. Zwei Jahre später hatte ich Handlungsvollmacht und durfte jetzt also beurkunden – wenn der Aufsichtsrat seine Zustimmung gegeben hatte. In meiner Laufbahn habe ich bestimmt 1.000 Verträge abgeschlossen und wenn man die Auflassungsvormerkungen und andere Urkunden mitzählt, waren es wahrscheinlich sogar über 2.000.

Wir waren anfangs eine kleine Truppe und auch etwas hemdsärmelig. Der Geschäftsführer Gerhard Vogel und ich, wir sind häufig direkt zu Oberbürgermeister Zeitler gegangen und haben ihm unser Anliegen vorgetragen, der hat dann gesagt: ‚Finde ich gut' – oder eben auch nicht. Wir wussten dann, woran wir waren, und konnten loslegen – oder auch nicht. Als ich zur Heuchelhofgesellschaft kam, war der innere Bereich des ersten Bauabschnitts, also der mit den Hochhäusern, bereits verkauft. Beim äußeren Bereich waren im Osten noch einige Grundstücke frei, der gesamte Westen war noch gar nicht erschlossen.

Die Stadt hat 216 Hektar Fläche in die Gesellschaft eingebracht, das war unser Grundkapital, mit dem wir den Stadtteil entwickeln sollten. Wir mussten also die Grundstücke verkaufen. Da war schon ein Risiko dabei, denn wir mussten 40 oder 50 Millionen D-Mark vorfinanzieren, ohne zu wissen, wie viel wir am Ende für die Grundstücke bekommen würden.

Den Planungen der Stadt lag eine Studie des Instituts „Prognos" zugrunde, die einen Anstieg der Einwohnerzahl von Würzburg auf 160.000 Einwohner voraussah. Den notwendigen Wohnraum wollte Professor Dittrich mit Hochhäusern auf dem Heuchelhof schaffen. Seine ersten Pläne sahen ein Hochhaus am Place de Caen mit 22 Stockwerken vor. Zu dem Berg von 300 Metern Höhe wären dann noch einmal 60 Meter durch das Haus hinzugekommen, das hat der Stadtrat dann aber abgelehnt. Aber auch insgesamt zeigte sich, dass die Würzburger nicht so begeistert waren von den Hochhäusern. Die Prognose zum Bevölkerungsanstieg stimmte zwar größtenteils, aber die Menschen wollten lieber in kleineren Häusern leben und zogen ins Umland, wo es genügend Bauland gab.

Wir haben dann den Bebauungsplan angepasst und nur noch mit 12.000 anstatt 20.000 Einwohnern für den Heuchelhof geplant. Manche Baufirmen sind sogar noch unter den genehmigten Geschosshöhen geblieben. Nachgefragt wurden hauptsächlich Einfamilienhäuser und weniger Mietwohnungen. Also haben wir überwiegend an Privatpersonen verkauft, zu einem etwas günstigeren Preis als das Umland, aber mit klaren Auflagen. So musste beispielsweise spätestens ein Jahr nach dem Grundstückskauf mit dem Bauen begonnen werden. Das hat auch gut funktioniert, wir mussten nur mit einem Bauherrn einen Prozess führen, weil er nicht innerhalb des vorgegebenen Zeitrahmens gebaut hat. Nicht zuletzt durch die strengen Bebauungsregeln ist der Heuchelhof zu einem Beispiel für guten Städtebau geworden. Die Trennung zwischen Auto- und Fußgängerverkehr, die hohe Spielplatzdichte und das viele Grün können aus heutiger Sicht tatsächlich als visionär gelten."

Hochhaus auf dem Heuchelhof. (Foto: Stadtbau Würzburg)

Einen vollständig neuen Stadtteil zu bauen, bedeutet Pionierarbeit auf allen Gebieten. Einer dieser Pioniere war der evangelische Pfarrer Hajo Petsch, der in seinen Erinnerungen Folgendes schreibt:

Hajo Petsch, evangelischer Pfarrer auf dem Heuchelhof: „Willkommensschoppen" in der Gemeindewohnung

„An einem Sonntagnachmittag im November 1973 statteten wir dem Heuchelhof erstmals einen Besuch ab, denn bislang hatte es uns noch nicht hier herauf verschlagen. Was wir sahen, war nicht gerade erfreulich: im Innenbereich die Konturen der ersten Hochhäuser, zum Teil noch mit Gerüsten umgeben, halbfertige Baukomplexe und von Kränen umgebene Baugruben; nur wenige Straßen waren, abgesehen vom schon fertigen Straßburger Ring, befahrbar; auf den Fußwegen lag nur der blanke Schotter; überall gab es Sandhaufen, Bauabfälle und Pfützen. Im Außenbereich standen schon die ersten Eigenheime, wurden liebevoll die Gärten angelegt. Aber auch hier: eine Baustelle neben der anderen. Die vielen Baubuden überall verstärkten den Eindruck von einer Art „Goldgräberstadt". Mit gemischten Gefühlen sahen wir uns unsere künftige Wirkungsstätte an. Noch im Dezember 1973 nahm ich telefonisch Kontakt mit meinem zukünftigen katholischen Kollegen, Pfarrer Erwin Kuhn, auf. Er stattete mir sogleich einen Besuch in der Sanderglacisstraße ab. Wir vereinbarten, so weit als möglich zusammenzuarbeiten. Unser erstes gemeinsames Projekt war ein Seniorennachmittag im Advent, der in den Räumen der katholischen Gemeinde im Straßburger Ring 123 stattfand.

(…)

Die Gesamtkirchenverwaltung Würzburg hatte in der Zwischenzeit in der Brüsseler Straße 11 im Erdgeschoßbereich eine Appartementwohnung – bestehend aus einem ca. 24 qm großen Wohnzimmer, Schlafnische sowie Küche und Bad – angemietet. Die Brauerei, die Pfarrer Kuhn (für den Adventnachmittag) schon mit Klappstühlen versorgt hatte, stattete auch uns mit 30 ausgedienten Stühlen aus. Von der Studentengemeinde trieb ich drei einfache Holztische auf. (…) Für Sonntag, den 20. Januar

1974, lud ich die evangelischen Heuchelhofbewohner zu einem, wie man in der ‚Main-Post' vom 19. Januar und in der ersten Nummer der ‚Fliegenden Blätter' lesen konnte, ‚Willkommens-Schoppen' in die Brüsseler Straße 11 ein. Ich wollte nicht gleich mit einem Gottesdienst beginnen, sondern mit den Leuten, die erscheinen würden, erst einmal besprechen, wie unser Gemeindeleben einschließlich der Gottesdienste ablaufen sollte. Wein und Bier standen bereit. Mit einigem Herzklopfen wartete ich auf „meine" Gemeinde. Um 10.30 Uhr war unser ‚Gemeinderaum' bis auf den letzten Stehplatz gefüllt.

(…)

Die Betriebsamkeit in unserer Gemeindewohnung stieß schon bald auf das Mißfallen der anderen Hausbewohner. Von der Gesamtkirchengemeinde war geplant, 1975 mit dem Bau eines Gemeindehauses zu beginnen. (…) So reizvoll die Aussicht auf ein eigenes Zentrum auch war – sie war in unserer beengten Situation reine Zukunftsmusik –, mußten die Pläne doch erst einmal die Mühlen der kirchlichen Bürokratie durchlaufen. Ein brauchbarer Notbehelf war eine in der Den Haager Straße aufgestellte, von der Heuchelhofgesellschaft nicht mehr benötigte gelbe Baubaracke, die zwar beheizt werden konnte, aber über keinen Toilettenanschluß verfügte. In den zwei Räumen der Baracke konnten sich unsere Mütter-Kinder-Gruppe sowie die Kindergruppe treffen. Um der – manchmal schon bedrückenden – Enge unseres Gemeinderaumes zu entgehen, griff ich dankbar das Angebot meines katholischen Mitbruders auf, den Karfreitagsgottesdienst 1974 im katholischen Kirchenzelt am Straßburger Ring abzuhalten."

Dieser Text ist ein Auszug aus der im Selbstverlag herausgegebenen Broschüre:
Gemeinde bauen … Pfarrer Hajo Petsch über sein Wirken auf dem Heuchelhof 1.I.74 – 20.VII.82. Erscheinungsjahr unbekannt.
Bis die evangelische Gemeinde auf dem Heuchelhof eine eigene Kirche bekam, sollten viele Jahre ins Land gehen. Die katholische Kirche St. Sebastian auf dem Heuchelhof konnte bereits 1977 eingeweiht werden, die evangelische Gethsemane-Kirche war zwar bereits 1988 geplant worden, der Kirche ging jedoch das Geld aus, sodass der Sakralbau erst zwischen 1998 und 2000 gebaut werden konnte.

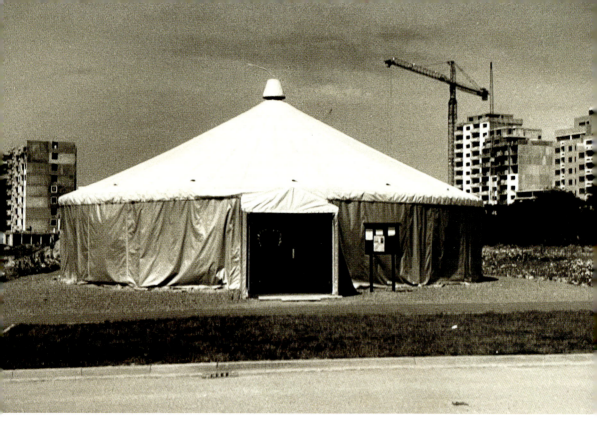

Zeltkirche auf dem Heuchelhof. (Foto: Stadtbau Würzburg)

Am Aufbau des Heuchelhofs waren neben privaten Bauherren auch verschiedene Wohnungsbaugesellschaften beteiligt. Die „Gemeinnützige Baugesellschaft für Kleinwohnungen" hatte bereits Anfang der 1970er-Jahre begonnen, Grundstücke auf dem Heuchelhof zu erwerben. 1972 begann die Gesellschaft mit dem Bau von 103 Wohnungen in dem neuen Stadtteil. Mit dem Einkaufszentrum am Place de Caen setzte die „Gemeinnützige" auch ein städtebauliches Zeichen, das Baugebiet H 1 auf dem Heuchelhof bekam dadurch ein Zentrum.

Der Bauabschnitt H 1 wurde 1987 fertiggestellt. Die Wirtschaftskrise in der ersten Hälfte der 1970er-Jahre hat dazu geführt, dass einige Projekte langsamer gebaut oder ganz zurückgestellt werden mussten. Letztlich war das Konzept – ein hochverdichteter Kern, umgeben von lockerer Einfamilienhausbebauung – nur zum Teil erfolgreich.

Theo Köller, der „Sheriff vom Heuchelhof"

Die 1960 geborene Monika Kavuz ist die Tochter von Theo und Marianne Köller. Mit ihren Eltern und dem drei Jahre jüngeren Bruder Thomas zog sie 1973 auf den entstehenden Heuchelhof, wo ihr Vater als Hausmeister der Heuchelhofgesellschaft für die Gebäude in der Bonner Straße zuständig war. 1980 zog die Familie in die Sanderau, Theo Köller starb 2010.

Roland Flade hat mit Monika Kavuz gesprochen:

Ihr Vater trug einen inoffiziellen, respekteinflößenden Titel: „Sheriff vom Heuchelhof". Wie kam es dazu?

Monika Kavuz: Er war Hausmeister der Heuchelhofgesellschaft und er achtete auf Ordnung. Jeder wusste das, und man hat ihn deshalb „Sheriff" genannt. Vielleicht auch, weil es anfänglich am Heuchelhof ein bisschen wie im Wilden Westen aussah. Mein Vater hat regelmäßig seinen Rundgang durch „sein kleines Reich" gemacht. Er hat geschaut, dass in unserer Tiefgarage in der Bonner Straße keine Undinge getrieben wurden, zum Beispiel Schlägereien. Wenn er etwas sah, hat er die Polizei gerufen. Oft herrschte Unordnung bei den Mülltonnen oder in den Eingängen der Hochhäuser. Da hat er für Abhilfe gesorgt.

Und seine sonstigen Aufgaben als Hausmeister?

Monika Kavuz: Er hat sich um das Technische gekümmert. Wenn irgendetwas kaputt war, haben sie meinen Vater gerufen. Und dann hat er das – obwohl er eigentlich ausgebildeter Gartenbaumeister war – repariert. Er hatte eine technische Begabung, er konnte das. Wenn sich einer ausgeschlossen hatte oder das Tor der Tiefgarage nicht aufging – immer wurde „der Köller" geholt. Ganz wichtig waren die Aufzüge in den Hochhäusern Bonner Straße 4, 6 und 8. Wenn da einer stecken blieb, haben die Leute auf den Notfallknopf gedrückt und in seinem Büro blinkten die

Warnlichter. Dann musste er ganz schnell hin; meistens konnte er das Problem selbst lösen. Wenn nicht, kam der Aufzugsmonteur, der auch in der Bonner Straße wohnte.

Wie sah die Anfangszeit Ihrer Familie am Heuchelhof aus?

Monika Kavuz: Wir waren eigentlich die Ersten, die da oben gewohnt haben. Wir hatten einen Bungalow in der Bonner Straße 2 mit einem separaten Büro für meinen Vater. Links vom Büro war ein Raum mit Waschmaschinen, wo die Leute ihre Wäsche waschen konnten. Die übrigen Häuser in der Straße wurden gerade erst gebaut. Die Wege gingen kreuz und quer durch die Baustellen und es dauerte einige Zeit, bis endlich alles gepflastert oder asphaltiert war. Geschäfte gab es am Anfang noch keine, aber auf dem Parkplatz vor dem Haus stand ziemlich bald ein Sparkassen-Bus. Recht schnell kam ein Edeka dazu, damals im Durchgang von Haus Nummer 4.

Wie empfanden die Kinder das Leben da oben?

Monika Kavuz: Für Jungs war das wahrscheinlich ein Paradies – all die Erdhaufen und Baumaschinen, wie auf einem Abenteuerspielplatz. Aber ein Mädchen begeisterte das eigentlich nicht so. Später wurde ein großer Spielplatz mit einer Holzeisenbahn eingerichtet. Die Bank am Spielplatz hat sich schnell zu einem Treffpunkt für Buben und Mädchen entwickelt. Dem Papa waren die Kinder ganz wichtig.

Kompliziert war die Sache mit der Schule. Die Straßenbahn hat damals noch nicht existiert, genauso wenig wie Schulen, und so bin ich mit dem Bus erst in die Steinbachtalschule und dann in die Waltherschule in Heidingsfeld gefahren. Am Anfang war es gar nicht so einfach, Kontakt zu Gleichaltrigen zu bekommen. Das wurde aber besser, als der evangelische und der katholische Pfarrer eine Jugendgruppe gründeten. Da bin ich natürlich hin. Außerdem habe ich meine früheren Spielkameraden in Grombühl, wo wir vorher gewohnt hatten, gelegentlich angerufen. Von der Telefonzelle aus – Handys gab es ja noch nicht.

Theo Köller in seinem Arbeitszimmer. (Foto: Sammlung Monika Kavuz, Rimpar)

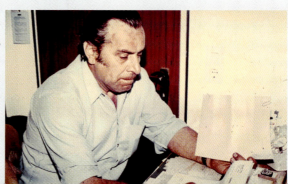

Einer der Jungs, für die die „Baustelle Heuchelhof" wie ein Abenteuerspielplatz war, ist Christoph Rose. Er betreibt heute die Webseite „würzburgfoto.de" und stellte uns folgende Erinnerungen zur Verfügung:

Christoph Rose, auf dem Heuchelhof aufgewachsen: Eine einzige Baustelle

„Meine Eltern zogen 1974 in eine der gerade errichteten Neubauten in der Bonner Straße. Die viele Natur, wenig Straßenverkehr außenrum und vor allem im Wohnbereich sowie die großzügige Aufteilung der neuen Wohnung waren die ausschlaggebenden Argumente, in diesen neuen Stadtteil zu ziehen.

Damals sicher keine ‚einfache' Entscheidung. Denn 1974 war der Marktplatz mit Geschäften noch nicht vorhanden, die Grundschule befand sich noch im Bau (beides wurde erst 1976 fertiggestellt) und eine Kirche mit Gemeinde gab es auch noch nicht. Damals gehörten übrigens auch die obligatorischen Gummistiefel zur ‚Ausrüstung' der Heuchelhöfer. Denn der ‚neue Stadtteil' war zu dieser Zeit eine einzige Baustelle.

Was ich über meine Zeit auf dem Heuchelhof sagen kann, ist, dass es definitiv eine Zeit war, in der man viel draußen gespielt hat. Das Fernsehen lieferte in den 80er-Jahren noch keine Dauerberieselung und Computer und Handys gab es nicht. Stattdessen war es ganz normal, dass wir als Kinder viel mit dem Fahrrad und zu Fuß unterwegs waren oder auf dem großen Spielplatz an der Bonner Straße gespielt haben.

Für uns Kinder war es sicherlich eine schöne Zeit. Wir waren oft stundenlang unterwegs und sind mit dem Fahrrad bis nach Rottenbauer gefahren, waren im alten Steinbruch hinter dem heutigen Athener Ring oder sind dem Schäfer mit seiner ganzen Schafherde am Schafbrunnen begegnet. Und im Sommer waren wir natürlich – wie alle anderen – im ‚Dalle' (Dallenbergbad). Dabei war natürlich die schnelle Fahrt den Heuchelhofberg hinunter das Größte (mein Tacho - mein ganzer Stolz - zeigte einmal 70 km/h. Heute ist mir klar, wie leichtsinnig und gefährlich diese möglichst

Schafherde auf dem Heuchelhof. (Foto: Georg Heußner, Main-Post)

schnelle Bergabfahrt war!). Eine gefühlte ‚Ewigkeit' dauerte hingegen das Fahrrad schieben, bergauf und zurück zum Heuchelhof. Die Straßenbahn gab es noch nicht und das Geld für die Busfahrkarte wollte man sich vom knappen Taschengeld möglichst auch sparen."

Quelle: www.wuerzburg-fotos.de (mit freundlicher Genehmigung von Christoph Rose)

Ein Blick auf die Karte verrät, dass der Heuchelhof deutlich größer ist als das Gebiet H 1. Bereits 1975 hatte die Stadt Würzburg einen städtebaulichen Ideenwettbewerb für den südlichen Teil des Heuchelhofgebietes ausgeschrieben, der zunächst H 2 genannt und später in die Bauabschnitte H 2 bis H 7 unterteilt wurde. Den Wettbewerb gewann eine Planungsgemeinschaft um den Münchner Architekten Alexander Freiherr von Branca. Er konnte auf die Erfahrungen aus dem Projekt H 1 zurückgreifen. Die Geschosshöhen wurden deutlich reduziert, gebaut wurden Ein- und Mehrfamilienhäuser, die in sogenannten „Rundlingen" kreisförmig angeordnet waren. So entstanden der Wiener, der Madrider, der Prager und der Athener Ring, später in H 7 noch der Moskauer Ring.

Bis Anfang der 1990er-Jahre hatte sich die Situation auf dem Wohnungsmarkt allerdings wieder geändert. Starker Zuzug aus Ostdeutschland und von sogenannten Spätaussiedlern, vor allem aus Ländern der Sowjetunion beziehungsweise ihrer Nachfolgestaaten, sorgte für einen hohen Nachfragedruck auf dem Wohnungsmarkt. Wesentliche Flächen für Mehrfamilienhäuser standen fast nur noch auf dem Heuchelhof zur Verfügung. Im letzten, H 7 genannten Baugebiet sollten 800 Wohnungen entstehen. In ihrer Funktion als Erschließungsgesellschaft verkaufte die Heuchelhofgesellschaft die Grundstücke an Bauträger beziehungsweise Bauwillige. Das Gebiet des ehemaligen Vogelshofes behielt die Gesellschaft jedoch, um darauf mehr als 200 geförderte Wohnungen zu errichten. Horst Laugwitz, der damals Geschäftsführer der Heuchelhofgesellschaft war, sieht das Projekt als einen der Höhepunkte seiner Karriere.

Horst Laugwitz: Für den Vogelshof gekämpft

„In der Wohnanlage Vogelshof haben wir 224 öffentlich geförderte Wohnungen gebaut, das war bis dahin die größte Baumaßnahme der Heuchelhofgesellschaft. Wir haben um dieses Projekt gekämpft, überall Geld zusammengekratzt. Das Gebiet hieß Vogelshof, weil da ein alter kleiner Gutshof mit diesem Namen war, der wurde aber abgerissen. Wir haben die Wohnungen gebaut, einen integrativen Kindergarten und eine Tiefgarage. Das war sicherlich das Highlight. Alle Wohnungen im Erdgeschoss waren barrierefrei, ein Haus war sogar Rollstuhl-gerecht. Wir wollten, dass Menschen mit Einschränkungen in ihren Wohnungen bleiben konnten und nicht im Alter ausziehen müssen. Die Treppenhäuser haben wir so gebaut, dass ein Fahrstuhl eingebaut werden konnte. Da haben die Leute gesagt: ‚Warum habt ihr denn bei einem Fünf-Geschosser nicht von vornherein einen Fahrstuhl eingebaut?' Aber wir konnten das nicht finanzieren, wir hatten kein Geld mehr und wir wollten ja die Mieten niedrig halten. Aber die Häuser haben wir an ein Blockheizkraftwerk angeschlossen, sodass sie mit Nahwärme beheizt werden konnten."

Von der Vorzeigesiedlung zum Brennpunkt und zurück

Die Universität Würzburg hat im Sommer 1986 eine wissenschaftliche Untersuchung des Stadtteils einschließlich einer Befragung der Bewohner durchgeführt. Das Fazit der Studie lautete: „Im Gegensatz zu Großwohnsiedlungen in anderen Städten ist der Heuchelhof in keiner Weise ein Problemgebiet geworden. Vielmehr schlug man hier den Weg zur Differenzierung des Wohnangebots ein, das die (subjektiven) Wohnwünsche der Bevölkerung berücksichtigte. Diese zielen auf das Einfamilienhaus mit Garten, gegebenenfalls das stadtnahe Reihenhaus, wenn auch einige Gruppen die verdichtete Wohnweise in Appartements bevorzugen. Aus der strukturellen hat sich eine soziale Mischung – zumindest auf der Aggregationsebene Gesamt-Heuchelhof – ergeben, die das Viertel zu einem stabilen und ausgewogenen Gemeinwesen macht."

Weitere Folgerungen aus der Studie waren, dass der Stadtteil überdurchschnittlich viele Kinder, einen hohen Anteil an jungen Erwachsenen und einen geringen an Senioren hat. Daraus wurde geschlossen, dass auch in den kommenden Jahren der Kinderanteil hoch bleiben wird. Die Einkommen lagen wesentlich über dem Bundesdurchschnitt, da sich dort beruflich qualifizierte und einkommensstarke Haushalte angesiedelt hatten. Auch der Bereich des Straßburger Rings wurde trotz der Hochhäuser als gesuchtes Wohngebiet definiert.

Das änderte sich jedoch bald. Das Wohnen in hochverdichteten Großsiedlungen fanden Mieterinnen und Mieter weit weniger attraktiv, als sich das Städteplaner und Soziologen gedacht hatten, übrigens ein bundesweiter Trend. Wer es sich leisten konnte, zog deshalb weg von der Hochhaussiedlung auf dem Heuchelhof, wer wenig Geld für Miete hatte, dem blieb keine Wahl. Zwischen den Hochhäusern von H 1 und dem umliegenden Einfamilienhausgürtel entwickelte sich eine wachsende soziale Kluft.

Als in den 1990er-Jahren immer mehr Menschen aus der ehemaligen Sowjetunion nach Deutschland und auch nach Würzburg zogen, kam es zu einer Ghettobildung. Ende des Jahres 2000 lebten in Würzburg fünf Prozent sogenannte Aussiedlerinnen und Aussiedler und zehn Prozent Ausländerinnen und Ausländer, auf dem Heuchelhof waren es 32 Prozent Aussiedler und 13 Prozent Ausländer und in H 1, also in den Hochhäusern, 40 Prozent Aussiedler und 17 Prozent Ausländer (Quelle: Soziale Stadt Würzburg Heuchelhof H 1 – Vorbereitende Untersuchung – BSI Consult Maria Gardemann, Würzburg,

Heuchelhof (Foto: xtrakt Media)

Stand 31.12.2000, S. 84). Hinzu kam ein hoher Anteil an Sozialhilfeempfängerinnen und -empfängern. Da die Wohnungsbaugesellschaften wegen der Vorgaben des sozialen Wohnungsbaus kaum Überschüsse erzielen konnten, investierten sie auch nicht in die Bausubstanz. Die Tiefgaragen wurden von Anfang an nicht gut angenommen, die Müllsammelstellen erwiesen sich als zu klein und die Arkaden, die als mögliche Treffpunkte für die Bewohnerinnen und Bewohner gedacht waren, wurden eher zum Gegenteil – sie entwickelten sich zu Angsträumen, die es schnell zu durchqueren galt, bevor die Eingangstür erreicht wurde.

Neues Gesicht für den Place de Caen

Das Gebiet H 1 auf dem Heuchelhof verkam zusehends und hatte in Würzburg schnell einen schlechten Ruf, manche nannten es „Klein-Moskau". Als die Bundesregierung und die Länder 1999 das Städtebauförderprogramm „Soziale Stadt" auflegten, gehörte Würzburg zu den ersten bayerischen Städten, die mit H 1 in das Programm aufgenommen wurden. Mit einer Mischung aus städtebaulichen und sozialen Maßnahmen über einen Zeitraum von zehn Jahren und unter Einbeziehung der Bewohnerinnen und Bewohner wurde der Stadtteil aufgewertet. So erhielt der Place de Caen ein neues Gesicht, die Arkaden wurden geschlossen und in Büros, Läden oder Abstellflächen verwandelt, die Grünflächen deutlich erweitert, Plätze für Kinder geschaffen. Für die Bewohnerinnen und Bewohner wurden Treffpunkte entwickelt, kulturelle und soziale Angebote erweitert und zusammengefasst. Eine Quartiersmanagerin kümmerte sich um die großen und kleinen Sorgen der Heuchelhöferinnen.

Den Wohnungsbaugesellschaften und insbesondere der „Stadtbau Würzburg" (so hieß die Heuchelhofgesellschaft inzwischen) als größte Vermieterin in H 1 kam eine besondere Verantwortung zu. Zum einen mussten die Geschosswohnungsbauten renoviert werden, zum anderen gab es aber auch eine Vielzahl von Kooperationsprojekten, bei denen sich die „Stadtbau" engagierte. So stellte sie beispielsweise im Auftrag der Stadt eine Quartiersmanagerin an, die zur zentralen Anlaufstelle für die Bürgerinnen und Bürger wurde. Das Engagement der Stadtbau würdigte Oberbürgermeister Georg Rosenthal im Vorwort der Broschüre „Heuchelhof schafft Heimat", herausgegeben von der Stadt Würzburg, 2011: „Meine ganz besondere Reverenz will ich unserer städtischen Wohnungsbaugesellschaft ‚Stadtbau Würzburg GmbH' erweisen. Als größte Wohnungseigentümerin am H 1 hat sie sich als starke und vorbildliche Partnerin hervorgetan und gemeinsam mit der Stadtverwaltung entscheidende Projekte im H 1 umgesetzt. Wir zählen weiterhin auf dieses überzeugende Engagement."

Auch die Mieterinnen und Mieter auf dem Heuchelhof haben wieder ein positives Bild. Olga Steinbach hat mit ihrer Familie 2016 eine Wohnung in H 1 gefunden.

Olga Steinbach: „Zwei Balkone, das haben nicht viele Wohnungen"

„Wir mussten sehr lange suchen, bis wir diese Wohnung gefunden haben. Ich habe schon an uns gezweifelt und mich gefragt, ob wir etwas falsch gemacht haben. Auf dem privaten Wohnungsmarkt haben wir es als junge Familie mit zwei Kindern erst gar nicht probiert. Aber auch bei der ‚Stadtbau' kamen wir bei fünf Wohnungen nicht zum Zug. Das lag aber nicht an irgendwelchen Fehlern von uns, sondern an der großen Zahl der Bewerber. Als wir wieder einmal eine Ablehnung bekamen, habe ich bei der ‚Stadtbau' angerufen. Dort hat man mir dann erklärt, dass eine alleinerziehende Mutter mit drei Kindern die Wohnung bekommen hat. Das habe ich dann schon verstanden.
Bei uns hat jetzt jedes Kind ein eigenes Zimmer, die Küche und das Wohnzimmer sind viel größer als in unserer alten Wohnung. Bevor wir hier eingezogen sind, wurden die Elektrik erneuert, die Fußböden ausgetauscht und das Bad saniert. Dass man das Fenster im Bad öffnen kann, ist auch ein riesiger Vorteil. Und die zwei Balkone, das haben nicht viele Wohnungen. Auch mit den Nachbarn haben wir Glück gehabt. Am Tag nach dem Einzug hat es plötzlich geklingelt. Draußen stand eine Frau, die ich schon mal im Haus gesehen hatte. Oh je, dachte ich, haben wir zu viel Lärm gemacht oder die Treppe verschmutzt? Die Frau aber sagte: ‚Hallo, ich bin die

Nachbarin von unten. Sind Sie gut angekommen? Brauchen Sie vielleicht Hilfe?' Wir waren ganz schön baff und haben uns sofort willkommen gefühlt."

Quelle: Geschäftsbericht der Stadtbau Würzburg 2015.

*Heuchelhofansichten
(Foto: Georg Heußner,
Main-Post)*

Der Abschnitt H 1 auf dem Heuchelhof hat sich wieder in ein attraktives Wohngebiet mit günstigen Mieten gewandelt. Im gesamten Stadtteil wohnen rund 10.000 Menschen, im H 1 etwa 3.500 aus 36 Nationen. Der „Stadtbau Würzburg" gehören 828 Wohnungen auf dem Heuchelhof, das sind 15 Prozent des Gesamtbestands der Gesellschaft.

1980 - 1999

Sanierungsbedarf, vielfältiger Zuzug und Künstlerdomizile

In den 80er- und 90er-Jahren zeigte sich erstmals in größerem Umfang Sanierungsbedarf bei manchen nach dem 16. März 1945 schnell und billig neuerrichteten oder notdürftig wieder aufgebauten Wohnhäusern. Auch das Grombühler Gebäude, in dem die 20-jährige Marion Gut 1983 eine Wohnung bezog, enthüllte bald seine Unzulänglichkeiten.

Marion Gut über das Abenteuer der ersten eigenen vier Wände

„Die erste eigene Wohnung habe ich 1983 zusammen mit meinem damaligen Freund in Grombühl bezogen. Bei der Besichtigung fielen im Treppenhaus rechts im Eck jeder Etage Löcher auf, durch die man prima in den Stock darunter schauen konnte. Auch war das Treppenhaus insgesamt nicht sehr ansehnlich, doch der Vermieter versicherte uns im Brustton der Überzeugung, er sei derzeit am Renovieren und das würde nur noch wenige Monate dauern. Das Treppengeländer war wunderschön, die Wohnung im Geiste schon eingerichtet und tatsächlich, wir bekamen die Zusage! Leider hat sich der Vermieter wohl überschätzt, denn beim Auszug zwei Jahre später sah es dort noch genauso aus.

Dummerweise lag unsere Wohnung im dritten Stock und man musste das ganze Elend bis oben durchlaufen. Mein Vater war entsetzt über dieses ‚Loch', wir fanden's wunderbar. Irgendwann fing ich an, Besucher zu bitten, beim Hochlaufen den Blick doch nur auf das wunderschöne Geländer zu richten. Der Kommentar eines Freundes beim Erreichen unseres ‚Nestes': „Das ist ja Klein-Manhattan hier!'

Marion Gut 1987. (Sammlung Marion Gut, Würzburg)

Von einem kleinen quadratischen Flur ging es rechts ins Bad mit Dusche und einem winzigen Waschbecken, geradeaus direkt in die Küche (mit Balkon in den Hinterhof) und links ins Wohnzimmer, dahinter das Schlafzimmer. Den Balkon haben wir nie wirklich benutzt, denn der Blick vom Hof aus auf die Unterseite war nicht sehr vertrauenserweckend. Nur unsere Katze Tinka spazierte furchtlos auf ihm herum. Die Wände waren abenteuerlich. Wollte man einen Nagel einschlagen, ist der entweder in selbiger verschwunden und Sand rieselte aus dem Loch oder er ging keinen Millimeter weit rein. So manches Bild hing nicht wirklich am vorgesehenen Platz.

Ich höre heute noch den Spediteur, der mit einem Kollegen zusammen schimpfend die neue Waschmaschine in den dritten Stock geschleppt hat: ‚Ein Gerutsch! Des ham se doch im Krieg vergessen!' Um die Waschmaschine benutzen zu können, hat ein Freund meines Vaters eine Kupferleitung quer durch die Küche an der Wand entlang über die Balkontür bis zur Spüle gegenüber gelegt. Das einzig glänzende Neue in dieser Wohnung!

In der Matterstockstraße gab es damals in einem Hinterhof eine Art Trödelladen. Wie herrlich, dort zu stöbern! Für wenig Geld haben wir eine altmodische Lampenkugel, mit gelbem Stoff bespannt, erstanden. Die passte hervorragend zu unserem Schleiflack-Schlafzimmer, das wir bei einer netten alten Dame auf der Sieboldshöhe erworben hatten.

Irgendwann an einem Herbstmorgen ging ich noch ganz verschlafen barfuß über den Schlafzimmerteppich, um mir die Kleidung für den Tag aus dem Schrank zu holen, und stand plötzlich in eiskaltem Wasser! Da war ich blitzschnell wach! Ich konnte mir diese Menge Wasser, und vor allem in meinem Teppich, nicht erklären. Über uns war ja nur der Dachboden. Offensichtlich hatten sich beim nächtlichen Sturm einige Dachziegel gelöst und der Regen lief direkt durch bis ins Schlafzimmer! So zog der Schimmel in diesen Raum ein, denn der einzige Ofen stand im Wohnzimmer.

Unter uns wohnte schon seit vielen Jahren eine verwitwete liebe alte Dame, mit der ich wunderbar plaudern konnte. Sie hat gerne ‚auf ein Schnäpsle' eingeladen, und so saßen wir oft bei Eierlikör zusammen und ich lauschte ihren Geschichten von früher. Eines Tages stand sie ganz aufgeregt vor der Tür und bat uns, auf keinen Fall mehr zu duschen, denn sie hätte in der Küche darunter schon eine ‚Beule' an der Decke. Ungläubig ging ich mit in ihre Wohnung und sah eine riesige Blase über ihrer Spüle, die jeden Moment platzen konnte. Immer wenn die Dusche bei uns benutzt wurde, füllte die sich mehr! Unfassbar! Wochenlang war das winzige Waschbecken im Bad die einzige Möglichkeit, sich halbwegs frisch zu halten.

Interessant waren die Mieter der beiden Garagen im Hinterhof des alten Hauses. Eine Motorradgang nutzte diese als Treffpunkt und Werkstatt, was ich besonders cool fand. Oft stand der Hof voller Maschinen und gerade am Wochenende dröhnte und röhrte es, bis alle zum Ausflug gestartet waren.

Leider hat sich irgendwann der Schimmel negativ auf meine Gesundheit ausgewirkt und wir mussten auch deshalb Grombühl und unser ‚Nest' verlassen. Sie war ganz sicher nicht perfekt, aber ich hab sie geliebt, die erste eigene Wohnung."

Ab 1980 kam zur langsam erkannten Notwendigkeit der Sanierung von Nachkriegsbauten eine weitere Entwicklung hinzu: „In den 1980er-Jahren verlor die Bautätigkeit an Dynamik", heißt es rückblickend im 2015 veröffentlichten „Handlungskonzept Wohnen für die Stadt Würzburg". In der ehemals „Jahresrückblick" genannten Leistungsbilanz für 1986 der Verwaltung war denn auch lediglich von 110 in jenem Jahr gebauten neuen Wohnungen die Rede, in die 325 Personen einziehen konnten. Die Zahl der Haushalte, die in der Mitte der 80er-Jahre eine Unterkunft suchten, war auch aus diesem Grund immer noch beträchtlich. So verzeichnete die Stadt 1985 2.347 Fälle mit 4.301 Personen und 1986 sogar 2.553 Fälle mit 4.656 Personen. „Die Nachfrage nach billigem Wohnraum ist groß", stand in der Leistungsbilanz, „die Vorstellungen der Wohnungssuchenden sind jedoch nicht mehr realisierbar."

Das Wohnungsamt schlüsselte in derselben Veröffentlichung auf, wie viele Haushalte (1.608) und Personen (3.155) im Jahr 1986 mit Wohnraum – nicht immer in neuen Häusern – versorgt werden konnten. Darunter waren 54 kinderreiche Haushalte bzw. Großfamilien mit 274 Personen, 55 Haushalte von Ausländern (170 Personen), 290 Studentenhaushalte (428 Personen), 79 Haushalte von Schwerbehinderten (83 Personen) und 121 Haushalte von Spätaussiedlern und Flüchtlingen mit 384 Personen. Besonders vermerkt wurde, dass ein Objekt mit acht Wohnungen, das ursprünglich im Rahmen des sozialen Wohnungsbaus errichtet worden war, aus der Sozialbindung herausfiel und in Eigentumswohnungen umgewandelt wurde. Dieser Trend sollte sich in den nächsten Jahren und Jahrzehnten noch verstärken und die Situation am Wohnmarkt verschärfen, indem immer mehr ursprünglich preiswerte Wohnungen in Eigentum verwandelt oder teurer vermietet wurden.

Als besonderes Projekt fällt in der Leistungsbilanz 1987 die Errichtung einer Wohnanlage mit 24 Reihenhäusern und einem Mehrfamilienhaus mit 17 Wohneinheiten in der Richard-Wagner-Straße auf. Hier hatte sich seit 1894 die Radrennbahn des „Würzburger Velociped-Clubs" samt Gaststätte befunden, die nach mehreren Besitzerwechseln 1927 an den Post-Sportverein überging. Dieser nutzte allerdings lediglich das Spielfeld inmitten der inzwischen rissig und löchrig gewordenen Rennbahn aus Zement. Als der Post-SV in den 80er-Jahren an den Wasserturm beim Sieboldswäldchen umsiedelte, konnte das Gelände anderweitig verwendet werden. Zu dieser Zeit war, wie es in der Leistungsbilanz des folgenden Jahres 1988 hieß, der Wohnungsbau weiterhin „im Allgemeinen rückläufig", sowohl bei Mietwohnungen als auch bei Eigentumswohnungen. 1989 stachen aus den errichteten Projekten ein Wohnheim mit 317 Studentenwohnungen in der Straße Am Hubland, ein Mehrfamilienhaus mit 137 Wohneinheiten in der Tiepolostraße 26 und ein Wohn- und Geschäftshaus mit 95 Wohneinheiten in der Sartoriusstraße 6 hervor. Im Jahr 1991, dem letzten, für das eine Leistungsbilanz vorgelegt wurde, ist besonders ein Apartmenthaus mit 104 Wohneinheiten auf dem benachbarten Grundstück Sartoriusstraße 4 erwähnt.

Auch manche Wohnungsgenossenschaft stellte nun weniger neue Wohnungen fertig, sondern konzentrierte sich auf Sanierungen und Modernisierungen – eine Tendenz, die in den 80er-Jahren einsetzte und sich in den 90er-Jahren und im 21. Jahrhundert verstärkte. Die „Wohnungsgenossenschaft Frauenland Würzburg eG" hatte beispielsweise schon ab 1974 laut ihrer aktuellen Homepage neben dem Neubau von rund 140 Sozialwohnungen im Nachbarort Veitshöchheim und dem Ausbau von zehn Dachgeschosswohnungen in Würzburg und Veitshöchheim „größten Wert auf die Modernisierung und Erhaltung des Hausbesitzes in den Stadtteilen Frauenland und Sanderau gelegt". Sämtliche Wohnungen seien inzwischen mit Bädern und einer Gasetagenheizung ausgestattet bzw. an eine Gaszentralheizung angeschlossen. Die „Baugenossenschaft für Eisenbahner Würzburg eG" (seit 1990 „Baugenossenschaft für Eisenbahner eG (BEW)") stellte 1992 den bislang letzten Neubau fertig, ein Achtfamilienhaus in Hettstadt. Der Schwerpunkt liegt seither auf Gebäudesanierungen und Wohnungsmodernisierungen sowie der Nachverdichtung der sanierten Gebäude. So wurden 2016 und 2018 16 neue Dachwohnungen mit gehobener Ausstattung und Dachterrasse in der Gegenbaurstraße bzw. der Anton-Bruckner-Straße erstellt. Auch die „Heimbaugenossenschaft Unterfranken eG" begann in den 90er-Jahren, ihren inzwischen in die Jahre gekommenen Wohnungsbestand sukzessive zu modernisieren. Lag zu Beginn der Schwerpunkt noch auf dem Einbau von Zentralheizungen und der Sanierung von Badezimmern, kamen später bei ihr wie bei den übrigen Genossenschaften Energiesparmaßnahmen wie die Dämmung von Fassaden und Dächern sowie die Erneuerung von Heizungsanlagen hinzu.

Nicht nur die Dynamik beim Wohnungsbau veränderte sich in den 80er-Jahren – auch die Einrichtungen sahen in vielen Fällen anders aus. Seit 1984 existierten in der Bundesrepublik mehrere private Fernsehsender, die nun im Wettstreit um das Publikum konkurrierten, und immer mehr Haushalte besaßen Videorekorder samt Videokassetten. Wo früher lediglich ein Fernseher gestanden hatte, gab es nun, oft in großformatige Möbel integriert, ganze Ansammlungen von Geräten der Unterhaltungselektronik. Ein typisches Wohnzimmer jener Zeit ist auf einem Schulwandbild des Jahres 1989 zu sehen, das sich in der Würzburger „Forschungsstelle Historische Bildmedien" befindet. Vor allem scheint es bei dem Wandbild darum zu gehen, Kindern die Gefahren von zu viel und falschem TV-Konsum vor Augen zu führen, was sich im gezeigten Film und der gezückten Pistole in der Hand eines der Jungen manifestiert.

Auf dem Schulwandbild „Kinder und Fernsehen" aus dem Jahr 1998, ist ein typisches Wohnzimmer einer Mittelschicht-Familie zu sehen, in dem zwar ein Bücherschrank steht, in dem aber die Geräte der Unterhaltungselektronik bei den Kindern mehr Interesse hervorrufen. (Sammlung Forschungsstelle Historische Bildmedien Würzburg)

Nachdem in den 80er-Jahren auf dem Gebiet des Wohnungsbaus nicht allzu viel geschehen war, änderte sich dies im folgenden Jahrzehnt, als, wie es im Handlungskonzept heißt, „große Flächen, beispielsweise in Rottenbauer und am Heuchelhof, entwickelt wurden." Für 1991 nennt die städtische Leistungsbilanz unter anderem Reihenhausanlagen in der Otsustraße und dem Prager Ring mit insgesamt 45 Häusern. Während der 90er-Jahre wurden durchschnittlich 630 neue Wohnungen pro Jahr errichtet, was eine erhebliche Steigerung gegenüber den vorangegangenen Jahren bedeutete. Freilich war die Stadt zu dieser Zeit auch mit mehreren gleichzeitigen Zuzugsströmen konfrontiert, sodass selbst eine verstärkte Bautätigkeit keine durchgreifende Besserung der Situation bringen konnte. Tatsächlich ist die Wohnungsnot seit dem Ende des Ersten Weltkriegs ein für Würzburg typisches Phänomen geblieben – bis zum heutigen Tag, also seit mehr als einem Jahrhundert.

Eine der Zuzugswellen der 90er-Jahre bestand aus Bürgerinnen und Bürgern aus der ehemaligen DDR, die sich nach der 1990 erfolgten Wiedervereinigung in größerer Zahl in Würzburg niederließen, wobei sie zwar nicht, wie 30 Jahre zuvor die DDR-Flüchtlinge, in Baracken unterkommen mussten, aber in allen Fällen mit den Einheimischen um passenden Wohnraum konkurrierten. Gleichzeitig kamen zahlreiche sogenannte „Russlanddeutsche" nach Würzburg. Deren Vorfahren waren vor Jahrhunderten aus den deutschen Ländern ins Zarenreich ausgewandert und hatten unter Stalin brutale Verfolgung erlebt. In Deutschland wurden sie zunächst in Aufnahmestellen untergebracht, später in Übergangslagern und Wohnheimen. Wer Glück hatte, fand eine Wohnung im Hochhaus-Bereich des Heuchelhofs (H1), wo viele auch Jahrzehnte später noch lebten. Im Jahr 2017 zählte Würzburg über 10.000 Spätaussiedler, überwiegend Russlanddeutsche.

Ihre Lebensbedingungen ähnelten - bis hin zum häufig erlebten massiven sozialen Abstieg - jenen der sogenannten jüdischen Kontingentflüchtlinge, wie es in einem Artikel der Bundeszentrale für politische Bildung heißt. Zwischen 1990 und 2004 hatten Juden und Jüdinnen aus der Sowjetunion und ihren Nachfolgestaaten die Möglichkeit, nach Deutschland zu kommen. Die Zuwanderung von über 200.000 Personen – von denen freilich nicht alle blieben - führte zu einem starken Wachstum der jüdischen Gemeinden. Die nach dem Zweiten Weltkrieg von Überlebenden neugegründete „Israelitische Kultusgemeinde Würzburg" hatte bis 1990 nie mehr als 180 Mitglieder; seither wuchs die Zahl auf rund 1.000 an, weshalb das 2006 eröffnete Gemeindezentrum „Shalom Europa" einer dringenden Notwendigkeit entsprach. Ein bedeutender Nachteil, den Kontingentflüchtlinge im Gegensatz zu Russlanddeutschen hatten, waren die Nicht-Anerkennung beruflicher Qualifikationen und die Tatsache, dass Berufsjahre im Ausland nicht in der Rentenberechnung berücksichtigt wurden.

Eine ganz eigene Kategorie von Zuwanderern bildeten und bilden Asylbewerber, für die in Würzburg im Jahr 1992 von der Regierung von Unterfranken eine spezielle

Gemeinschaftsunterkunft, die von den Amerikanern verlassene „Emery-Kaserne" an der Veitshöchheimer Straße im Stadtteil Dürrbachau, geschaffen wurde. Hier waren und sind bis heute Menschen aus den unterschiedlichsten Nationen untergebracht, zum Teil länger als ein Jahr. Auf die als menschenunwürdig erachteten Lebensbedingungen sowie die häufig sehr langen Zeiträume bei der Bearbeitung von Asylanträgen wiesen Flüchtlinge, verschiedene Freundeskreise und Unterstützer des Öfteren hin. Besonderes Aufsehen erregte im März 2012 ein Hungerstreik iranischer Asylbewerber in einem improvisierten Zeltlager auf dem Platz am Grafeneckart.

In der Gemeinschaftsunterkunft an der Veitshöchheimer Straße lebten Ende 2023 rund 500 Menschen. Über 1.200 weitere Flüchtlinge waren in Würzburg in verschiedenen dezentralen Gebäuden der Regierung von Unterfranken und der Stadt untergebracht. Wenn die staatlichen Unterkünfte voll belegt sind, müssen nämlich die Kommunen Asylbewerber in solchen dezentralen Unterkünften bzw. in Notunterkünften beherbergen. Diese sind in Würzburg neben dem Reuterhaus, dem ehemaligen Kreiswehrersatzamt in Heidingsfeld, über alle Stadtteile verteilt.

Folgt dem Aufenthalt in der Gemeinschaftsunterkunft oder in anderen zeitweiligen Domizilen die Anerkennung als politischer Flüchtling, so beginnt die – angesichts der Lage in Würzburg – außerordentlich schwierige Suche nach einer eigenen Wohnung. Im „Handlungskonzept Wohnen" von 2015 heißt es dazu wenig optimistisch: „Gerade für Kommunen, die ohnehin schon einen angespannten Wohnungsmarkt haben, wird es zunehmend schwerer, Flüchtlingen bedarfsgerechten Wohnraum anzubieten. Unterkünfte für Flüchtlinge und Wohnungslose sind vielfach überbelegt, weil reguläre Wohnungen für (anerkannte) Flüchtlinge am Markt nicht verfügbar sind, obwohl sie wohnberechtigt sind."

In starkem Kontrast zu den unbefriedigenden Wohnumständen vieler eingesessener Würzburger und neu Hinzugekommener standen die Wohnungen von Künstlern und Sammlern wie Heiner Reitberger (1923-1998) und Joachim Schlotterbeck (1926-2007). Bei den nahezu gleichaltrigen Männern ist jedoch anzunehmen, dass ihre traumatischen Erlebnisse im Zweiten Weltkrieg – Reitberger wurde an der Ostfront verwundet und geriet in Gefangenschaft, Schlotterbeck sah am 16. März 1945 das Elternhaus in der Wolframstraße samt seinen ersten Malversuchen niederbrennen – das Bedürfnis nach einer sicheren, behaglichen und den eigenen Geschmack widerspiegelnden Wohnung verstärkt hatten.

Nach abgebrochenem Philologie-Studium schrieb Heiner Reitberger, der sich als Dichter, Maler, Fotograf, Journalist und Denkmalschützer betätigte, zahlreiche Artikel für die „Main-Post", in denen er für den Wiederaufbau wertvoller, zu Ruinen gewordener Bauten kämpfte. Die Wohnung in der Huttenstraße, in der er mit seiner Frau, der aus Florenz stammenden Universitätslektorin Adriana Gallerini, lebte, dokumentierte das profunde Kunstverständnis des Ehepaars, wie sich die Kunsthistorikerin Petra Maidt erinnerte, die Reitberger zu einer seiner Testamentsvollstreckerinnen bestimmt hatte.

Petra Maidt über Eleganz und Noblesse in der Sanderau

Das Ehepaar Adriana Gallerini und Heiner Reitberger wohnte über Jahrzehnte in einer der raren Würzburger Altbauwohnungen in der Huttenstraße 16 zur Miete. Eigentum zu besitzen, war offenbar kein Lebenswunsch. Die Wohnung hatte hohe Decken, weiß lackierte große Türen und schon deshalb ein repräsentatives Flair. Dieses wurde durch eine elegante, äußerst noble, beinahe höfisch wirkende Einrichtung verstärkt, die vom florentinischen Geschmack Adriana Gallerinis und der Sammelleidenschaft der beiden geprägt war.

Petra Maidt um 2003. (Sammlung Petra Maidt, Würzburg)

Ein Akademikerhaushalt mit unendlich vielen Büchern in Regalen und auf Stapeln in den Ecken, dazu Wände voller kostbarster Bilder, Zeichnungen, Graphiken, dazwischen die farbigen Aquarelle und Kohlezeichnungen aus der Hand Heiner Reitbergers, eine Fülle wunderbarster, edler Möbel aus dem 18. und 19. Jahrhundert, Skulpturen, Porzellane, Silber auf den vielen kleinen Tischchen und Kommoden dekorativ arrangiert. Selbst an den Vorhängen hingen Kleinodien aus Silber, auf Stühlen waren kostbare Stoffe drapiert.

Im „roten Salon", der an die kleine Küche angrenzte, waren die Vorhänge sowie alle Polsterbezüge der zahlreichen biedermeierlichen Möbel aus einem lackierten, leuchtend roten Stoff. Neben dem Spiegel hing ein Porträt Adrianas aus der Hand Heiner Reitbergers. (Fotoarchiv Heiner-Reitberger-Stiftung)

Kam ich zu einem Austausch mit Heiner Reitberger in die Wohnung, wurde ich gebeten, auf einem der beiden sich gegenüberstehenden grauen, mit schimmerndem Velourstoff bezogenen Sofas Platz zu nehmen. Einen Esstisch suchte man vergeblich. Das Leben ordnete sich dem musealen Ambiente unter. Gespeist wurde offensichtlich an einem kleinen Tischchen in Adrianas Schlafzimmer, die in ihren letzten Lebensjahren ans Bett gefesselt war.

In Heiners Arbeits- und Schlafzimmer waren die Wände ebenfalls gefüllt mit Graphiken, darunter eine Reihe von Zeichnungen seines langjährigen Freundes Dieter Stein und eines der zahlreichen, farbigen Porträts, die Heiner Reitberger von seiner Frau Adriana angefertigt hatte. Trotz der zu bestaunenden Fülle an Kunst und Antiquitäten war eine wohlig anmutende Ordnung in allem.

Heiner Reitberger starb 1998 im Alter von 74 Jahren. Viele Kunstgegenstände gingen an die Städtische Galerie (heute Museum im Kulturspeicher) und an das Martin-von-Wagner-Museum der Universität. Ein Teil wurde versteigert; vom Erlös gründete Petra Maidt die Heiner-Reitberger-Stiftung, die unter anderem Publikationen zu bedeutsamen, aber weniger bekannten Würzburger Bauten herausgibt, verfasst von der Architekturhistorikerin Suse Schmuck.

Heiner Reitberger hatte in den 50er-Jahren auf der „Neuen Welt", wo Sieglinde Johnston mit ihren Angehörigen lebte, den Maler und Kunstsammler Joachim Schlotterbeck kennengelernt, der ebenfalls zum Kreis von Künstlerfreunden um die Malerin Gertraud Rostosky gehörte. Außer der Liebe zu den schönen Künsten verband die beiden Männer der Beruf des Vaters (Schlotterbecks Vater war Wein-, Reitbergers Vater Getreidegroßhändler) und die negative Erinnerung an die nationalsozialistisch geprägte Schulzeit, in der die beiden schüchternen Jungen vor allem den Turnunterricht hassten. Joachim Schlotterbeck war in der Wolframstraße 5 aufgewachsen. Im selben Haus lebte eine Justizratswitwe, die der Junge gelegentlich besuchte: „Ihr Wohnzimmer konnte ich nicht genug bestaunen. Es war überfüllt von schweren, prunkvoll geschnitzten Möbeln, Palmen, prächtigen Sträußen von Pfauenfedern und Schilf." Faszinierend waren auch die Geräusche, die aus dem Hinterhaus kamen, wo die Ärmeren wohnten: „Dort ging es manchmal laut zu, es wurde geschrien, geschimpft, Töpfe klirrten, und ab und zu zersprangen Fensterscheiben." Nach dem Krieg, als Schlotterbecks Familie ausgebombt war, bot Gertraud Rostosky dem Maler an, bei ihr auf der „Neuen Welt" zu übernachten, wenn er in Würzburg war. „Ich schlief auf einem Küchensofa", sagte er später. „Darüber, auf dem Zwischenboden, liefen die Mäuse herum. Später, als sie selbst nicht mehr malte, gab sie mir ihr Atelier."

Schlotterbeck, der auch ein Haus auf Sizilien besaß, das er regelmäßig nutzte, wohnte in seinen letzten Lebensjahrzehnten ab 1989 erst in im Falkenhaus und dann im ehemaligen „Main-Post"-Gebäude in der Plattnerstraße. Beide Wohnungen glichen einem Museum und zeugten von seiner Sammelleidenschaft, die ihn ebenfalls mit Heiner Reitberger verband. Er sammle „alles außer Briefmarken, Waffen und Münzen", sagte er, am liebsten Bücher mit schönen Illustrationen, dazu Bilder, aber auch Fotos, Vasen und einfache Gebrauchsgegenstände. In seinem Schlafzimmer standen mehrere Buddhas, im Badezimmer hingen Hundebilder, auf der Toilette befand sich eine Wolkenstudie, die angeblich von Goethe stammte, in der Küche dominierte fränkisch-bayerisches Barock und im Wohnzimmer waren mehrere holländische Porträts zu sehen. Ein Raum war dem Mittelalter gewidmet (dort befanden sich Dürer-Holzschnitte), einer dem Biedermeier, ein anderer, das Foyer der Wohnung, den Asiatika. Hier, wo er sich normalerweise nur kurz aufhielt, setzte sich Joachim Schlotterbeck nieder, als ein Foto für ein Interview mit ihm gemacht wurde.

Joachim Schlotterbeck sitzt in der Plattnerstraße im Foyer seiner Wohnung, wo das Thema Asiatika dominierte, kombiniert mit besonders von ihm geschätzten Stücken wie der Kommode am rechten Bildrand. (Theresa Müller, Main-Post)

Auf dem Weg zur Einheit

Die 1980er- und 1990er-Jahre waren für die Wohnungswirtschaft insgesamt und die städtischen Wohnungsgesellschaften in Würzburg insbesondere durchwachsen – bestenfalls. Der Skandal und schließlich der Zusammenbruch der gewerkschaftseigenen „Neuen Heimat" (1982) brachte die ganze Branche in Verruf, die Politik diskutierte über die Gemeinnützigkeit der Wohnungsbauunternehmen, die diese immerhin von Gewerbe-, Körperschaft-, Grunderwerb- und Grundsteuer befreite, und schaffte sie schließlich 1990 ab. Die Förderung des sozialen Wohnungsbaus durch den Bund wurde 1986 beendet, allerdings 1989 in anderer Form wieder eingeführt. Insgesamt ließ die Nachfrage auf dem Wohnungsmarkt nach.

Auswirkungen auf Würzburg blieben nicht aus. Die beiden städtischen Wohnungsbaugesellschaften „Gemeinnützige Baugesellschaft für Kleinwohnungen mbH" und „Heuchelhofgesellschaft – Städtische Entwicklungs- und Wohnungsbaugesellschaft mbH" arbeiteten parallel, wenn auch im selben Gebäude und auf der Führungsebene miteinander verzahnt. Im Jahr 1981 sah die Führungs- und Aufsichtsstruktur folgendermaßen aus: Adolf Müller war in beiden Geschäftsführungen tätig, Gerhard Vogel war Geschäftsführer der Heuchelhofgesellschaft und Aufsichtsratsmitglied der „Gemeinnützigen Baugesellschaft", Oberbürgermeister Zeitler Vorsitzender in beiden Aufsichtsräten. Der Wunsch der Verantwortlichen nach einer engen Zusammenarbeit war offensichtlich und zeigte sich unter anderem auch daran, dass die Heuchelhofgesellschaft ihre Beteiligung an der „Gemeinnützigen" ausbaute, indem sie die Anteile der AOK Würzburg (80.000 DM) übernahm. Sie hatte jetzt 4,8 Prozent Anteile an der Schwestergesellschaft.

Schlechte Zeiten

Für die „Gemeinnützige Baugesellschaft für Kleinwohnungen" war 1982 ein schwarzes Jahr. Das Bund-Länder-Programm zur Förderung der allgemeinen Modernisierung lief in diesem Jahr aus, ohne dass es eine Anschlussförderung gab. Außerdem verlangten der Bund und der Freistaat Bayern auf der Basis der Haushaltsstrukturgesetze für zwischen 1950 und 1970 zinslos vergebene Baudarlehen jetzt zwischen sechs und acht Prozent Zinsen. Bei der Städtischen Sparkasse lief die Zinsbindungsfrist für eine Hypothek von 18 Millionen DM ab, die Zinsen stiegen von 6,5 auf 8 Prozent. Auch die Stadt Würzburg erhöhte für Baudarlehen aus den 1950er- und 1960er-Jahren die Zinsen. Allein die höhere Zinsbelastung summierte sich auf 961.000 DM, hinzu kamen gestiegene Betriebskosten von 194.000 DM, die ebenfalls an die Mieterinnen und Mieter weitergegeben werden mussten. Die Folge: Die Mieten stiegen je nach Baujahr der Wohnung zwischen 1,7 und 32 Prozent. Schnell bildeten sich Interessen- und Aktionsgemeinschaften von Mieterinnen und Mietern, um gegen die Mieterhöhungen vorzugehen. Nachdem die zuständige Treuhandstelle mehrfach bestätigt hatte, dass die Mieterhöhungen ordnungsgemäß waren, lösten sich die Mieterinitiativen größtenteils wieder auf, nur gegen 17 Mieterinnen und Mieter musste die Gesellschaft Mahnbescheide erwirken beziehungsweise klagen. Als besonders kostspielig erwies sich jedoch der Widerruf der Abbuchungsermächtigungen durch viele Mieterinnen und Mieter.

In der ersten Hälfte der 1980er-Jahre arbeitete die „Gemeinnützige" weiter an der Sanierung von 300 Bundeswohnungen, die 1976 zusammen mit der Verpflichtung übernommen worden waren, sie binnen zehn Jahren grundlegend zu renovieren. Tatsächlich konnten die letzten modernisierten und sanierten Wohnungen 1986 bezogen werden. Neubauten dagegen waren fast nicht mehr zu finanzieren. Dieser Geschäftsbereich kam in den 1980er-Jahren praktisch zum Erliegen. Die Sanierung des Wohnungsbestandes wurde im Rahmen der Möglichkeiten fortgeführt.

Dass die Gesellschaft 1983 dennoch ihr Stammkapital erhöhen konnte, ging auf Beschlüsse von Aufsichtsrat und Gesellschafterversammlung aus dem Jahr 1978 zurück. Dort wurde festgelegt, dass 1977 keine Dividende ausbezahlt und in den Folgejahren ein Betrag in Höhe von vier Prozent des Stammkapitals zurückgelegt werden sollte. In fünf Jahren kamen so 352.000 DM zusammen, mit denen das Stammkapital von 1.760.000 DM auf 2.112.000 DM erhöht wurde. An den prozentualen Anteilen änderte sich dadurch nichts. Der Wert des Anteils der Heuchelhofgesellschaft an der „Gemeinnützigen Baugesellschaft" stieg auf 102.000 DM.

Personalunion

Im gleichen Jahr wurde Gerhard Vogel, der Geschäftsführer der Heuchelhofgesellschaft, auch zum stellvertretenden Geschäftsführer der „Gemeinnützigen" bestellt. Dies war bereits Teil einer Nachfolgeregelung für Adolf Müller, der Ende 1984 aus Altersgründen als Geschäftsführer der „Gemeinnützigen" ausschied. Vogel wurde zum 1. Januar 1985 sein Nachfolger, zu seinem Stellvertreter wurde der Architekt Adolf Häußner bestellt, der in der Bauabteilung der Gesellschaft arbeitete.

Adolf Müller: Talente richtig eingesetzt

Als Adolf Müller 1984 in Pension ging, war er 15 Jahre lang Geschäftsführer der „Gemeinnützigen Baugesellschaft für Kleinwohnungen mbH" gewesen. Im Bereich der Wohnungswirtschaft hat er aber nahezu sein gesamtes Berufsleben verbracht. So leitete er von 1949 bis 1966 das Amt für Wohnungsbauförderung, in der fast völlig zerstörten Stadt eine sehr anspruchsvolle Aufgabe. In dieser Funktion hat er mehr als 150 Millionen DM staatlicher Aufbaudarlehen in die Stadt geholt, mehr als genug, um ihm den Ehrennamen „Kredit-Müller" zu verleihen.

1966 wurde Müller der erste Geschäftsführer der neugegründeten Heuchelhofgesellschaft, bis er 1969 die Nachfolge von Leonhard Meyer bei der „Gemeinnützigen" antrat, aber stellvertretender Geschäftsführer der Heuchelhofgesellschaft blieb. Es verwundert nicht, dass Adolf Müller in einem Interview mit der „Main-Post" am 8. Dezember 1984 den Heuchelhof an erster Stelle der wichtigen Projekte seiner Amtszeit bei der „Gemeinnützigen Baugesellschaft für Kleinwohnungen" bezeichnete, zusammen mit der Bebauung der Lindleinsmühle, die bereits sein Vorgänger Meyer begonnen hatte, und der Modernisierung von 300 Bundeswohnungen, die die „Gemeinnützige" gekauft hatte.

Bei seiner Verabschiedung, die zusammen mit dem 50-jährigen Bestehen der „Gemeinnützigen" gefeiert wurde, sparten die Redner nicht mit Lob und ehrenvollen Zuschreibungen. Senator Gerhart Hunger, der damalige Präsident des Verbandes der bayerischen Wohnungsunternehmen (VdW Bayern), bescheinigte ihm, in seiner gesamten beruflichen Laufbahn „seine ‚Talente' richtig eingesetzt, mit Zielstrebigkeit, Pflichtbewusstsein und einem unverzichtbaren Maß auch an honoriger ‚Schlitzohrigkeit', nicht für sich selbst, sondern in der Sorge um Wohnraumbeschaffung für unzählige Familien zum Besten gewirtschaftet" zu haben (Main-Post, 12. Dezember 1984).

Für seine Leistungen wurde Adolf Müller die Ehrenmedaille der „Gemeinnützigen Wohnungswirtschaft" verliehen.

Foto: Georg Heußner, Main-Post

Mit der Amtsübernahme von Gerhard Vogel hatten beide städtischen Wohnungsbaugesellschaften, die „Gemeinnützige Baugesellschaft für Kleinwohnungen" und die Heuchelhofgesellschaft, denselben Geschäftsführer. Ein weiterer Schritt hin zu **einem** städtischen Wohnungsbauunternehmen.

Auf dem Heuchelhof lebten Anfang der 1980er-Jahre bereits 5.300 Menschen in 1.300 Geschosswohnungen und 350 Einfamilienhäusern. Die Nachfrage nach Mietwohnungen ging auch bei der Heuchelhofgesellschaft zurück, gefragt waren überwiegend Einfamilienhäuser. Immerhin wurde ab 1980 die Belastung aus dem Kauf der städtischen Wohnungen geringer: Die Stadt verzichtete auf die Zinsen für das gewährte Darlehen.

Dennoch musste die Heuchelhofgesellschaft wegen der steigenden Baupreise und Hypothekenzinsen Projekte zurückstellen. Im Geschäftsbericht von 1985 war gar zu lesen: „Der Neubau ist tot." Obwohl sich diese Aussage auf die gesamte Bundesrepublik bezog, sah es auch in Würzburg nicht rosig aus. Das Baugebiet H 1 auf dem Heuchelhof war bebaut und fertiggestellt. In den anderen Baugebieten verkaufte die Gesellschaft baureife Grundstücke überwiegend an private Bauherren von Einfamilienhäusern. Nur relativ wenige Geschosswohnungsbauten wurden errichtet. Dieser Trend hielt in den Folgejahren an, auch wenn die Nachfrage nach günstigem Wohnraum weiter bestand.

1988 tauchte erstmals wieder der Begriff „Wohnungsnot" auf. Die Nachfrage nach Wohnungen stieg allgemein, zusätzlich gab es einen großen Zuzug von Spätaussiedlern aus Polen, Rumänien und vor allem aus Russland. Ein Neubau der Heuchelhofgesellschaft mit 54 öffentlich geförderten Wohnungen konnte 1988 fertiggestellt werden. Auch die „Gemeinnützige Baugesellschaft für Kleinwohnungen" begann wieder, in kleinerem Umfang zu bauen.

1990 kam es wieder zu einem Rückschlag. Der Skandal um die „Neue Heimat" brachte die Politik dazu, die Gemeinnützigkeit für Wohnungsbauunternehmen abzuschaffen. Folge der gestrichenen Gemeinnützigkeit war der Wegfall der Steuerbefreiung für die Wohnungsbauunternehmen. Obwohl die städtischen Gesellschaften weiter-

oben: *Lindleinsmühle.*   **unten:** *Heuchelhof. (Fotos: Stadtbau Würzburg)*

hin dem Gemeinwohl verpflichtet waren, mussten ihre Gesellschaftsverträge verändert werden. Die neuen Verträge sahen Aktivitäten im gesamten Baubereich vor und lockerten sogar die Beschränkung auf das Stadtgebiet von Würzburg. Die neue Freiheit nutzend unterzeichnete die Heuchelhofgesellschaft 1993 einen Vertrag mit der Georg-Eydel-Handwerker-Stiftung zur Verwaltung ihrer 487 Wohnungen, einiger Gewerbeeinheiten sowie dazugehörender Garagen und Stellplätze. Die Verwaltung von Fremdwohnungen im großen Stil blieb jedoch eine Episode und endete nach der Kündigung des Geschäftsbesorgungsvertrags durch die Stiftungsverwaltung Ende 1997.

Ein Geschäft wie nie zuvor

Im Jahr 1990 fanden Kommunalwahlen statt. Neuer Würzburger Oberbürgermeister wurde Hans-Jürgen Weber, der ehemalige Stadtentwicklungsreferent. Als OB wurde er qua Funktion auch Aufsichtsratsvorsitzender der beiden städtischen Wohnungsbaugesellschaften. Weber erinnert sich: „Die Wohnungsbauförderung hat sich bei mir immer durchgezogen, damit bin ich groß geworden. Mein Vater arbeitete nach dem Krieg bei der Stadt in der Wohnungsbauförderung und hat mich schon als Fünfjährigen gelegentlich mit ins Büro genommen."

Der Wind auf dem Würzburger Wohnungsmarkt hatte sich inzwischen vollkommen gedreht, die Wohnungssuchenden standen wieder Schlange oder wurden vom städtischen Amt für Sozialversicherung und Wohnungswesen zugewiesen. Neubautätigkeit wäre jetzt nötig gewesen, allein es fehlte das Geld. Die staatliche Förderung war unzureichend, die Baupreise gingen durch die Decke, die Zinsen waren hoch. Die Aufnahme von Krediten für den Mietwohnungsbau war bei der geringen Rendite kaum möglich.

Auch Bauland war in Würzburg knapp. Hoffnung setzten die Wohnungsbaugesellschaften auf das Baugebiet H 7 auf dem Heuchelhof. Hier war wieder in größerem Stil Geschosswohnungsbau vorgesehen.

Die erste Hälfte der 1990er-Jahre brachte in Sachen Neubau einen Schub. Die Heuchelhofgesellschaft baute 224 geförderte Wohnung im zu H 7 gehörenden Baugebiet Vogelshof. Auf den Ausbau von Dachgeschossen in der Zellerau und im Frauenland hatte sich die „Gemeinnützige Baugesellschaft" fokussiert, außerdem wurden in der Lindleinsmühle Eigentumswohnungen und in Heidingsfeld Reihenhäuser für den Verkauf gebaut. Auch die Modernisierung des Wohnungsbestandes ging in dieser Zeit ungebrochen weiter.

Die Zahl der Mietwohnungen der beiden Gesellschaften wuchs durch ein Geschäft, das es in der Geschichte der „Gemeinnützigen" und der Heuchelhofgesellschaft so noch nicht gegeben hatte. Aus der Insolvenzmasse der „Neuen Heimat" kauften die beiden Gesellschaften 1993 mehrere 100 Wohnungen in der Lindleinsmühle, auf dem Heuchelhof und in der Zellerau. Damit sollte vor allem eine Unwucht auf dem Wohnungsmarkt verhindert werden, wenn die Wohnungen in die Hand privater Investoren geraten wären. Denn der Kauf geförderter Wohnungen durch Private hätte zu steuerlichen Problemen geführt, die sich zwangsläufig auf das Mietenniveau niedergeschlagen hätten. Das wollte die Stadt vermeiden.

Wohnungsbesitz Gemeinnützige Baugesellschaft für Kleinwohnungen		Wohnungsbesitz Heuchelhofgesellschaft	
1990	**1996**	**1990**	**1996**
2.745	3.056	1.639	2.108

Außerdem erwarb die Heuchelhofgesellschaft im Jahr 1995 die Weigl Verwaltungsgesellschaft mbH, die eine zweistellige Zahl von Wohnungen in Grombühl besaß. Der Erwerb stand im Zusammenhang mit einer möglichen Verlagerung der Grombühlstraße. Die Heuchelhofgesellschaft und die Stadt Würzburg besaßen nach dem Ankauf weiterer Gebäude in Grombühl gut zwei Hektar zusammenhängende Fläche.

Wie launenhaft der Wohnungsmarkt sein kann, zeigte sich Mitte der 1990er-Jahre. Der Wiedervereinigungsboom war erst einmal zu Ende, die Wirtschaft schwächelte und auch die Situation auf dem Wohnungsmarkt änderte sich dramatisch. Im Lagebericht der Heuchelhofgesellschaft für das Jahr 1996 heißt es dazu: „Über Nacht änderte sich die Situation grundlegend. Selten hat der Wohnungsmarkt eine derart rasche Kehrtwendung vorgenommen. (…)

Die Gründe sind vielfältig. Die hohen Fertigstellungszahlen der vergangenen Jahre haben erheblichen Wohnraum gebracht, Bevölkerungswachstum und Zuwandererzahlen verharren fast auf null, die Sorge um den Arbeitsplatz, fehlende Lohnzuwächse und eine gewisse wirtschaftliche Unsicherheit erklären weiter die Zurückhaltung des Mieters. Nicht zuletzt sind die Mieten in den vergangenen Jahren kräftig gestiegen, vor allem aber die Mietnebenkosten. So stellt sich heute die Mietbelastung für den durchschnittlichen Haushalt höher dar – bei immer niedrigerem Nettoeinkommen.

Die Nachfrage nach preisgünstigen Wohnungen ist sehr stark gestiegen, nicht zuletzt durch diese geringen Einkommen. Doch eine Wohnung unter den Selbstkosten abzugeben, ist bei wirtschaftlicher Betrachtung nicht möglich, will das Unternehmen langfristig seine Verpflichtungen erfüllen. Noch ist der Mieter bei der ehemals ‚Gemeinnützigen' gut aufgehoben, weil hier die Durchschnittsmieten immer noch zwischen 6 und 8 DM liegen und damit deutlich unter dem freifinanzierten Wohnraum.

Neubau ist momentan, ausgenommen besondere Situationen, nicht erforderlich."

Soweit die Situation auf dem Wohnungsmarkt, aber das waren nicht die einzigen Probleme der städtischen Wohnungsbaugesellschaften in Würzburg.

Unüberbrückbare Differenzen

Mit der Pensionierung von Adolf Müller hatten die beiden Gesellschaften mit Gerhard Vogel, der berufsmäßiger rechtskundiger Stadtrat war, denselben Geschäftsführer. Dazu gab es anfangs je einen stellvertretenden Geschäftsführer. Bei der Heuchelhofgesellschaft war dies Horst Laugwitz, bei der „Gemeinnützigen Baugesellschaft für Kleinwohnungen" Adolf Häußner, der Ende März 1990 in Pension ging und nicht ersetzt wurde. Gerhard Vogel gab im gleichen Jahr seinen Posten als berufsmäßiger Stadtrat auf und übernahm seine Geschäftsführerfunktionen hauptamtlich. Als er am 31. März 1993 in Pension ging, wurde Horst Laugwitz sein Nachfolger bei beiden Gesellschaften.

Gerhard Vogel: Ein Mann, drei Jobs

Wenn manche von Doppelbelastung reden, hätte Gerhard Vogel wahrscheinlich nur gelacht. In seiner beruflichen Biografie gibt es Zeiten, da hatte er gleich drei Jobs auf einmal: rechtskundiger berufsmäßiger Stadtrat (in dieser Eigenschaft Leiter des Rechts-, Sicherheits-, Ordnungs- und Personalreferats der Stadt Würzburg), Geschäftsführer der Heuchelhofgesellschaft – Städtische Entwicklungs- und Wohnungsbaugesellschaft mbH und Geschäftsführer der Gemeinnützigen Baugesellschaft für Kleinwohnungen mbH. Daneben war er Vater von fünf Kindern und (ehrenamtlicher) Sozialrichter.

Nach seinem Studium der Rechtswissenschaften in Saarbrücken, München und Würzburg begann Gerhart Vogel mit 27 Jahren, im Jahr 1958, seine Karriere bei der Stadt Würzburg. Er war persönlicher Referent von Oberbürgermeister Zimmerer, Leiter des Stadtentwicklungs-, Umweltschutz- und Rechtsreferats und übernahm 1989 die Leitung des Rechts-, Sicherheits-, Ordnungs- und Personalreferats.

Bereits 1969 wurde er Geschäftsführer der drei Jahre zuvor gegründeten Heuchelhofgesellschaft und 1984 auch Geschäftsführer der „Gemeinnützigen Baugesellschaft". Bis 1990 erledigte er diese Aufgaben allerdings im Nebenamt, zusätzlich zu seiner Tätigkeit als berufsmäßiger, rechtskundiger Stadtrat. Die letzten drei Jahre seiner Berufstätigkeit war er hauptberuflicher Geschäftsführer der beiden Gesellschaften.

Die Entwicklung des neuen Stadtteils Heuchelhof war die Aufgabe mit der größten Herausforderung. Als er 1993 in Pension ging, war der Stadtteil mit seinen Baugebieten H 1 bis H 7 nahezu fertiggestellt.

Vogel erhielt die Verdienstmedaille des Verdienstordens der Bundesrepublik Deutschland, das goldene Stadtsiegel der Stadt Würzburg und weitere Auszeichnungen.

Zum Stellvertreter von Horst Laugwitz bei beiden Gesellschaften wurde Walter Schwab bestellt, der schon seit 20 Jahren bei der „Gemeinnützigen" im kaufmännischen Bereich beschäftigt war. Die Zusammenarbeit zwischen den beiden schien von Anfang an unter keinem guten Stern zu stehen. Jedenfalls veränderte der Aufsichtsrat 1994 die Geschäftsverteilung und machte Schwab zum Geschäftsführer der „Gemeinnützigen" und Laugwitz zum Geschäftsführer der Heuchelhofgesellschaft. Beide waren jetzt gleichberechtigt.

In der Rückschau hatte der damalige Oberbürgermeister und Aufsichtsratsvorsitzende beider Gesellschaften, Hans-Jürgen Weber, das Gefühl, „nur noch am Streitschlichten zu sein". Am 21. Dezember 1995 war das Maß dann anscheinend voll. Die Aufsichtsräte beider Gesellschaften enthoben Schwab und Laugwitz einstimmig ihrer Ämter. Den letzten Anstoß zu dieser Entscheidung hatte wohl die Empfehlung eines bei der Aufsichtsratssitzung anwesenden Vertreters des Prüfungsverbandes der Bayerischen Wohnungsbau-Unternehmen gegeben, die beiden Geschäftsführer abzusetzen. Weber betonte gegenüber der Presse, dass es an der Integrität und Fachlichkeit der Geschäftsführer keinerlei Zweifel gäbe, es aber zwischen den beiden unüberbrückbare Differenzen gebe. Es sei ihnen nicht gelungen, aus den historisch unterschiedlichen Gesellschaften eine wirtschaftliche Einheit zu formen. Statt Synergieeffekten habe es ständige Reibereien gegeben, die sich bis in die Belegschaften fortsetzten.

Die kommissarische Geschäftsführung beider Gesellschaften übernahm Ulrich Steffens, der Leiter des städtischen Rechtsamts. Am 1. Mai 1996 wurde Steffens formell zum Geschäftsführer bestellt, machte jedoch nur einen Monat später von seinem Rückkehrrecht ins Rechtsamt Gebrauch. Hinter vorgehaltener Hand hieß es, er habe sich mit seinem Personaltableau nicht durchsetzen können.

Am 1. Juni 1996 übernahm Stadtkämmerer Uwe Schreiber die kommissarische Leitung der beiden Gesellschaften. Dieser machte jedoch von vornherein klar, dass er diese Aufgabe maximal zwei Monate wahrnehmen werde, da sie dauerhaft nicht mit seiner Aufgabe als Stadtkämmerer zu vereinbaren sei. Kurz vor Ablauf der zwei Monate ernannte Oberbürgermeister und Aufsichtsratsvorsitzender Weber den Leiter des Sportamts, Winfried Dill, bis zum 31. Dezember 1996 zum kommissarischen Geschäftsführer der Heuchelhofgesellschaft und der „Gemeinnützigen Baugesellschaft". Inzwischen gingen auf eine bundesweite Ausschreibung für den Posten mehr als 100 Bewerbungen ein. Auch Winfried Dill hatte sich beworben.

Am Ende des Auswahlverfahrens blieben Dill und ein externer Bewerber übrig. Es zeichnete sich ein Ende der Führungskrise ab, aber in diesem an Kuriositäten nicht armen Prozess kam eine weitere hinzu: Die Aufsichtsräte der beiden Gesellschaften waren zwar nahezu identisch besetzt, dennoch stimmte der eine Aufsichtsrat für Dill, der andere für den externen Bewerber. Im zweiten Anlauf setzte sich Winfried Dill schließlich durch und wurde ab dem 1. Januar 1997 für zunächst zwei Jahre zum Geschäftsführer der beiden städtischen Wohnungsbaugesellschaften berufen. Oberbürgermeister Weber hatte übrigens Horst Laugwitz gebeten, im Unternehmen zu bleiben. Dieser erhielt Handlungsvollmacht für beide Gesellschaften.

Dem neuen Geschäftsführer gelang es, die Gräben in der Belegschaft zu schließen. Hierzu wurde aus der bisherigen Bürogemeinschaft zwischen Heuchelhofgesellschaft und „Gemeinnütziger Baugesellschaft für Kleinwohnungen" eine Büro- und Organisationsgemeinschaft. Das heißt, das Personal wurde zusammengefasst und vier Abteilungen gegründet, die mit Mitarbeitern aus beiden Gesellschaften besetzt waren.

Abschied von der „gemischtwirtschaftlichen Gesellschaft"

Der Weg zu einer einheitlichen städtischen Wohnungsbaugesellschaft begann mit der Übernahme von Anteilen der „Gemeinnützigen Baugesellschaft" durch die Heuchelhofgesellschaft im Jahr 1979. Ein Jahr später kamen die Anteile der AOK Würzburg hinzu. Dann änderte sich lange Zeit nicht mehr viel an der Gesellschafterstruktur der „Gemeinnützigen Wohnungsbaugesellschaft".

In den 1990er-Jahren ergriff der Oberbürgermeister und Aufsichtsratsvorsitzende Hans-Jürgen Weber die Initiative. Er erinnert sich:

Alt-Oberbürgermeister Hans-Jürgen Weber: Mehr als zwei Prozent Rendite sind nicht drin

„Wir hatten dann zwei städtisch geführte Wohnbaugesellschaften, allerdings gab es bei der einen, der Gemeinnützigen, noch andere Gesellschafter. Das rührte noch aus dem Gründungsjahr 1934 her. In der Zeit größter Wohnungsnot wurde damals unter Beteiligung der Stadt „ eine gemeinwirtschaftliche Gesellschaft" gegründet. Im Laufe der Zeit beteiligten sich mehrere Institutionen und unterschiedliche Würzburger Baufirmen. Nach dem beginnenden Wiederaufbau der Stadt übernahm die Stadt die Gesellschafteranteile von den unterschiedlichsten Institutionen und vergrößerte damit ihre Anteile an der Gemeinnützigen. Es war aber allen Verantwortlichen klar, dass letztlich alle Anteile an der Gemeinnützigen zu erwerben waren, um einen Zusammenschluss mit der Heuchelhofgesellschaft bzw. mit der Stadtbau zu ermöglichen. Also ging ich auf die verbliebenen Gesellschafter zu und versuchte, sie vom Verkauf zu überzeugen. Bei der damals noch Städtischen Sparkasse und dem Bezirk Unterfranken unter der damaligen Präsidentschaft von Herrn Dr. Franz Gerstner war dies kein großes Problem. Etwas schwieriger war es, die verbliebenen Bauunternehmen vom Verkauf zu überzeugen. Ihr Einfluss und ein möglicher Ertrag beschränkten sich stets auf ihren prozentualen Gesellschafteranteil. Dies führte in der Praxis höchstens zu einer Rendite von 2% aus der Höhe ihres nominalen Gesellschafteranteils. Sie konnten keinen Vorteil bei der Vergabe von Bauaufträgen erwarten, vielmehr war es im Gegenteil schwieriger, Bauaufträge zu erhalten, ohne auch nur den geringsten Anschein eines Vorteils zu erwecken. Am Ende konnte ich alle davon überzeugen, ihren Gesellschafteranteil zum jeweiligen Nominalwert zu verkaufen. Mein Dank galt hierbei insbesondere dem Eigentümer der Firma Balthasar Höhn, der das entscheidende Zeichen setzte. Die Gemeinnützige und die Stadtbau waren 100-prozentige städtische Töchter. Es blieb ‚nur noch' die steuerliche Problematik bei einer Fusion zu überwinden. Durch einen gesetzlichen Glücksfall wurde dies später ermöglicht."

1998 verkaufte die Stadt Würzburg die übernommenen und ihre eigenen Anteile an die Heuchelhofgesellschaft, die danach 87 Prozent an der „Gemeinnützigen" hielt, und 1999 kamen die Anteile der Sparkasse im Wert von 240.000 DM hinzu, sodass der Anteil jetzt 98,9 Prozent betrug.

Umbenennung der Heuchelhofgesellschaft in „Stadtbau Würzburg"

Die Entwicklung des Heuchelhofes war mit der Bebauung des Gebietes H 7 abgeschlossen, die dafür gegründete städtische Entwicklungsgesellschaft hatte ihr Aufgabengebiet schon längst erweitert: Weder war sie nur auf dem Heuchelhof aktiv noch beschäftigte sie sich allein mit der Entwicklung von Baugebieten. Außerdem war es ein erklärtes Ziel der Stadt Würzburg, ihre Aktivitäten im Wohnungsbau zusammenzuführen. Deshalb beschloss die Gesellschafterversammlung im Mai 1998 eine Namensänderung: Aus der Heuchelhofgesellschaft – Städtische Entwicklungs- und Wohnungsbaugesellschaft mbH wurde die „Stadtbau Würzburg GmbH".

Die Namensänderung sollte jedoch nicht nur „alter Wein in neuen Schläuchen" sein. Im Dezember 1998 beschloss die Gesellschafterversammlung auch die Änderung des Gesellschaftsvertrags. Demnach konnte die Gesellschaft nun Aufgaben in allen Bereichen der Wohnungswirtschaft, des Städtebaus und der Infrastruktur übernehmen, Gebäude und Anlagen errichten, verwalten und betreuen, und zwar nicht nur in Würzburg, sondern in der gesamten Region. Die Befugnisse des Aufsichtsrates wurden auf angepachteten Grundbesitz analog zum eigenen erweitert.

Letzteres war vor allem deshalb notwendig, weil die „Stadtbau" im November 1998 einen Vertrag mit der „Gemeinnützigen Baugesellschaft für Kleinwohnungen" abgeschlossen hatte, der die Verpachtung des gesamten Wohnungsbesitzes der „Gemeinnützigen" an die „Stadtbau" ab dem 1.1.1999 vorsah. Ebenso gingen sämtliche Mitarbeiterinnen und Mitarbeiter unter Beibehaltung aller erworbenen Rechte in die „Stadtbau" über. Der Aufsichtsrat der „Gemeinnützigen Baugesellschaft" wurde zum 21. Januar 1999 aufgelöst, seine Aufgaben übernahm das Aufsichtsgremium der „Stadtbau Würzburg".

Damit war das Ziel erreicht: eine gemeinsame, gleichgerichtete Verwaltung, Betreuung und Bewirtschaftung des Wohnungsbestandes. Alt-OB Weber brachte es auf den Punkt: „Wir hatten dann nicht mehr zwei Gesellschaften, sondern nur noch zwei Buchhaltungen." Dass zu diesem Zeitpunkt noch keine vollständige Fusion der Gesellschaften möglich war, hatte vor allem steuerrechtliche Gründe. Hätte die „Stadtbau" die Wohnungen der „Gemeinnützigen" übernommen, wären Grunderwerbssteuern in Millionenhöhe angefallen.

Die Stadtbau Würzburg 1999

Gesellschafter:

Alleiniger Gesellschafter der „Stadtbau Würzburg GmbH" ist die Stadt Würzburg. Das Stammkapital beträgt 27 Millionen DM.

Aufsichtsrat:

Jürgen Weber	Aufsichtsratsvorsitzender, Oberbürgermeister
Marion Schäfer	1. stv. Aufsichtsratsvorsitzende, Stadträtin
Wolfgang Scheller	2. stv. Aufsichtsratsvorsitzender, Stadtrat
Christian Baumgart	berufsm. Stadtrat und Stadtbaurat
Dr. Pia Beckmann	Stadträtin
Bärbel Benkert	Stadträtin
Willi Dürrnagel	Stadtrat
Dr. Renate Fiedler	Stadträtin
Siegfried Hemberger	Stadtrat
Antonino Pecoraro	Stadtrat

Frhr. Hans Otto Truchseß
von und zu Wetzhausen　　　　　　Stadtrat

Geschäftsführung:

Winfried Dill

Wohnungsbestand:

Stadtbau Würzburg GmbH:　　　　　5.418

(einschließlich 33 Wohnungen von der Weigl Verwaltungsgesellschaft mbH und 3.986 von der „Gemeinnützigen Baugesellschaft")

Im Mai 2000 erwarb die „Stadtbau" die letzten 1,1 Prozent der Anteile an der „Gemeinnützigen Wohnungsbaugesellschaft" von der Firma Balthasar Höhn Bauunternehmung GmbH & Co. KG. Ab diesem Zeitpunkt hielt die „Stadtbau" das gesamte Stammkapital von fünf Millionen DM.

Städtische Bäder und Kunsteisbahn: nass und kalt

Im Jahr 1999 kam auf die „Stadtbau" eine Aufgabe zu, die nicht unbedingt zum Kerngeschäft der Gesellschaft zählte. Sie übernahm die Verwaltung der Bäder „Erlebnisbad Nautiland", Hallenbad Sanderau, Hallenbad Lindleinsmühle sowie der städtischen Kunsteisbahn von der Stadt Würzburg und die des Freibads am Dallenberg von der Trinkwasserversorgung Würzburg GmbH (einer Tochter der Würzburger Versorgungs- und Verkehrs - GmbH).

Dieses Engagement stand von Anfang an unter keinem guten Stern. Die schwierige Haushaltssituation der Stadt führte dazu, dass der für 1999 in Aussicht gestellte Betriebskostenzuschuss im März 2000 um fast 500.000 Euro auf 2,05 Millionen Euro und der Zuschuss für 2000 um noch einmal 200.000 Euro auf 1,85 Millionen Euro gekürzt wurde.

Die städtischen Zuschüsse sanken in den kommenden Jahren weiter und erreichten im Jahr 2003 mit 670.000 Euro einen Tiefpunkt. Durch Sparmaßnahmen und höhere Effizienz gelang es der „Stadtbau" trotz des um mehr als zwei Drittel gekürzten Zuschusses, kostendeckend zu arbeiten. Allerdings konnten notwendige Investitionen nicht vorgenommen werden. Auf Vorschlag der „Stadtbau" wurde das Hallenbad Lindleinsmühle nur noch für den Vereins- und Schulsport genutzt, nachdem das fast fünf Jahre geschlossene und renovierte Hallenbad Sanderau wieder geöffnet wurde. Mit einem Rehazentrum, einem Saunabereich und dem „Mediterraneum" wurde aus dem Hallenbad ein Gesundheitsbad.

Um das „Nautiland" gab es fortgesetzte Schließungsdiskussionen, da das Bad eigentlich mit großem Aufwand hätte saniert werden müssen, das notwendige Geld aber nicht vorhanden war. Die benachbarte Eisbahn, die einen Teil der technischen Einrichtungen zusammen mit dem „Nautiland" nutzte, litt unter den warmen Wintern. Allein das Freibad am Dallenberg war stark frequentiert und beliebt.

In der Folge stiegen die von der Stadt benötigten Zuschüsse wieder an, auf 850.000 Euro im Jahr 2005 und auf 1.025.000 Euro im Jahr 2006. Bei einem runden Tisch diskutierten alle Beteiligten über eine dauerhafte Lösung für die Bäder und die Eisbahn. Es dauerte allerdings noch bis zum Oktober 2012, bis die „Stadtbau" die Bäder und die Eisbahn an die neugegründete Städtische Bäder GmbH, eine Tochter der Würzburger Versorgungs- und Verkehrs - GmbH, abgeben konnte.

Badespaß im „Nautiland". (Foto: Stadtbau Würzburg)

2000 - 2023
Ständiger Wandel und neue Anfänge

In den Jahren nach der Jahrtausendwende war es hauptsächlich das Hubland, das für größere Bauprojekte sorgte. Nach dem Abzug der Amerikaner aus den ehemaligen „Leighton Barracks", der Dekontamination des häufig verunreinigten Bodens und dem Rückbau zahlreicher Gebäude aus der Zeit des nationalsozialistischen Fliegerhorsts (1935 bis 1945) und der amerikanischen Kaserne „Leighton Barracks" samt den Wohngebieten „Skyline Hill" und „Lincoln Housing Area" (1945 bis 2009) begann im Bereich nahe der Kriegersiedlung der Neubau zahlreicher Häuser und eines Seniorenwohnstifts des Bürgerspitals. Nach der Landesgartenschau, die von April bis Oktober 2018 dauerte, wurden die Erschließungs- und Bauaktivitäten in den restlichen Hubland-Quartieren verstärkt fortgesetzt, bis sie den Endpunkt, das ehemalige Gerbrunner Tor, erreichten.

Der Neubau – nicht nur am Hubland – ging freilich einher mit dem weiteren Rückgang an sozialgebundenen Wohnungen in der Stadt. Im „Handlungskonzept" hatte es bereits 2015 geheißen, dass für die Zukunft nicht zu erwarten sei, „dass die Zahl der gebundenen Wohnungen durch die Verlängerung von bestehenden Bindungen und den Neubau geförderter Wohnungen auf dem heutigen Niveau gehalten werden kann". Seit einiger Zeit versucht die Stadtverwaltung immerhin gegenzusteuern, indem sie bei größeren Bauprojekten eine Quote von 30 Prozent sozial gefördertem Wohnraum festgelegt. Am stetig wachsenden Nachfragedruck nach preisgünstigen Wohnungen ändert dies freilich nichts.

Die Wohnungsnot blieb und führte zu bemerkenswerten Auswüchsen. So berichtete die „Main-Post" im Mai 2022, dass in einem der sechs privatisierten Gebäude der ehemaligen „Lincoln Housing Area" in der Rottendorfer Straße der Besitzer aus größeren Wohnungen zahlreiche kleine Wohneinheiten schuf und hier Menschen unterbrachte, die vom Jobcenter unterstützt werden, also Männer und Frauen, die auf dem angespannten Würzburger Wohnungsmarkt kaum Chancen haben. Dem Jobcenter, das in diesen Fällen die Miete bezahlt, wurden laut Artikel teilweise weit überhöhte Quadratmeterzahlen genannt, was zu entsprechend höheren Mieteinnahmen führte. Besonders bemerkenswert war die Tatsache, dass von Behörden und karitativen Einrichtungen offenbar auch dann noch Bedürftige in das Haus vermittelt wurden, als die dubiosen Praktiken bereits ruchbar waren, weil so die Zahl der Wohnungslosen in Würzburg verringert werden konnte und Alternativen nicht in genügender Zahl zur Verfügung standen und stehen.

Gut zwei Kilometer entfernt liegt, ebenfalls im Stadtbezirk Frauenland, die Gartenstadt Keesburg. Der Kontrast zwischen den Verhältnissen in dem ehemals von Amerikanern bewohnten Haus in der Rottendorfer Straße und dem scheinbaren Idyll auf dem Neuberg könnte kaum größer sein. Und doch sind auch auf der Keesburg Herausforderungen zu bewältigen, wenn diese auch nicht mit jenen in der Rottendorfer Straße zu vergleichen sind. Haupt-Leidtragende sind hier ältere Menschen, denen in den letzten Jahren wichtige Infrastruktur weggebrochen ist.

Wohnsiedlungen wie die Gartenstadt Keesburg haben sich vor und nach der Jahrtausendwende erheblich gewandelt – und dabei doch ihre Besonderheit bewahrt. Hans Steidle, ehemaliger Lehrer am Mozart-Gymnasium und seit 2009 Stadtheimatpfleger, bezog 1983 mit seiner Familie ein Reihenhaus in der Matthias-Ehrenfried-Straße, also im südlichen Teil der Keesburg, der erst nach dem Zweiten Weltkrieg entstanden ist. Bei einem Gespräch erinnerte sich der promovierte Historiker an Kontinuitäten und Umbrüche der vergangenen 40 Jahre in seinem Stadtteil.

Hans Steidle über gute Nachbarschaft auf der Keesburg

Roland Flade interviewte Hans Steidle.

Wir sitzen in Ihrem Arbeitszimmer unter dem Dach. Um uns herum stehen neuere Regale und viele alte Möbel. Woher stammen sie?

Ein guter Teil der Möbel stammt von meiner Großmutter, sie wurden um die Jahrhundertwende herum angefertigt. Ich bin gern in einer historischen Umgebung; ich habe die Möbel gern um mich, wenn ich arbeite.

Wie kam es 1983 zur Entscheidung, auf die Keesburg zu ziehen?

Wir haben mit unseren zwei Kindern – später kam ein drittes hinzu – in einem Zweifamilienhaus in Versbach gewohnt, in dem Schimmel auftrat. Wir hatten deshalb die Miete gekürzt und daraufhin wurde uns gekündigt. Durch Zufall haben wir dieses Haus auf der Keesburg gefunden. Es war 1956 als Reihenmittelhaus gebaut worden mit drei bewohnbaren Geschossen. Die vorherigen Besitzer waren Waldorfeltern, deshalb gab es viel Holz. Wir waren ein bisschen verzaubert und wussten sofort: Dieses Haus wollen wir haben. Wir mussten nichts umbauen. Wir haben auch die alten Fensterläden behalten; diese reinen Lochfensterfassaden, die man überall sieht, gefallen uns nicht.

Und dann folgte das Einleben in einer völlig neuen Umgebung. War das schwierig?

Im Gegenteil. Das Einfinden in der neuen Umgebung war sehr einfach. Die Nachbarn kamen und haben sich vorgestellt. Wir haben uns hier sofort heimisch gefühlt. Typisches Beispiel: Kaum waren wir eingezogen, ist am ersten Tag unser vierjähriger Sohn mit dem Sohn des Nachbarn verschwunden und wurde erst am Abend wieder gesehen. Für Kinder ist das hier oben ein Paradies. Sie können von Freunden zu Freunden gehen, über die Siedlung schlurfen oder sich auf dem Spielplatz austoben. Das war und ist heute noch sehr schön.

Wie hat sich die Infrastruktur auf der Keesburg in diesen vier Jahrzehnten gewandelt?

Als wir eingezogen sind, gab es einen „Kupsch", der 2015 zumachen musste. Der Marktleiter sagte, dass die Leute, die hier oben wohnen, zu wenig bei ihm einkaufen, sondern lieber auf dem Weg von der Arbeit in größeren Märkten vorbeischauen. Das war eine blöde Geschichte, vor allem für ältere Leute, die kein Auto mehr fahren können oder es nie gelernt haben oder die Schwierigkeiten beim Laufen haben. Man merkt, dass der „Kupsch" fehlt, auch wenn ältere Leute jetzt mit einem Bus zum „Trabold" in der Randersackerer Straße gefahren werden. Früher gab es außerdem zwei Bäcker, jetzt haben wir nur noch einen, außerdem eine Apotheke und einen Frisiersalon.

Und weitere Verluste?

Die Zweigstelle der Sparkasse wurde ebenfalls geschlossen. Das hätte nicht sein müssen, man hätte an zwei Nachmittagen in der Woche jemanden hochschicken können. Und jetzt mussten auch noch die Redemptoristen, die die Kirche St. Alfons betreut haben, ihr Kloster verlassen. Damit ist wieder eines der prägenden Merkmale dieses Stadtteils verschwunden. Der schwerste Schlag war aber, als Erwin Schmollinger, der seit 50 Jahren hier oben den Mittelpunkt gebildet hat, erst sein Schreibwarengeschäft vermieten und dann schließen musste. Er war sozusagen die Nachrichtenbörse im Stadtteil gewesen, er hat in den Vereinen geholfen, er hat sich als Sammler einen großen Namen gemacht und ein Buch über die Keesburg geschrieben.

Wie geht es weiter? Noch mehr Abbau an Infrastruktur?

Es tut sich was – im positiven Sinne. Wir haben jetzt zum Beispiel einen Freitagsmarkt auf der neugeschaffenen Freifläche vor der Bäckerei Rösner. Ein Metzger und ein Gärtner kommen mit ihren Wagen und verkaufen über die Straße. Wenn man um halb 12 vorbeikommt, dann stehen 15 bis 20 Leute vor dem Metzger. Drum herum gibt es die unterschiedlichsten Kleinangebote, zum Beispiel Käse, Gemüse, Honig. Das ist auf jeden Fall eine positive Neuerung, die auch gut angenommen wird.

Stadtheimatpfleger Hans Steidle in seinem Arbeitszimmer im Stadtteil Keesburg. (Roland Flade)

Die Gartenstadt Keesburg dehnte sich nicht nur nach Süden aus, sondern in den 60er- und 70er-Jahren auch nach Osten und Südosten. So entstand unter anderem ein großes, inzwischen teilweise erneuertes Studentenwohnheim in der Peter-Schneider-Straße. Luxuriöse Flachdachvillen prägen das kleine Neubaugebiet „Am Rebenbogen" an der Ilse-Totzke-Straße, das potenten Bauherren die Möglichkeit bot, auf dem Gelände der abgerissenen Fakultät Gestaltung der Technischen Hochschule (TH) zu bauen; die aus der ehemaligen Werkkunstschule hervorgegangene Fakultät war mit anderen 2011 in einen Neubau der damals Fachhochschule genannten Bildungseinrichtung am Sanderheinrichsleitenweg umgezogen. Diese Villen – zusammen mit sogenannten Stadtvillen im neuen Stadtteil Hubland und weiteren ähnlichen Projekten – sollen verhindern, dass Würzburg zahlungskräftige Bewohner verliert. Dem Versuch, sie zu halten, sind freilich enge Grenzen gesetzt, da nur noch relativ wenige Flächen bebaubar sind; bei der Gebietsreform in den 70er-Jahren waren Würzburg zwar einige Dörfer zugeschlagen worden, jedoch blieben nahegelegene oder direkt anschließende Orte unabhängig; sie können jetzt jene Neubaugebiete ausweisen, die Würzburg fehlen.

Im Jahr 2021 verfügte Würzburg laut der Internetseite „statistik kommunal" über 20.201 Wohngebäude, in denen sich 76.761 Wohnungen mit durchschnittlich 3,6 Zimmern und 75,6 Quadratmetern Grundfläche befanden. In den acht Jahren von 2014 bis 2021 waren jährlich im Durchschnitt 74 Wohnhäuser mit 535 Wohnungen fertiggestellt worden. Von letzteren befanden sich allerdings viele in Wohnheimen, sodass von einer wesentlich geringeren Zahl regelrechter Wohnungen ausgegangen werden kann, die Nichtstudierenden zur Verfügung stehen. Laut „Handlungskonzept Wohnen" wurden seit Beginn der 2000er-Jahre jährlich durchschnittlich etwa 240 solcher neuen Wohnungen und seit 2010 jährlich rund 290 errichtet. Erwähnt wurden die Umgestaltung des ehemaligen amerikanischen Krankenhauses am Mönchberg in Eigentumswohnungen und der Bau mehrerer vierstöckiger Wohnhäuser im Bereich dahinter sowie die 2015 noch in der Planung befindlichen Bauten am ehemaligen Platzschen Garten, auf dem Gelände der Sektkellerei Oppmann in der Martin-Luther-Straße und am Hubland, dessen Bebauung damals gerade begonnen hatte.

Im Endausbau sollen im neuen Stadtteil Hubland rund 4.500 Menschen in unterschiedlichen Wohnformen eine neue Heimat finden. Somit stellt das Hubland die größte Entwicklung eines völlig neuen Stadtteils seit Lindleinsmühle und Heuchelhof dar. Dabei wird gelegentlich Neuland beschritten, so bei der Einbindung sogenannter Baugruppen, wie etwa direkt neben den Freiflächen der ehemaligen Start- und Landebahn, wo eine Wohnanlage mit zwei Häusern mit 28 Wohnungen, Gemeinschaftsraum, Gästeappartement, Werkstatt und Tiefgarage entstand. Bauherr war die „Baugruppe Hubland": Viele Menschen, in diesem Fall überwiegend Familien, bauten zusammen etwas, in das sie dann auch selbst einzogen. Die Baugruppe ist eine Gesellschaft bürgerlichen Rechts (GbR), die das Grundstück von der Stadt gekauft hat und sozusagen in Eigenregie bebaut. In einem demokratischen Prozess bestimmt die Baugruppe über Ausgaben bzw. Standards. Sie ist mit einem Verein vergleichbar und hat eine gewählte Geschäftsleitung. Beauftragt werden ein Architektenbüro sowie verschiedene Fachplaner.

Eine bedeutende Rolle spielen auf dem Würzburger Wohnungsmarkt weiterhin die Wohnungsgenossenschaften. Laut einem 2011 durchgeführten Zensus gehörten 66 Prozent des Würzburger Mietwohnungsbestandes privaten Kleineigentümern, gut neun Prozent der „Stadtbau", sechs Prozent privatwirtschaftlichen Unternehmen sowie je fünf Prozent der Kirche und der öffentlichen Hand (Bund und Freistaat). Immerhin acht Prozent waren in der Hand von Wohnungsgenossenschaften, die im „Handlungskonzept Wohnen" als „sozial orientierte Bestandshalter" bezeichnet werden: die „Würzburger Wohnungsgenossenschaft eG" (rund 900 Wohnungen), „St. Bruno-Werk eG" (1.400), „PBG Wohnen eG" (300), „Heimathilfe Wohnungsbaugenossenschaft eG" (700; diese verwaltet seit 1991 auch die Kronprinz-Rupprecht-Stiftung mit ihren rund 600 Wohnungen), „GBW Franken GmbH" (900), „Wohnungsgenossenschaft Frauenland eG" (700) und „Baugenossenschaft für Eisenbahner eG" (600). Besonders hoch, nämlich bei über 40 Prozent, lag der Marktanteil dieser sozial orientierten Bestandshalter in Frauenland, Lindleinsmühle und Zellerau, doch auch in der Altstadt, in Grombühl, am Heuchelhof und in der Sanderau wurden 2011 mehr als 20 Prozent erreicht.

Die Wohnungsgenossenschaften – wie andere Hausbesitzer – verstärkten in den Jahren seit 2000 die Modernisierungsmaßnahmen vor allem an jenen Gebäuden, die in den 50er-, 60er- und 70er-Jahren errichtet worden waren. Gelegentlich schritt man auch zum vollständigen Rückbau und der Herstellung neuer, zeitgemäßer Wohnanlagen samt Tiefgarage, die zuvor in der Regel nicht vorhanden gewesen waren. Im „Handlungskonzept Wohnen" wurde allerdings 2015 darauf hingewiesen, dass diese an sich aus Gründen von Wohnkomfort, Energieeinsparung und Barrierefreiheit sinnvollen Maßnahmen auch negative Auswirkungen haben können: „Unabhängig vom energetischen Zustand sind diese Bestände aufgrund des moderaten Mietpreisniveaus von hoher Bedeutung für die Versorgung von Haushalten mit Zugangsschwierigkeiten zum Wohnungsmarkt." Daher gelte es, „einen gesunden Mittelweg zwischen der notwendigen Ertüchtigung und den Anforderungen der sozialen Wohnraumversorgung zu finden".

In Würzburg wurden 2023 rund 37.000 Studierende gezählt, davon 28.000 an der Julius-Maximilians-Universität, 9.000 an der Technischen Hochschule (ehemals FH) und 600 an der Musikhochschule. Obwohl nicht alle mit Hauptwohnsitz in der Stadt gemeldet sind, machen sie einen erheblichen Prozentsatz der knapp 130.000 Einwohner Würzburgs aus. Etwa ein Viertel von ihnen wohnt allein, wie eine im „Handlungskonzept" zitierte Umfrage ergab, rund 15 Prozent teilen sich eine Wohnung mit dem Partner und etwa sieben Prozent leben im elterlichen Haushalt. Typische Wohnsituationen sind vor allem Wohngemeinschaften (rund 50 Prozent) und Wohnheime (ein Siebtel). Für Studierende werden in Würzburg rund 4.600 Wohneinheiten in heimähnlichen Einrichtungen vorgehalten, vom Einzelzimmer über Doppelappartements bis zu Räumen für Wohngemeinschaften. Größter Anbieter ist das Studentenwerk (neuerdings in Studierendenwerk umbenannt) mit etwa 2.900 Plätzen in zwölf Häusern, von denen sich allein drei auf dem Gebiet des neuen Campus Hubland Nord befinden. Seine größte Einrichtung mit 410 Wohneinheiten liegt seit 1983 in der Leo-Weismantel-Straße im Frauenland. Unter den zahlreichen privaten Heimen mit insgesamt etwa 1.500 Plätzen ragt das 2017 eröffnete „522Appartunities" an der Grombühlbrücke hervor, das in vier siebenstöckigen

Blocks 522 Wohneinheiten bietet. Hinzu kommen etwa 64 Unterkunftsmöglichkeiten in den Häusern diverser Studentenverbindungen.

Auch Vermieter, die früher nie daran gedacht hätten, eine studentische Wohngemeinschaft in ihre Räume zu lassen, betrachten dies nun als seriöse Alternative, was freilich neue Engpässe auf dem ohnehin angespannten Wohnungsmarkt hervorruft. „Stadtbau"-Geschäftsführer Hans Sartoris brachte das Problem Anfang 2020 in einem Interview mit der „Main-Post" auf den Punkt: „Die jungen Leute sind heute alle ja meist gut erzogen und relativ zahm. Das führt dazu, dass Eigentümer gerne an studentische Wohngemeinschaften vermieten. Da wurden 80 Quadratmeter klassischer Wohnungsbau bisher für 600 Euro an eine normale Arbeiterfamilie vermietet. Heute vermietet man die drei Zimmer für je 400 Euro an Studenten, dann hat man 1.200 Euro. Wir haben also in Teilen eine Verdrängung von Familien durch studentische Wohngemeinschaften."

Verschiedene Wohnvarianten nicht nur für Studierende – WG, Wohnung mit dem Partner oder alleine – sind im Dencklerblock vertreten. Die beiden Häusereinheiten in der Zellerau haben in den letzten Jahren Schlagzeilen wegen zeitweise installierter und dann wieder abgebauter Überwachungskameras und wegen Auseinandersetzungen einiger Mieter mit dem Vermieter gemacht. Von einem Abriss, der vor einigen Jahren als mögliches Schicksal des Objekts genannt wurde, ist keine Rede mehr. Die 1979 geborene Martina Häring zog 2005 in den Dencklerblock und blieb hier in wechselnden Wohnungen bis 2015. Auch heute lebt sie mit ihren Kindern noch in der Zellerau. Für dieses Buch hat sie ihre Erinnerungen notiert.

Martina Häring über alternatives Leben im Zellerauer Dencklerblock

„Wenn man schon in Würzburg wohnt, dann zumindest im Denckler. So wurde es mir von meinen Würzburger Freunden erklärt, als ich gegen Ende meines Studiums von München hierherzog. Und dass sie damit recht hatten, das stand für mich außer Frage. Ich kann mich noch genau daran erinnern, wie ich zum ersten Mal durch den Torbogen in den Innenhof trat: alte Bäume, irgendwie verwunschen, interessante Architektur, Sprossenfenster, Dielenböden. Der Charme eines besetzten Hauses – aber man muss Miete bezahlen.

Ich habe den Überblick verloren, in wie vielen verschiedenen Wohnungen ich in all den Jahren in den beiden Denckler-Blocks gewohnt habe, mal im „oberen", mal im „unteren". Wie das in WGs so ist, war es mal wunderbar und mal die Hölle. Wenn es Zeit für einen Wechsel war, fand man wieder ein Zimmer, das frei wurde. Genauso, wie man immer jemanden fand, mit dem man Kaffee oder Bier trinken wollte, von dem man sich ein Werkzeug oder ein Auto leihen konnte, der heute Abend eine Party machte oder der einfach nur skurril und unterhaltsam war.

Martina Häring mit Sohn Anton, der im Dencklerblock aufwuchs. (Sammlung Martina Häring, Würzburg)

Später, nach dem Studium, mit eigenen Kindern, war es immer noch eine Zeitlang gut im Denckler. Denn statt auf Spielplätzen rumzustehen, konnten wir mit anderen Eltern im Innenhof sitzen, der irgendwie mit uns mitwuchs und mit der Zeit Baumhaus, Schaukel und Trampolin bekam. Was sich allerdings nie geändert hat, waren die Berge von Sperrmüll, die immer wieder überall neu hochwuchsen, so oft sie auch abgeholt wurden. Hatten wir schon immer auf einer Müllhalde gelebt? Oder war es früher nicht so schlimm?

Eine Bewohnerin des Dencklerblocks schuf diese Ansichtskarte. Sie beweist, dass die Menschen, die hier lebten, ihr Quartier als etwas Besonderes betrachteten. (Sammlung Martina Häring, Würzburg)

Die Antwort darauf weiß ich bis heute nicht. Aber irgendwann kam der Punkt, an dem es Zeit war, weiterzuziehen. Für uns jedenfalls. Weg vom Sperrmüll, hin zu einem aufgeräumteren, wenn auch spießigeren Wohnambiente. Ich gestehe: Manchmal vermisse ich den Denckler und seine Denckler*innen noch immer. Dann werfe ich, wie so ein Tourist, einen verstohlenen Blick durch den Rundbogen in den Innenhof und vergewissere mich, dass sich nichts geändert hat. Außer meinem Bedürfnis nach Ordnung und Sauberkeit. Ich bin halt alt geworden."

Im Würzburger Rathaus geht man davon aus, dass die Stadt von knapp 130.000 Einwohnern im Jahr 2023 bis 2035 auf rund 135.000 wächst. Die Wohnungsnot wird auch dann wohl nicht beseitigt sein. Als Manko betrachtete der Würzburger Baureferent Benjamin Schneider in einem Interview mit der „Main-Post" vor allem das mangelnde Angebot stadtnaher Wohnungen für Familien. Diese seien in den vergangenen Jahren nicht in ausreichender Zahl gebaut worden, weil wegen der hohen Baukosten kleine Wohnungen besser zu vermarkten seien. Zudem würden größere Wohneinheiten häufiger als WGs vermietet, weil dies mehr Rendite bringe. Die Stadt wirke deshalb auf Investoren ein, auch Drei- und Vier-Zimmer-Wohnungen zu bauen. Ein zu geringes Angebot gebe es zudem an seniorengerechten Wohnungen mit guter Nahversorgung.

Die Möglichkeiten der Stadt, zusätzliche Baugebiete auszuweisen, sind begrenzt. Als weitere aktuelle Baugebiete außer dem Hubland nannte Schneider im Interview die Areale An der Waidmannssteige in Lengfeld und am nahegelegenen Gewerbegebiet bei der B 19 sowie das Baugebiet Carl-Orff-Straße, ebenfalls in Lengfeld. Möglich, aber wegen der Versiegelung bisher freier Flächen problematisch sei die Nutzung von Baufeldern gegenüber dem Stadion des SV Heidingsfeld und im Bereich „Rottenbauer Süd". Dies seien „tatsächlich die beiden einzigen größeren Optionen im Stadtgebiet, deren Erschließung in den nächsten zehn Jahren möglich wäre", so Schneider.

Bleibt als weitere, aber nicht immer populäre Maßnahme die Nachverdichtung. Als diese im dem Park des Klosters St. Benedikt (ehemals Platzscher Garten) umgesetzt werden sollte, gab es 2013 einen Bürgerentscheid gegen die zusätzliche Bebauung entlang der Rottendorfer, Dürer- und St.-Benedikt-Straße mit rund 100 Appartements sowie gegen die weitgehende Abholzung des parkartigen Gartens. Der Bürgerentscheid scheiterte. Widerstand regt sich auch gegen drei voneinander unabhängige Großprojekte in der Äußeren Pleich. Hier sollen hinter der Frankenhalle in der Scanzonistraße sowie in der Bismarckstraße auf dem EON-Gelände und auf dem der Posthalle unter anderem Hunderte neue Wohnungen, dazu Hotels und Büroräume entstehen.

Schon nach dem 16. März 1945 sah die Äußere Pleich elementar verändert aus, wenn auch manches Gebäude den Feuersturm überlebt hatte. Käme Margret Boveri, die ab 1900 hier aufwuchs, in ein paar Jahren hierher, sähe sie ein weitgehend neues Viertel, das kaum noch etwas mit der Äußeren Pleich ihrer Jugend zu tun hätte.

Mutlosigkeit und neue Ziele

Das Jahr 2000 begann für viele Unternehmen auf der ganzen Welt mit einer Schrecksekunde: Die Befürchtung richtete sich auf den sogenannten Millennium-Bug. Die Computersysteme der damaligen Zeit arbeiteten mit zweistelligen Jahreszahlangaben. Da aber 00 kleiner als 99 ist, bestand die Befürchtung, dass die Systeme reihenweise abstürzen. Das passierte Gott sei Dank nicht, auch bei der „Stadtbau" ging alles gut.

Die Situation auf dem Wohnungsmarkt in Deutschland war Anfang des neuen Jahrtausends gespalten. In einigen Ballungsgebieten war bereits wieder die Rede von Wohnungsnot, allerdings nicht in Würzburg. Hier gab es mehr Wohnungen als Nachfrage und der bis 2010 prognostizierte Bevölkerungsrückgang verstärkte dieses Problem noch. An Neubau war in dieser Situation nicht zu denken, auch, weil sich der Bund fast vollständig aus der Förderung des Mietwohnungsbaus zurückgezogen hatte. Also lautete die Strategie der „Stadtbau": Qualität zu vernünftigen Preisen. Das hieß aber: Investitionen in den Wohnungsbestand, immer mit Blick auf die zukünftigen Vermietungschancen und auch nur da, wo es Sinn machte. Einige der Häuser der „Stadtbau" waren bereits an der Grenze der Vermietbarkeit oder nicht mehr weit davon entfernt.

Wo es möglich war, sollten diese verkauft werden, um finanzielle Mittel für die Sanierung des restlichen Wohnungsbestands zu generieren. Das relativ hohe Angebot an Mietwohnungen führte auch dazu, dass die Mieterinnen und Mieter häufiger wechselten, die Fluktuationsquote lag Anfang der 2000er-Jahre bei 16 Prozent. Eher die Regel als die Ausnahme war, dass die ausgezogenen Mieter die Wohnungen in einem sehr schlechten Zustand hinterließen, sodass nahezu bei jedem Umzug viel Geld in die Renovierung gesteckt werden musste.

Die Gesamtsituation änderte sich in den Folgejahren nur geringfügig. Geschäftsführer Winfried Dill schrieb in seinem Vorwort zum Geschäftsbericht 2002: „Natürlich fehlt momentan der Mut zum Neubau, obwohl niedrige Baupreise und Zinsen ihn geradezu herausfordern. Doch eine fast ausgelaufene öffentliche Förderung und der Mangel an preiswerten Baugrundstücken machten viele Überlegungen zunichte." Der Schwerpunkt der Bauaktivitäten lag also weiter auf Modernisierung und Instandhaltung. Zumindest sah es auf dem Mietmarkt nicht mehr ganz so trist aus, es gab keinen Leerstand mehr.

Auch die Gesellschafterin der „Stadtbau", die Stadt Würzburg, hatte Geldsorgen. Das Stammkapital der „Stadtbau" wurde um einen Betrag von 6.304.880,79 Euro (die Währungsumstellung hatte inzwischen stattgefunden) auf 7,5 Millionen Euro abgesenkt. Der Betrag floss in die Stadtkasse.

Im Jahr 2002 fanden Kommunalwahlen statt, was Veränderungen im Aufsichtsrat der Stadtbau Würzburg GmbH mit sich brachte.

Aufsichtsrat und Geschäftsführung der Stadtbau Würzburg ab 18. Juni 2002

Dr. Pia Beckmann	Aufsichtsratsvorsitzende, Oberbürgermeisterin
Wolfgang Scheller	1. stv. Aufsichtsratsvorsitzender, Stadtrat
Bärbel Benkert	2. stv. Aufsichtsratsvorsitzende, Stadträtin
Christian Baumgart	berufsm. Stadtrat und Stadtbaurat
Heinrich Jüstel	Stadtrat
Jörg Noell	Stadtrat
Antonino Pecoraro	Stadtrat
Micaela Potrawa	Stadträtin
Wolfgang Roth	Stadtrat
Thomas Schmitt	Stadtrat
Marco Schneider	Stadtrat

Geschäftsführer

Winfried Dill

Zur „Stadtbau Würzburg" gehörte seit 1995 die Weigl Verwaltungsgesellschaft mbH, die allerdings mit einem Stammkapital von 30.000 Euro und einem Besitz von 33 Wohnungen nur eine untergeordnete Rolle spielte. Der Aufsichtsrat wollte aber eine größere Nähe zur Muttergesellschaft demonstrieren und beschloss deshalb eine Namensänderung in „Stadtbau Immobilien Management GmbH" (kurz: st.im.mt.), die ab März 2004 wirksam war.

Für die „Stadtbau" blieb die Situation durchwachsen: „Weder gut noch schlecht" (Geschäftsbericht 2003). Der Wohnungsmarkt ausgewogen, Fluktuation immer noch bei 11 Prozent, Neubau Fehlanzeige – Stagnation seit mehr als sechs Jahren.

Verkaufsüberlegungen

So verwundert es wenig, dass seitens der Stadt Würzburg und des Stadtrates über einen Verkauf der Gesellschaft oder zumindest von Teilen von ihr diskutiert wurde, nicht zuletzt auch vor dem Hintergrund der schwierigen finanziellen Situation der Stadt. Gleich in mehreren Fraktionen des Stadtrates wurden Stimmen laut, die infrage stellten, ob die Stadt Würzburg ihr Kapital wirklich „unrentabel in 5.000 Wohnungen anlegen müsse".

Die neue Oberbürgermeisterin verlangte von der „Stadtbau" mehr Engagement in der Stadtentwicklung und sprach mit Blick auf die Gesellschaft und ihren Geschäftsführer von einer „Hängemattenmentalität", auch wenn sie später zurückruderte. Der Vertrag von Geschäftsführer Dill wurde jedenfalls vom Aufsichtsrat nur um ein Jahr bis Ende 2004 verlängert.

Mögliche Verkaufsabsichten waren dann aber schnell wieder vom Tisch, im Gegenteil, die Stadt verpachtete 14 eigene Objekte an die „Stadtbau", die Oberbürgermeisterin lobte die Veränderungsbereitschaft in der Wohnungsbaugesellschaft. Der Vertrag von Geschäftsführer Dill wurde bis zum 28. Februar 2006 verlängert, ein Nachfolger gesucht. Dieser sollte mit der Zuständigkeit „Städtebau" eine Zeitlang parallel zu Dill arbeiten, damit es zu einem Wissenstransfer kommen könnte. Dieses Mal entschied sich der Aufsichtsrat für einen Experten, der nicht aus Würzburg kam. Ab dem 1. Januar 2006 wurde Hans Sartoris zum Geschäftsführer der „Stadtbau Würzburg" bestellt, ab 1. März 2006 war er alleiniger Geschäftsführer. Davor war Sartoris Abteilungsleiter Stadtentwicklung bei der mehrheitlich städtischen Bremer Wohnungsbaugesellschaft GEWOBA gewesen.

Winfried Dill: Direkt, ungeschminkt und verlässlich

Ende Februar 2006 ging Winfried Dill nach zehn Jahren als Geschäftsführer der „Stadtbau Würzburg GmbH" (und ihrer Tochtergesellschaften) in Pension. In seiner Amtszeit wurde die Zusammenführung des Wohnungsbestands der „Gemeinnützigen Baugesellschaft" und der Heuchelhofgesellschaft mit Erfolg in die Wege geleitet, die Umfirmierung der Heuchelhofgesellschaft in die „Stadtbau Würzburg" umgesetzt, die Übernahme der Anteile der „Gemeinnützigen Baugesellschaft" durch die „Stadtbau" abgeschlossen und die Integration der Städtischen Bäder in die „Stadtbau" vollzogen.

Dill arbeitete mehr als 30 Jahre in Diensten der Stadt, unter anderem als Leiter des Sportamtes, Geschäftsführer der Landesgartenschau Würzburg GmbH und zuletzt der „Stadtbau". Seine Mitarbeiterinnen und Mitarbeiter beschrieben ihn als direkt, ungeschminkt, verbindlich und verlässlich. Oberbürgermeisterin Dr. Pia Beckmann würdigte ihn als hochgeschätzten und erfolgreichen Kollegen und überreichte ihm beim Abschied die Stadtplakette in Gold.

Neue Besen kehren gut, das gilt auch für Geschäftsführer. Bei der Verabschiedung von Winfried Dill hatte Hans Sartoris seinen Vorgänger als den „richtigen Mann zur richtigen Zeit am richtigen Fleck" bezeichnet. Doch die Zeiten hatten sich geändert und die Rahmenbedingungen für die Wohnungswirtschaft waren andere geworden. Die städtischen Regionen standen in einem sich verstärkenden Standortwettbewerb. Die Gewinner in dieser Konkurrenz bewirkten Wanderungsbewegungen, die sich genauso auf den Wohnungsmarkt auswirkten wie der demografische Wandel, der beispielsweise die Nachfrage nach barrierefreien Wohnungen enorm steigen ließ. Schließlich sorgte das größer werdende soziale Gefälle für mehr Nachfrage nach günstigem Wohnraum. Diese Entwicklung stand im Zeichen der klammen kommunalen Kassen. Konkrete Auswirkungen für die „Stadtbau" waren beispielsweise die Herabsetzung des Stammkapitals (mit Auszahlung an die Stadt) oder die Kündigung des Treuhandvertrags für das Stadtentwicklungsprojekt Zellerau-Mitte. Die wirtschaftliche Verantwortung und damit das Risiko gingen von der Stadt Würzburg auf die „Stadtbau" über.

Für den neuen Geschäftsführer hieß das zunächst, die betriebswirtschaftliche Komponente der „Stadtbau" als städtische Wohnungs- und Stadtentwicklungsgesellschaft zu stärken, ohne dabei die sozialen Aspekte zu vergessen und den städtischen Wohnraumversorgungauftrag zu vernachlässigen. Das hieß also, weiterhin in eine systematische Aufwertung des Wohnungsbestandes zu investieren, mit einem Schwerpunkt auf energetischer Sanierung. Bei der Betrachtung des Wohnungsbestandes sollte nun eine Quartiersperspektive eingenommen werden, sollten nicht einzelne Häuser oder Wohnungen betrachtet werden, sondern das gesamte Quartier, um dort eine gemischte Bewohnerstruktur und stabile Nachbarschaften zu erreichen.

Die Stärkung des betriebswirtschaftlichen Teils erfolgte durch professionelles Management wie ein neues Investitionsrechnungsverfahren vor dem Ankauf von Grundstücken und ein fortlaufendes Projektcontrolling während der Grundstückentwicklung. Damit konnten die Chancen und Risiken eines Projektes besser eingeschätzt werden. Schließlich wurde ein neues Unternehmenssteuerungssystem eingeführt, um Informationen zu Haushaltsentwicklung, Demografie und lokaler Marktentwicklung zu gewinnen.

Modernisierung Schwabenstraße 16

„Schwabenstraße 16" klingt als Adresse wenig spektakulär, aber tatsächlich verbirgt sich hinter dem Profanen das Hochhaus am See in der Lindleinsmühle. Das Haus mit 14 Stockwerken und 90 Wohnungen wurde in den 1960er-Jahren gebaut und entsprach dem damaligen Stand der Technik: Fenster, die nach 40 Jahren undicht waren, Asbest-Fassade und Gaseinzelöfen – weit weg von den Anforderungen des neuen Jahrtausends. Also entschloss sich die „Stadtbau", das Gebäude zu sanieren. Allerdings: Für 90 Haushalte Ersatzwohnungen bereitzustellen, erwies sich als kaum machbar. Also blieb nur die Renovierung im bewohnten Zustand. Das Vorhaben wurde in mehrere Abschnitte eingeteilt und zwischen Juli 2007 und Dezember 2008 umgesetzt. Es gab neue Fenster, die Fassade wurde von Asbest befreit und gedämmt, anstatt der Einzelöfen wurden ein gasbetriebenes Blockheizkraftwerk und 120 Quadratmeter Solarthermie-Kollektoren eingebaut. Die Bäder wurden komplettsaniert und mit wassersparenden Armaturen und Toilettenspülungen ausgestattet. Apropos Bad: Hierin lag eine der größten Herausforderungen der Sanierung im bewohnten Zustand. Während des Umbaus wichen die jeweils betroffenen Mieter in zwei Leerwohnungen mit Bad und Toilette aus.

Und das Ergebnis? Das konnte sich sehen lassen, nicht nur optisch. Aus dem in die Jahre gekommenen Hochhaus wurde ein Schmuckstück, und zwar ein energieeffizientes. Das Haus verbrauchte 60 Prozent weniger Energie (damit sanken die Betriebskosten für die Mieterinnen und Mieter) und der Kohlendioxidausstoß ging sogar um 70 Prozent zurück. Die „Stadtbau" hat hier insgesamt 3,4 Millionen Euro investiert.

Foto: Stadtbau Würzburg

Das Jahr 2008 war geprägt durch die weltweite Finanzkrise, ausgelöst durch eine Immobilienkrise in den USA. Hier zeigte sich, welche Folgen es haben kann, wenn Häuser und Wohnungen zu Investitionsobjekten von Spekulanten werden, denen es in erster Linie, wenn nicht ausschließlich, um Profit geht. Demgegenüber steht das Modell der kommunalen Wohnungsunternehmen und eben auch der „Stadtbau Würzburg": gutes, bezahlbares und sicheres Wohnen in stabilen Nachbarschaften, in lebenswerten Quartieren und intakten Stadtteilen.

Bei der „Stadtbau" änderte sich in diesem Jahr einiges - auch und vor allem nach innen: Eine motivierte Belegschaft in nicht mehr zeitgemäßen Strukturen machte sich unter der neuen Leitung auf den Weg in die Zukunft, ein echter Change-Prozess mit unkonventionellen Methoden und externer Begleitung.

Jacques Donnen über Veränderung

„Wir haben die Stadtbau bei ihrem Changeprozess beraten. Als ich zum ersten Mal in das Unternehmen kam, sind mir drei Dinge aufgefallen: 1. Der neue Geschäftsführer war die erste nicht politische, sondern fachliche Besetzung dieser Stelle. 2. Das Organigramm war – vorsichtig ausgedrückt – organisch gewachsen und 3. Es gab eine Abteilung, die sich um Bauen und Modernisieren kümmerte und ein komplettes Inseldasein mit wenig Schnittstellen zum Rest des Unternehmens führte. Wir haben uns dann an die Arbeit gemacht, erst mit der Geschäftsführung ein neues Organigramm entwickelt, dann mit den Führungskräften diskutiert und schließlich mit den Betroffenen selbst beraten. Wir haben die Organisationsstruktur komplett umgebaut, alle Prozesse und Arbeitsabläufe auf den Prüfstand gestellt. Alle mit dem Kerngeschäft „Wohnen" verbundenen Aufgaben wurden in einem Bereich zusammengefasst und kaufmännische Vermietung sowie technische „Hausinspektion" in der Funktion „Kundenbetreuung" gebündelt. Das löste nicht bei Allen Begeisterung aus, aber am Ende ist es gelungen, ein neues, dauerhaftes und vor allem von außen nachvollziehbares Organigramm zu etablieren, eine geregelte Kommunikation mit klaren Schnittstellen aufzubauen und die nur äußerlich vereinten Vorgängerunternehmen Heuchelhofgesellschaft und Gemeinnützige Baugesellschaft zu integrierten. Der gesamte Prozess hatte eine hohe Akzeptanz in der Belegschaft, alle Maßnahmen konnten sozialverträglich umgesetzt werden. Das lag daran, dass wir die Leute eingebunden haben, aber auch in der Person des Geschäftsführers. Herrn Sartoris habe ich bei diesem Prozess als sehr kritisch mit dem Erreichten und absolut veränderungsbereit erlebt. Ohne das ist jeder Changeprozess zum Scheitern verurteilt."

Jacques Donnen ist Inhaber der auf Veränderungsprozesse spezialisierten Agentur PSEA in Freiburg.

Geschäftsstelle der Stadtbau (Foto: Stadtbau Würzburg)

Vom Verkauf der Gesellschaft war aufgrund dieser Professionalisierung und der erfolgreichen Projekte keine Rede mehr. Durch die Kommunalwahl änderte sich auch die Zusammensetzung des Aufsichtsrates. Neuer Oberbürgermeister und damit Aufsichtsratsvorsitzender wurde am 1. Juni 2008 Georg Rosenthal.

Aufsichtsrat und Geschäftsführung der „Stadtbau Würzburg GmbH" 2010

Aufsichtsrat:

Georg Rosenthal	Aufsichtsratsvorsitzender, Oberbürgermeister
Wolfgang Roth	1. stv. Aufsichtsratsvorsitzender, Stadtrat
Heinrich Jüstel	2. stv. Aufsichtsratsvorsitzender, Stadtrat
Christian Baumgart	berufsm. Stadtrat und Stadtbaurat
Dr. Andrea Behr	Stadträtin
Rainer Hartenstein	Stadtrat
Alexander Kolbow	Stadtrat
Antonino Pecoraro	Stadtrat
Micaela Potrawa	Stadträtin
Thomas Schmitt	Stadtrat
Aron Schuster	Stadtrat
Marco Schneider	Stadtrat
Dr. Klaus Zeitler	Stadtrat, Alt-Oberbürgermeister
Robert Scheller	Stadtrat und Sozialreferent (beratendes Mitglied)
Christian Schuchardt	Stadtrat und Stadtkämmerer (beratendes Mitglied)

Geschäftsführung:

Hans Sartoris

Georg Rosenthal über die Stadtbau

„Die ‚Stadtbau Würzburg GmbH' ist unser wichtigster Partner für eine nachhaltige Stadt- und Quartiersentwicklung in sozialer Verantwortung. Die Förderung guter Nachbarschaft, soziale und räumliche Integration von verschiedenen Bewohnergruppen und die konsequente Investition in den Wohnungsbestand sind die bedeutendsten Motoren ihrer Unternehmenspolitik. Ziel: die kontinuierliche Steigerung der Wohnattraktivität in der gesamten Stadt.

Gemeinsam mit der ‚Stadtbau' werden wir die größte Herausforderung der nächsten Jahrzehnte, die Umwandlung der ‚Leighton Barracks' in einen neuen Stadtteil, erfolgreich bewältigen."

Quelle: Stadtbau-Magazin, Ausgabe 3/08

Die Situation auf dem lokalen Wohnungsmarkt besserte sich gegen Ende des ersten Jahrzehnts des neuen Jahrtausends wieder. Zwar gingen alle Prognosen von einer ungefähr gleichbleibenden Einwohnerzahl bis zum Jahr 2020 aus, aber die Zahl der Haushalte stieg leicht. Dies lag zum einen daran, dass Würzburg eine Studentenstadt ist, zum anderen aber auch daran, dass es aufgrund des demografischen Wandels mehr ältere Menschen gibt, die nur noch zu zweit oder häufig auch allein leben. Die durchschnittliche Haushaltsgröße betrug 1,7 Personen (und ist seitdem nicht gestiegen), der Anteil der Haushalte, in denen nur eine Person lebt, betrug 54 Prozent, ein bundesweiter Spitzenwert.

Aus diesen Zahlen ergeben sich Anforderungen für den Wohnungsbau. Gebraucht werden altersgerechte und kleine Wohnungen, außerdem ist Barrierefreiheit gefragt. Bei der „Stadtbau" mit ihrem hohen Wohnungsanteil aus den 1950er- und 1960er-Jahren bedeutet das auch, dass älterwerdende Menschen in nicht altersgerechten Wohnungen eventuell im Alter ausziehen müssen. Ein gelungenes Beispiel, wie dies vermieden werden kann, ist das Projekt „Wohnen in allen Lebensphasen – Würzburg Ludwigkai".

Wohnen in allen Lebensphasen – Würzburg Ludwigkai

Zu den ersten Bauprojekten der „Gemeinnützigen Baugesellschaft für Kleinwohnungen" zählten drei Häuser am Ludwigkai, in der Sonnen- und in der Rückertstraße. 1937 wurden sie fertiggestellt und boten 105 Wohnungen. Nach der fast vollständigen Zerstörung durch den Bombenangriff am 16. März 1945 wurden die Häuser mit einfachen Mitteln wieder aufgebaut. Mehr als 50 Jahre später entsprachen sie weder von Komfort und Zuschnitt noch energetisch modernen Standards.

Es musste also etwas geschehen. Die „Stadtbau" schrieb einen Realisierungswettbewerb aus mit dem Ziel, die Wohnungen am Ludwigkai um- und teilweise neu zu bauen, im Rahmen des Modellvorhabens „Wohnen in allen Lebensphasen" der Obersten Baubehörde im Bayerischen Staatsministerium des Innern. Von jung bis alt, von gutem Einkommen bis zu geringerem und ohne Kündigung der bisherigen Mieterinnen und Mieter, so sollte das Quartier sein. Mit der Umsetzung wurden zwei Würzburger Architekturbüros und ein Münchner Landschaftsarchitekturbüro beauftragt.

Die Blockrandbebauung am Ludwigkai, in der Sonnenstraße und in der Rückertstraße sollte saniert, im Innenhof sollten zwei neue Häuser gebaut werden. Während der Planungsphase stellte sich heraus, dass mit diesen Bauten kein Staat mehr zu machen war: Eine Sanierung wäre teurer geworden als ein Neubau, also fiel die Entscheidung für letzteres.

Um die dortigen Mieterinnen und Mieter nicht zu verdrängen, wurden die Mieten gedeckelt, jede und jeder von ihnen sollte sich auch eine renovierte Wohnung im Projekt leisten können. Das Konzept war erfolgreich, mehr als 70 Prozent der Bewohnerinnen und Bewohner, die während der Bauzeit eine Ersatzwohnung bekamen, zogen wieder zurück an den Ludwigkai.

Bleibt noch die Frage nach der Durchmischung im Quartier. Junge Menschen brauchen eher kleine Wohnun-

Balkone Sonnenstraße. (Foto: xtrakt Media)

Ludwigkai Ecke Sonnenstraße 1977 (Foto: Silvio Galvagni, Main-Post)

gen, Familien große und ältere Mieterinnen und Mieter achten auf Barrierefreiheit und mögliche Hilfsangebote in der Umgebung. Wer es sich leisten kann, will eine entsprechend große und komfortable Wohnung, andere können nur einen deutlich niedrigeren Teil ihres Einkommens für die Miete aufbringen.

All das wurde bei dem Projekt WAL Ludwigkai berücksichtigt. Nach der Sanierung gab es mehr Wohnungen (120 anstatt 115), mehr Wohnfläche (7.500 Quadratmeter anstatt 6.000) und andere Zuschnitte, also Wohnungen von 37 bis 105 Quadratmetern. Im unsanierten Zustand hatte die Bandbreite bei nur 54 bis 67 Quadratmetern gelegen. Die deutlichste Verbesserung gab es jedoch bei der Barrierefreiheit. Im alten Zustand war keine einzige Wohnung barrierefrei gewesen, nach der Sanierung waren es immerhin 40. Damit ältere Mieterinnen und Mieter bei zunehmenden Beeinträchtigungen ihre Wohnungen nicht verlassen mussten, schloss die „Stadtbau" Kooperationsabkommen mit der benachbarten

Ludwigkai Ecke Sonnenstraße 2017 (Foto: Wolfgang Orians)

Caritas-Pflegeeinrichtung „St. Thekla" und dem Malteser Hilfsdienst.

Auch für nicht hilfebedürftige Bewohnerinnen und Bewohner gab es zusätzliche Angebote: einen Gemeinschaftsraum für Feiern, Bastelnachmittage oder sonstige Aktivitäten oder die Kooperation mit einem Carsharing-Anbieter mit Sonderkonditionen für „Stadtbau"-Mieter.

Die Mieterinnen und Mieter sind auf jeden Fall zufrieden.

Stimmen von Mieterinnen zum Projekt WAL Ludwigkai

„Für mich war die Kooperation der ‚Stadtbau' mit dem benachbarten Caritas-Seniorenheim ‚St. Thekla' ein wichtiges Argument, hierher zu ziehen. Man kann dort alle Angebote vom Mittagessen bis zum Friseurbesuch nutzen. Noch benötige ich das nicht, aber es ist beruhigend zu wissen, dass diese Einrichtung in der Nachbarschaft ist."

Frau Reitmeier, 71 Jahre, Rentnerin (Aussage von 2013)

„Es war wirklich schwer, eine rollstuhlgerechte Wohnung in guter, zentraler Lage zu finden. Selbständigkeit ist mir sehr wichtig und deshalb ist diese Wohnung ein echter Glücksfall für mich. Die öffentliche Verkehrsanbindung ist hervorragend, ich komme überall hin. Es gibt keine Schwellen, weder in der Wohnung noch im Übergang zur Straße. Dazu kommt, dass die Wohnung sehr hell ist, und der große Balkon ist im Sommer mein liebster Frühstücksplatz. Ich fühle mich hier sehr wohl und gut aufgehoben."

Frau Windsberg, 50 Jahre, auf den Rollstuhl angewiesen (Aussage von 2013)

„Meine Wohnung hat zwei Zimmer mit insgesamt 37 Quadratmetern und einen großen Balkon. Für eine Person reicht das perfekt aus. Ich habe gar nicht damit gerechnet, dass ich zur Besichtigung eingeladen werde, aber die Frau von der ‚Stadtbau' hat gleich zurückgerufen und mir einen Termin gegeben. In meinem Semester sind viele, die viel mehr Geld für eine schlechtere Wohnung bezahlen."

Viktoria Funk, 26 Jahre, Studentin (Aussage von 2016)

Überzeugt von dem Projekt WAL Ludwigkai waren nicht nur die Mieterinnen und Mieter, sondern auch die Fachwelt. Alle zwei Jahre lobt die Arbeitsgruppe KOOPERATION des GdW Bundesverband deutscher Wohnungs- und Immobilienunternehmen, des Bundes Deutscher Architekten BDA und des Deutschen Städtetages (DST) den Deutschen Bauherrenpreis für Neubau und Modernisierung aus. Der Preis soll der Unterstützung innovativer Ansätze und Lösungen im Wohnungsbau dienen und setzt – unter Berücksichtigung der Rolle des Bauherrn – am Spannungsfeld von hoher Qualität und tragbaren Kosten an. Den Deutschen Bauherrenpreis für Modernisierung der Jahre 2013/2014 erhielt die „Stadtbau Würzburg" für das Projekt WAL Ludwigkai.

Aus dem Votum der Jury zum Bauherrenpreis Modernisierung 2013/2014

„Das Modernisierungsprojekt in Würzburg Sanderau besticht durch eine entschlossene Aufwertung der Wohnqualität im Innen- und Freiraum. Bauherrn und Architekten gelingt es, den Charakter der Bestandsbauten aus den 1950er-Jahren sehr gut weiterzuentwickeln und die Identität im Quartier noch zu steigern. Durch differenzierte bauliche Interventionen wurden vier Ausbaustandards geschaffen, die das Wohnen am Ludwigkai für unterschiedliche Bewohnergruppen attraktiv machen. Durch eine attraktive Mietenpolitik ist eine breite Streuung von Miethöhen gelungen. Altmieter konnten dadurch großenteils gehalten werden und nach dem Umbau in die gewünschte Wohnung ziehen.

Zielgerichtete soziale und kommunikative Angebote ergänzen das Quartier. Eine benachbarte Altenpflegeeinrichtung der Caritas bietet beispielsweise Serviceangebote zu bevorzugten Bedingungen an. Eine Besonderheit stellt das Gebäude in der Sonnenstraße dar. Während der Planungsphase entschied sich der Bauherr aus wirtschaftlichen Gründen für einen Abriss und Neubau, um die Erstellung von barrierefreien und rollstuhlgerechten Wohnungen zu ermöglichen. Im Hofbereich überzeugt die umfassende Aufwertung zu einem gelungenen Wohnumfeld für die gemischte Bewohnerstruktur. Vorbildlich gelang es, die Versiegelung zu reduzieren und einen attraktiven, grünen Innenhof für die Mieter mit kommunikativen Angeboten zu gewinnen.

Die Jury findet es hervorhebenswert, wie es bei angemessenem Aufwand für die baulichen Eingriffe gelingt, den Wohnraum weiterhin günstig und energieeffizient zu bewirtschaften."

Fotos links und unten: xtrakt Media

Das Projekt WAL Ludwigkai begann mit der Ausschreibung 2007 und war mit den Neubauten im Innenhof 2016 abgeschlossen. Insgesamt hat die „Stadtbau" 15 Millionen Euro investiert.

Der Stadtteil Sanderau ist eine bevorzugte Wohngegend. Insgesamt wohnen hier rund 13.500 Menschen, die „Stadtbau" besitzt 204 Wohnungen bzw. vier Prozent ihres Gesamtbestandes im Stadtteil.

Innenhof WAL Ludwigkai. (Foto: Lisa Farkas)

Ein offenes Fenster

In der Außensicht fiel es so gut wie gar nicht mehr auf und auch die Mieterinnen und Mieter merkten nichts davon: Die „Stadtbau" bestand bis zum Jahr 2011 aus zwei beziehungsweise drei – wenn man die kleine Weigl Verwaltungsgesellschaft (oder st.im.mt, wie sie später hieß) mitzählt – Gesellschaften: der „Stadtbau Würzburg GmbH", der alle Immobilien entweder gehörten oder die sie gepachtet hatte und bei der alle Mitarbeiterinnen und Mitarbeiter angestellt waren, und der „Gemeinnützigen Baugesellschaft für Kleinwohnungen mbH", die im Prinzip nur noch eine Hülle war und zu 100 Prozent der „Stadtbau" gehörte. Klingt kompliziert, ist es auch. Die Abgrenzung der beiden Gesellschaften bei Investitionen, Kapitalbeschaffung, Aufgabenverteilung und im täglichen Geschäft war trotz der klaren Eigentumsverhältnisse nicht einfach.

Eine Verschmelzung hätte zwar schon spätestens ab dem Jahr 2000 Sinn gemacht, als die „Stadtbau" die letzten Anteile an der „Gemeinnützigen" kaufte, oder spätestens mit dem Geschäftsführerwechsel 2006 von Dill zu Sartoris, aber die Kosten wären enorm gewesen. Grunderwerbsteuern und verlorene Verlustvorträge hätten sich auf bis zu 8 Millionen Euro summiert. Geld, das eindeutig besser im Wohnungsbau angelegt war.

Im Jahr 2010 öffnete sich dann aber ein Fenster, das eine Fusion mehr oder weniger kostenfrei möglich machte. Um die Folgen der Finanzkrise, die mit der Pleite von Lehman Brothers 2008 begonnen hatte, abzumildern, hatte der Bundestag bereits im Dezember 2009 das sogenannte „Wachstumsbeschleunigungsgesetz" beschlossen. Dieses enthielt eine Reihe von Maßnahmen, die der angeschlagenen Wirtschaft wieder auf die Beine helfen sollten. Am bekanntesten wurde die Herabsetzung der Umsatzsteuer auf Hotelübernachtungen von 19 auf 7 Prozent, weshalb das Gesetz im Volksmund spöttisch „Mövenpick-Gesetz" genannt wurde (der Koalitionspartner FDP hatte im Wahlkampf eine Millionenspende von Mövenpick erhalten, die auch Hotels betreiben).

Von der Umsatzsteuersenkung profitierte die „Stadtbau" zwar nicht, aber ein anderer Aspekt erwies sich als hilfreich. Wenn aufgrund der Verschmelzung, Umstrukturierung, Veräußerung oder Spaltung eines Konzerns Grunderwerbsteuer fällig würde, so sollte diese stark begünstigt werden. Obwohl dieses Gesetz eher auf sogenannte „Asset-Deals" größerer Industriekonzerne abzielte, bei denen nicht Anteile, sondern reale Werte wie Fabriken, Grundstücke etc. verkauft wurden, und nicht auf Wohnungsbaugesellschaften, konnte doch auch die „Stadtbau" davon profitieren. Mit großer Entschlossenheit und breiter politischer Unterstützung ergriff Oberbürgermeister Rosenthal zusammen mit der Geschäftsführung die Chance. Im August 2011 fusionierten die „Stadtbau Würzburg GmbH" und die „Gemeinnützige Baugesellschaft für Kleinwohnungen mbH" rückwirkend zum 1. Januar 2011 – ein wichtiger Meilenstein in der Unternehmensgeschichte.

Die Verschmelzung mochte auf den ersten Blick wie eine Formalie aussehen, aber sie brachte eine Reihe merklicher Verbesserungen für die jetzt deutlich größere „Stadtbau" mit sich. Durch die größere Bilanzsumme und die höhere Eigenkapitalausstattung hatte das Unternehmen eine bessere Position bei Finanzierungskonditionen und Ratings. Auch im Außenauftritt war es nun einfacher, die Marke „Stadtbau – Zuhause in Würzburg" zu positionieren. Zudem wurde der Verwaltungsaufwand erheblich reduziert und wurden die IT-Systeme vereinheitlicht.

Die Stadtbau Würzburg im Jahr 2011

Wohnungsbestand	-	5.022
Mitarbeiter/-innen	-	107 (davon 8 in passiver Altersteilzeit, 19 gehörten zur Abteilung Bäder und Eisbahn)
Bilanzsumme	-	235,57 Millionen Euro
Eigenkapital	-	79,22 Millionen Euro
Jahresüberschuss	-	1,37 Millionen Euro

Zellerau für immer

Zu den anspruchsvollsten Projekten der „Stadtbau" gehörte die Stadterneuerung Zellerau. Der Stadtteil liegt am linken Mainufer zwischen Fluss und Marienberg. Er wurde 1868 gegründet, als der bayerische König die Festungseigenschaft auch für den linksmainischen Teil Würzburgs aufhob. Zu Beginn des 20. Jahrhunderts war neben landwirtschaftlichen Gütern mit so klangvollen Namen wie „Moschee", „Moskau" und „Talavera" das Militär lange Zeit bestimmend im Stadtteil, zu Spitzenzeiten lebten hier 8.000 Soldaten. Erst als die amerikanischen Truppen ab den 1990er-Jahren aus Würzburg abzogen, endete die Zeit des Militärs in der Stadt.

Zwischen 1901 und 1928 war die Stadt in den Besitz der landwirtschaftlichen Güter gekommen und verkaufte sie an das Militär. Dadurch war es möglich, 450 Wohnungen zwischen Mainau-, Wörth-, Mailinger- und Ysenburgstraße zu bauen. Nach dem Zweiten Weltkrieg und der Zerstörung der Stadt am 16. März 1945 lag auch die Zellerau größtenteils in Schutt und Asche. Was dort von den Kasernen noch halbwegs intakt war, wurde von den Amerikanern belegt, in die Ruinen zogen Ausgebombte und Flüchtlinge aus den ehemaligen Ostgebieten.

In den 1950er-Jahren beteiligte sich die „Gemeinnützige Wohnungsbaugesellschaft für Kleinwohnungen" mit mehreren Projekten am Wiederaufbau der Zellerau. In der Michel- und der Brunostraße konnten 121 Wohnungen und zwei Läden fertiggestellt werden, in der Weißenburg- und in der Hartmannstraße wurde mit dem Bau von 99 Wohnungen im Rahmen eines „Kasernenumsiedlungsprogramms" begonnen. Damit war gemeint, dass die Menschen aus den menschenunwürdigen Bretterverschlägen in den Ruinen der ehemaligen Militärgebäude ausziehen konnten. In der Frankfurter Straße wurden im Rahmen eines Sonderprogramms der Stadt zur Verminderung der Wohnungselendsfälle mit dem Bau von 48 Wohnungen in vier Häusern begonnen. In der Fasbenderstraße erwarb die Gesellschaft das Erbbaurecht an einem 2.000 Quadratmeter großen Grundstück, auf dem 75 Wohnungen für sogenannte „Außenbürger" gebaut werden sollten. Außenbürger waren Würzburger, die aufgrund der Zerstörung der Stadt im Umland untergebracht worden waren.

Weißenburgstraße 1978 (Foto: Georg Heußner, Main-Post)

Ulla Aksun: Der Himmel auf Erden

Ulla Aksun ist eine überzeugte Zellerauerin und wohnt seit 50 Jahren in einer Wohnung der „Stadtbau Würzburg" beziehungsweise der „Gemeinnützigen". Wolfgang Orians hat mit ihr gesprochen.

Frau Aksun, seit wann wohnen Sie in der Zellerau?

Ich bin oben in der Friedrichstraße geboren, da, wo die alte Schule ist. Meine Mutter hat mir erzählt, wie das war, so kurz nach dem Krieg. Die Häuser waren noch kaputt, über meinem Bett hatte sie eine Zeltplane gespannt, denn das Dach war richtig undicht. Dann sind wir dorthin gezogen, wo jetzt die Bereitschaftspolizei ist, da haben

Weißenburgstraße 2017 (Foto: Wolfgang Orians)

wir ein paar Jahre gewohnt. Von da aus sind wir in den Kasernenblock umgezogen. Für uns Kinder war es da auch schön. Es gab riesenlange Gänge, wie in einer Kaserne halt. In den Gängen haben wir Federball gespielt und mit den Hula-Hoop-Reifen sind wir rumgerannt. Es gab auch noch nicht so viele Autos, da konnten wir auf der Straße mit den Rollschuhen fahren. Wer keine eigenen hatte, hat sich welche von der Freundin geliehen.

Unten im Hof gab es große Kastanien- und Nussbäume, im Sommer standen ein paar Tische draußen, da ist immer jemand gesessen, bis in die Nacht hinein. Das waren schöne Sommernächte. Wir waren sehr viele Kinder, denn in der Kaserne haben nur kinderreiche Familien gewohnt.

Später, als ich selbst Kinder hatte, war das natürlich nicht mehr so idyllisch in der Kaserne. Die ist dann abgerissen worden, die Mieter sind auf Wohnungen in verschiedenen Stadtteilen verteilt worden. Ich war mit meiner Mutter die Letzte, die da drüben raus ist. Die wollten uns zuerst auf den Heuchelhof schicken oder raus ins Steinbachtal, aber ich habe gesagt, ich gehe nicht weg aus der Zellerau. Ich bin da geboren und da bleibe ich. Und dann haben wir das Angebot bekommen von der „Stadtbau", früher hat es ja noch „Gemeinnützige" geheißen. Das ist noch dieselbe Wohnung, in die ich vor 50 Jahren eingezogen bin.

Wie haben Sie sich gefühlt, als Sie zum ersten Mal in Ihre neue Wohnung kamen?

Das war der Himmel auf Erden, als ich hier reingekommen bin. Ich sehe die Badewanne, wir hatten ja da drüben kein Bad. Da gab es eine Blechbadewanne oder wir haben uns nur gewaschen. Oder die Glastür, das war für mich noch einmal ein High-

Ulla Aksun. (Foto: Wolfgang Orians)

light, ich hatte ja sowas noch gar nicht gesehen. Also da habe ich gedacht, ich bin der King. Mensch, jetzt kann ich die Kinder in die Wanne setzen und kann die alle baden. Es gab auch einen Balkon, sowas hatten wir ja da drüben auch nicht, und Zentralheizung, vorher hatten wir nur Kohleöfen. Wir waren die Ersten, die hier eingezogen sind, und hatten die Auswahl: Ich habe dann gesagt: „Ich habe die drei Kinder, ich geh ins Parterre." Und meine Mutter, die hat die Wohnung gegenüber genommen, sie war ja auch schon alt.

War in der Wohnung genügend Platz für zwei Erwachsene und drei Kinder?

Die Wohnung ist 72 Quadratmeter groß und hat drei Zimmer. Unsere beiden Töchter haben hier in der Wohnung geschlafen und mein Sohn drüben bei der Oma, der war ein Oma-Kind. Aber zum Essen sind wir alle hier zusammengekommen, denn die Mutter hat nicht gerne gekocht. Die hat lieber gewaschen und gebügelt.

Gab es auch Punkte, die in der neuen Wohnung nicht so gut waren?

Schwierig war es mit der Miete. Drüben haben wir 43 Mark Miete gezahlt und jetzt auf einmal sollten es 360 Mark sein. Da habe ich gesagt: „Mensch, wie sollen wir das denn bezahlen?" Mein Mann hat bei den Amis geschafft, ich war zuhause mit drei Kindern und später ist dann auch noch meine Mutter krank geworden. Dann habe ich mir eine Putzstelle gesucht. Wenn man will, geht alles, wir haben es jedenfalls geschafft.

Was hat sich in den vergangenen 50 Jahren verändert?

Was die Wohnung angeht, da ist ein paar Mal umgebaut worden. Die Fenster wurden neu gemacht, aber das ist bestimmt auch schon wieder 15 Jahre her. Das Haus wurde gedämmt, die Balkone abgerissen und neue hingebaut. Die Zellerau ist schön geworden. Jetzt haben sie da oben ja auch alles schön bepflanzt in der Weißenburgstraße.

Haben Sie auch schon einmal überlegt, in einen anderen Stadtteil zu ziehen?

Ich hatte 23 Jahre lang eine Gaststätte in Grombühl. Das war eine kleine Bierkneipe, „Zum Petrini" hieß die. Das hat mir sehr gefallen, wir waren wie eine Familie. Wenn mal einer einen Rausch hatte und nicht mehr heimgefunden hat, bin ich mit ihm bis zur Haustür gelaufen, hab' aufgeschlossen und gesagt: ‚Jetzt geh mal ins Bett und schlaf deinen Rausch aus.' Der war dann am nächsten Tag um fünfe wieder auf der Matte gestanden. Ich habe jeden Samstag und jeden Sonntag aufgehabt, Freizeit gab es da keine, ich habe immer geschafft. Sogar an Heiligabend hatte ich geöffnet, für die Männer, die niemanden sonst hatten. Da habe ich Glühwein gemacht und habe ihnen Kartoffelsalat und Wiener Würstchen hingestellt. Die haben sich gefreut, bis morgens um vier sind die sitzen geblieben.

Da wäre es manchmal schon besser gewesen, in Grombühl zu wohnen, da waren auch Wohnungen frei, aber das wollte ich nicht. Nach Grombühl zieh' ich nicht, habe ich immer gesagt, Zellerau für immer.

Gibt es auch etwas, das Sie sich anders wünschen würden?

Mir gefällt alles hier. Woanders würde ich mich nicht wohlfühlen, ich bin das hier gewöhnt. Du kennst fast alle Leute und die Leute kennen dich. Ich fahre ja viel mit dem Fahrrad, deshalb sagen die auch immer: ‚Die Fahrrad-Ulla.' 50 Jahre sind eine lange Zeit, ja, wo sind die denn hin gegangen? Als wir hier eingezogen sind, war ich noch ein junges Mädchen, da war ich 22 Jahre alt, jetzt bin ich 72. Also ich geh' aus dieser Wohnung nicht raus. Selbst wenn einer käme und würde sagen: ‚Guck mal, da drüben ist eine schönere Wohnung', ich würde nicht rausgehen. Ich bleib da.

Eines würde ich mir aber doch wünschen, dass man seine Nachkommen als Nachmieter einsetzen darf. Meine Tochter würde die Wohnung sofort nehmen, wenn ich heute mal sterbe. Aber die Dame von der „Stadtbau" hat gesagt: „Das geht doch nicht, es stehen so viele auf der Warteliste. Die kommen zuerst dran."

Grünanlage Weißenburgstraße. (Foto: Wolfgang Orians)

Die „Gemeinnützige Baugesellschaft für Kleinwohnungen" hat im Herbst 1976 rund 300 Schlichtwohnungen von der Bundesfinanzverwaltung erworben. Diese in der Nachkriegszeit und in höchster Wohnungsnot errichteten Behausungen verdienten das Attribut „schlicht" auf jeden Fall. 120 von ihnen hatten weder Dusche noch Bad, Wohn- und Schlafbereich waren nicht voneinander getrennt und hintereinander angeordnet, sodass die jeweiligen Räume nur durch das vorhergehende Zimmer zu erreichen waren. Die Wohnungen wurden von der „Gemeinnützigen" saniert, umgebaut oder abgerissen und neu gebaut. Die Heuchelhofgesellschaft erwarb 1977 die Wohnungen der Stadt Würzburg, davon viele in Zellerau, und 20 Jahre später weitere 126 Wohnungen in diesem Stadtteil aus der Insolvenzmasse der „Neuen Heimat".

Silvia Ophusen: Jetzt konnten wir machen, was wir wollten

„Ich habe meinen Mann 1976 kennengelernt und 1977, da waren diese Häuser noch nicht saniert, sind wir dann hier eingezogen. Wir hatten kein Bad, nur so eine Plastikschüssel. Einmal in der Woche durften wir rüber zur Schwiegermutter zum Baden, aber nicht öfter, denn die hat stark auf das Wassergeld geschaut. Trotzdem war es schön, in der eigenen Wohnung zu leben. Wir waren damals frisch verheiratet, mein Mann war bei der Bundeswehr. Wir waren verliebt und dann hatten wir unsere eigene Wohnung. Davor hat man oft zu hören bekommen: ‚Ach, ihr jungen Dinger, ihr seid doch noch grün hinter den Ohren, ihr habt doch von nichts eine Ahnung.' Aber wenn man dann einen Ehemann hatte, dann hat man sich schon schön gefühlt und als man dann noch ein Kind hatte, dann war man eine Mama. Ich war 18, als ich geheiratet habe.

Damals hat uns die Wohnung gefallen, aber wenn ich heute alte Bilder anschaue, muss ich schon manchmal

Silvia Ophusen. (Foto: Wolfgang Orians)

lachen. Über die Möbel, der Küchentisch hatte extrem dünne Beine, und dann die grüne Mustertapete zu orangenen Vorhängen mit schwarzen Kreisen. Aber es war halt die eigene Wohnung, davor hatten wir bei der Schwiegermutter in einem Zimmer gelebt. Jetzt konnten wir machen, was wir wollten.

Später sind wir dann umgezogen, auch wegen der Situation mit dem Bad, aber wir wollten unbedingt wieder zur Heuchelhofgesellschaft. Als wir gehört haben, dass in der Rotenhanstraße ein Haus saniert wird, haben wir uns beworben. Als das zweite Kind kam, wurde es aber eng. Da haben wir dann die Wohnung getauscht, das dritte Kind kam auch schon bald. Wir hatten dann eine tolle Vier-Zimmer-Wohnung mit Gästetoilette, da hat mein Herz schon ein bisschen geblutet, als ich da nach 20 Jahren raus musste. Jetzt, wo die Kinder längst aus dem Haus sind, habe ich eine kleinere Wohnung, die ist aber auch von der Stadtbau. Die Leute hier sind sehr nett. Ich musste ja alle anderen Mieter fragen, wegen des Hundes. Aber alle haben gesagt: ‚Kein Problem, wir sind tierlieb.'"

Selbstbild und Außenbild

Das Stadtplanungsbüro Wegner beschreibt im Evaluierungsbericht zum Projekt „Soziale Stadt Zellerau" aus dem Jahr 2018 den Stadtteil in der Rückschau so: „Während die Bewohner (der gesamten Zellerau) auch in ihrer immer wieder veränderten Zusammensetzung im Stadtteil heimisch wurden und eine Art Wir-Gefühl entwickelten, galt die Zellerau in der Sicht von außen immer mehr als Problemstadtteil. Wahrgenommene Problemlagen waren Armut, Kriminalität, Drogenkonsum und Prostitution im öffentlichen Raum. Auf diese Weise manifestierte sich eine zunehmende Diskrepanz zwischen dem Selbstbild und dem Außenbild der Zellerau." Zu den Problemlagen hinzufügen ließe sich zumindest für die Jahrzehnte direkt nach dem Zweiten Weltkrieg eine in weiten Teilen desolate Wohnsituation. Richard Winterstein, der die Zellerau seit über 40 Jahren aus eigenem Erleben kennt, beschreibt die Situation ähnlich: „In den Baracken haben ganz viele Nationalitäten gewohnt, da war klar, dass es zu Spannungen kommt. Da war eine Schlägerei nach der anderen. Zu essen war auch nicht viel da. Aber früher haben wir mehr zusammengehalten.

Das waren vier Häuser nebeneinander, und da war ein Zusammenhalt, wie du ihn heute nicht mehr findest. Wir waren früher alle zusammen im Hof gesessen. Da war immer was los. Das hat man heute nicht mehr so, obwohl sie da auch Bänkchen hingebaut haben, aber da setzt sich keiner mehr hin. Heute ist jeder mehr für sich."

Monika und Richard Winterstein: Viele, die weggezogen sind, kommen wieder

„Wir wohnen seit 50 Jahren in der Zellerau und bei der ‚Stadtbau'. Anfänglich lebten wir in der Mainaustraße und sind dann 1980 in die Max-Planck-Straße umgezogen. Dort hatten wir eine 100 Quadratmeter große Wohnung, mit drei Kindern braucht man ja den Platz. Die sind aber schon längst aus dem Haus und haben eigene Kinder. Wir haben uns in der Max-Planck-Straße sehr wohl gefühlt. In unserem Haus wohnten drei türkische, eine jugoslawische und zwei deutsche Familien, die Nachbarschaft war super, wir sind mit allen gut ausgekommen. Später ist dann unser Sohn nebenan eingezogen, das war sehr schön. Die Enkelchen waren sehr oft bei

Richard und Monika Winterstein (Foto: Wolfgang Orians)

uns, aber wenn es zu viel wurde, konnten wir sie rüberschicken.

Für uns war die Wohnung dann aber zu groß und ehrlich gesagt auch zu teuer. Jetzt wohnen wir seit zwei Jahren hier in einem Holzhybridhaus und fühlen uns sehr wohl. Da, wo jetzt das Haus steht, hatten wir früher unsere Bäckerei, die hieß ‚Moni's Backstube' und da war auch ein Stehcafé dabei. Die Bäckerei war der Treffpunkt für die Leute aus der Umgebung. Im Sommer hatten wir auch Tische und Stühle draußen stehen. Die Leute waren alle sehr enttäuscht, als wir aufgehört haben. Wir haben nachts um drei angefangen zu backen und bis mittags um drei die Bäckerei aufgehabt. Irgendwann war dann genug, ich konnte auch gar nicht mehr so lange stehen. Früher gab es da unten mehrere Geschäfte. Einen Friseur, dann wir als Bäckerei, später kamen noch eine Metzgerei und ein Afrika-Shop hinzu. Direkt gegenüber gab es noch eine Kneipe.

Jetzt hat sich das alles nach weiter oben verlagert, hier ist nicht mehr so viel los. Aber die Zellerau insgesamt hat sich schon sehr zum Positiven verändert. Ich erinnere mich an Zeiten, da waren noch nicht mal die Straßen geteert, nur blanke Feldwege. Da sind wir dann mit dem „Opel Kapitän" drüber gebrettert. Die Zellerau hatte auch einen schlechten Ruf, das ist jetzt anders. Viele, die weggezogen sind, kommen wieder."

Moni's Backstube (Foto: Winterstein)

Als die amerikanische Armee in den 1990er-Jahren damit begann, ihre Präsenz in Würzburg zu verringern, bot sich die Gelegenheit, städtebaulich in der Zellerau in größerem Stil etwas zu verändern. Die Stadt Würzburg erarbeitete einen Rahmenplan für den Stadtteil und beauftragte die Heuchelhofgesellschaft treuhänderisch mit der Umsetzung. Der Plan sah vor, den Sportplatz der DJK von der Frankfurter Straße an die Mainaustraße auf das Gelände der ehemaligen Hindenburg-Kaserne zu verlegen und auf den freiwerdenden Flächen Wohnungen zu bauen. Das Kasernengelände und der sogenannte Motorpool gehörten bereits seit Dezember 1994 der Heuchelhofgesellschaft. Allerdings konnten die darauf stehenden Gebäude wegen starker Asbestbelastung vorerst nicht abgerissen werden. Hier sollte die grüne Mitte der Zellerau entstehen. Als dann nach aufwendiger Asbestsanierung die Gebäude auf dem Motorpoolgelände abgerissen werden konnten, wurde bei der Entsiegelung der Flächen teerhaltiger Asphalt festgestellt, der sorgfältig ausgebaut und entsorgt werden musste, was mit hohen Kosten verbunden war. Zusätzlich war die Nachfrage nach Wohnbauflächen Mitte der 1990er-Jahre gering, sodass sich die Umsetzung des Rahmenplanes Zellerau verzögerte. Die Nachfrageschwäche änderte sich auch in den kommenden Jahren nicht, sodass die Stadtentwicklung in der Zellerau ins Stocken geriet.

Anfang der 2000er-Jahre wurde der Rahmenplan schließlich deutlich abgespeckt. Auf dem ehemaligen DJK-Sportgelände sollte ein Supermarkt entstehen und zwischen Frankfurter Straße und Weißenburgstraße ein Baugebiet ausgewiesen werden. Der Treuhandvertrag zwischen der Stadt und der „Stadtbau" (ehemals Heuchelhofgesellschaft) wurde aufgelöst, die wirtschaftliche Verantwortung für die Entwicklung des Gebietes ging ganz auf die „Stadtbau" über. Die machte sich daran, die Zellerauer Mitte zu entwickeln. Der Supermarkt wurde gebaut, Reihenhäuser, Doppelhäuser und Eigentumswohnungen, alles in einem überschaubaren Rahmen. Eine Verbesserung für den Stadtteil war das auf jeden Fall, eine grundsätzliche Trendumkehr nicht.

Im Jahr 2007 wurde die Zellerau in das Bund-Länder-Programm „Soziale Stadt"

Brunostraße alt. (Foto: Stadtbau Würzburg)

aufgenommen, dessen Ziel es ist, der sozialen Polarisierung in den Städten entgegenzuwirken. Das zu Beginn des Projekts von dem Stadtplanungsbüro Wegner erstellte „Integrierte Handlungskonzept Zellerau" (IHK) listete folgende Defizite in den Handlungsfeldern „Wohnen und Grün- und Freiflächen" auf:

Wohnen

- Defizite im Wohnungsangebot
- teilweise geringe Qualität des privaten Wohnumfelds
- Konzentration benachteiligter Bevölkerungsgruppen in einzelnen Quartieren

Grün- und Freiflächen

- Fehlen wohnortnaher öffentlicher Grünflächen in den dicht bebauten Wohnquartieren
- fehlende Freiflächen als Treff-

Brunostraße neu. (Foto: Lisa Farkas)

punkte auch für Erwachsene, fehlende Grillplätze

Dass bei diesen Handlungsfeldern in erster Linie die „Stadtbau Würzburg" gefragt war, lag auf der Hand. Mit mehr als 2.500 Wohnungen war (und ist) sie die größte Vermieterin im Stadtteil. Die „Stadtbau" hatte bereits zu Beginn der 2000er-Jahre kräftig in die Sanierung und Modernisierung ihrer Wohnungen in der Zellerau investiert und setzte dieses Engagement im Rahmen des Programms „Soziale Stadt" fort. So verdoppelte sich allein im Zeitraum 2012 bis 2017 die Zahl der barrierefreien und der barrierearmen Wohnungen, ebenso die der mit Fernwärme beheizten, während sich die Zahl der Wohnungen mit Ofenheizungen halbierte. Im gleichen Zeitraum stieg der Anteil der geförderten Wohnungen der

„Stadtbau" von 13 auf 26 Prozent. Wohnen in der Zellerau blieb also auch für Haushalte mit niedrigem Einkommen bezahlbar.

Als zentrale Projekte im Handlungsfeld „Wohnen" definierte das IHK drei Baumaßnahmen:

Das Entwicklungskonzept Brunostraße (W1), das Nutzungs- und Bebauungskonzept Brachfläche Steinachstraße (W2) und das Nutzungskonzept ehemaliges Opel-Areal – Mälzerei (Frankfurter Straße) (W3). Die Projekte in der Steinachstraße und in der Frankfurter Straße wurden von privaten Investoren umgesetzt, in der Brunostraße war die „Stadtbau" gefragt.

Auf dem Gelände an der Brunostraße standen sechs überwiegend leerstehende Schlichtbauten, die zwischen 1946 und 1948 unter dem damals herrschenden Druck, schnell Wohnraum in der zerstörten Stadt zu schaffen, hochgezogen worden waren. Eine Sanierung hätte wenig Sinn gemacht. Nach dem Abriss wurden nach Plänen des Frankfurter Architekturbüros Stefan Forster zwischen 2010 und 2012 neun kubische Gebäude, sogenannte Stadtvillen, im KfW-Standard 70 errichtet. Der alte Baumbestand wurde dabei weitgehend erhalten.

Die Gebäude bieten 104 Wohnungen in einer Mischung von Eigentumswohnungen, frei finanzierten Mietwohnungen sowie Wohnungen mit Mietpreis- und Belegungsbindung. Die Wohnungsgrößen variieren zwischen zwei und fünf Zimmern. Alle Wohnungen sind barrierefrei. Bei der Belegung der Mietwohnungen achtete die „Stadtbau" darauf, dass die Bewohnerinnen und Bewohner unterschiedlichen Einkommensgruppen und Altersklassen angehörten. So wurde eine Mischung aus sozialen Strukturen und unterschiedlichen Lebensphasen im Quartier erreicht.

Prof. Christian Baumgart, berufsmäßiger Stadtrat und Stadtbaurat:

„Das Ding ist einfach klasse und es unterstützt die Anstrengung, den Stadtteil aufzuwerten und zukunftsfähig zu machen. Die Zellerau ist für mich ein Stadtteil mit großem Potenzial."

(Quelle: Geschäftsbericht Stadtbau Würzburg 2016)

Damit verwirklichte die „Stadtbau" nicht nur die Ziele des Programms „Soziale Stadt", sondern überzeugte auch die Jury des Deutschen Bauherrenpreises, den sie 2016 für das Projekt „Neues Wohnen Brunostraße" verliehen bekam.

Prof. Christiane Thalgott, Mitglied der Jury des Deutschen Bauherrenpreises:

„In der Brunostraße kam es darauf an, wie man die neuen, größeren Häuser in das Umfeld einfügt, das überwiegend aus sehr schlichten Bauten besteht, und gleichzeitig die Freiflächen verbessert. Freiflächen spielen eine große Rolle für den sozialen Auftrag einer solchen Wohnanlage, denn die Kommunikation unter den Bewohnern findet heute auf den Freiflächen statt." *(Quelle: Geschäftsbericht Stadtbau Würzburg 2016)*

In direkter Nachbarschaft zur Brunostraße, in der Michelstraße, verwirklichte die „Stadtbau" 2015 und 2016 ein ähnliches Projekt. Auch hier ging es darum, unzeitgemäße Häuserzeilen aus den 1950er-Jahren durch modernen Geschosswohnungsbau zu ersetzen und dadurch mehr Wohnfläche mit attraktiven Grundrissen zu generieren. Geplant von dem Darmstädter Architekten Florian Krieger ist eine Wohnanlage mit drei Häusern und einer Typologie entstanden, wie sie so in Deutschland nur selten zu finden ist. „Gestapelte Reihenhäuser" nennt sie der Architekt. Im mittleren Gebäuderiegel befinden sich zwölf Maisonettewohnungen, die zwischen 77 und 102 Quadratmeter groß sind. Sie haben entweder einen direkten Zugang zum Wohnhof oder zu einer Dachterrasse. Die insgesamt 32 Laubengangwohnungen in den zwei flankierenden Häusern sind zwischen 55 und 75 Quadratmetern groß, im Erdgeschoss hat jede Wohnung eine Terrasse, im Obergeschoss einen französischen Balkon und eine Loggia. Insgesamt sind in der Michelstraße 44 Wohnungen im KfW-70-Standard entstanden, von denen 28 gefördert sind.

Dass sich ein Wohnquartier, sofern es die Bausubstanz hergibt, auch durch Sanierung und Modernisierung deutlich aufwerten lässt, bewies die „Stadtbau Würzburg" in der Weißenburgstraße in der Zellerau. Kasernengebäude aus den 1930er-Jahren und Gebäudereihen aus den 1960er-Jahren, weit weg von modernen Standards, prägten das Viertel zwischen Weißenburgstraße, Moscheeweg und Benzstraße. Die Sanierung fand im Rahmen des Programms „Soziale Stadt" statt und war Teil einer Kooperation mit der Würzburger Versorgungs- und Verkehrs-GmbH. Diese legte eine Fernwärmeleitung in das Quartier. Die Umstellung der Heizung verband die „Stadtbau" mit einer konsequenten Bestandsaufwertung. Heute präsentieren sich die Häuser wie moderne Neubauten. Große Balkone, begrünte Innenhöfe, Hausinstallationen auf dem neuesten Stand, barrierefreie Wohnungen mit modernen Grundrissen. Insgesamt wurden bei diesem Projekt 206 Wohnungen (alle mit Miet- und Belegungsbindung) und drei Gewerbeeinheiten saniert und auf KfW-Standard 85 gebracht.

Matthias Schubert, „Stadtbau Würzburg":

„Die Bausubstanz war schlichtweg verbraucht. In der Nachkriegszeit mussten schnell Wohnungen gebaut werden, bei Materialauswahl und -qualität waren Kompromisse unvermeidlich. Wir mussten mit schwerem Gerät ran, Wände herausreißen und Leitungen neu verlegen. Deshalb mussten wir den Mieterinnen und Mietern während der Bauzeit Ersatzwohnungen anbieten und entsprechend die Zeitpläne exakt einhalten. Das haben wir geschafft."

Nach Abschluss des Projekts „Soziale Stadt Zellerau" hat sich der Stadtteil auf allen Ebenen verändert. Es ist gelungen, das Image des Problemstadtteils abzustreifen, heute ist die Zellerau ein „hippes" Quartier, das einen hohen Anteil an der Integration von Menschen mit niedrigem Einkommen und aus anderen Kulturen erbringt. In der Zellerau leben rund 12.000 Menschen, die „Stadtbau Würzburg" besitzt 2.059 Wohnungen in diesem Stadtteil, das sind 37 Prozent aller „Stadtbau"-Wohnungen.

Bewohner der Brunostraße. (Foto: Harald Müller-Wünsche)

Ein neuer Stadtteil

Nach der Verschmelzung der „Gemeinnützigen Baugesellschaft für Kleinwohnungen" und der „Stadtbau Würzburg" entwickelte sich die Gesellschaft positiv. 2012 war das Jahr der bis dahin höchsten Investitionen: 17,8 Millionen Euro. Allein acht Millionen flossen in Neubauprojekte, vor allem in die Bauvorhaben WAL Ludwigkai und Brunostraße. 7,5 Millionen Euro wurden in die Instandhaltung und 2,3 Millionen in die Modernisierung investiert.

Alle Wohnungen der „Stadtbau" waren vermietet, Leerstand gab es nur da, wo er geplant war, um beispielsweise Wohnungen zu renovieren. Die Fluktuation der Mieterinnen und Mieter, die einmal bei 16 Prozent gelegen hatte, sank auf 7 Prozent.

Die Nachfrage nach Wohnungen blieb auch in den folgenden Jahren hoch, die Investitionen der „Stadtbau" blieben im zweistelligen Millionenbereich und die Fluktuation stieg nicht über 8 Prozent.

Veränderungen ergaben sich in den Gremien der Gesellschaft. Oberbürgermeister Georg Rosenthal wechselte im Oktober 2013 in den bayerischen Landtag, da er mit inzwischen 66 Jahren nicht mehr für das Amt des Oberbürgermeisters bei den Kommunalwahlen im Frühjahr 2014 hätte kandidieren können. Für die Übergangszeit bis zur Wahl übernahm Bürgermeister Dr. Adolf Bauer den Aufsichtsratsvorsitz der „Stadtbau".

Die Wahlen im März brachten eine Reihe von Veränderungen im Stadtrat, die sich auch auf den Aufsichtsrat der „Stadtbau" auswirkten. Neuer Oberbürgermeister von Würzburg wurde der bisherige Stadtkämmerer Christian Schuchardt.

Neubauten auf dem Hubland. (Foto: xtrakt Media Thomas Düchtel)

Aufsichtsrat und Geschäftsführung der Stadtbau Würzburg ab 2014

Christian Schuchardt	Aufsichtsratsvorsitzender, Oberbürgermeister
Wolfgang Roth	1. stv. Aufsichtsratsvorsitzender, Stadtrat
Alexander Kolbow	2. stv. Aufsichtsratsvorsitzender, Stadtrat
Prof. Christian Baumgart	berufsm. Stadtrat und Stadtbaurat
Antonino Pecoraro	Stadtrat
Micaela Potrawa	Stadträtin
Judith Jörg	Stadträtin
Emanuele la Rosa	Stadtrat
Wolfgang Scheller	Stadtrat
Homaira Mansuri	Stadträtin
Josef Hofmann	Stadtrat
Wolfgang Kleiner	rechtsk. berufsm. Stadtrat und Umwelt- und Kommunalreferent (beratendes Mitglied) bis zum 31.07.2014
Robert Scheller	rechtsk. berufsm. Stadtrat und Sozialreferent (beratendes Mitglied) bis 31.07.2014, ab 01.08.2014 rechtsk. berufsmäßiger Stadtrat und Stadtkämmerer (beratendes Mitglied) sowie Vertreter des Sozialreferenten bis 31.12.2014
Dr. Hülya Düber	ab 01.01.2015 rechtsk. berufsmäßige Stadträtin und Jugend-, Familien- und Sozialreferentin (beratendes Mitglied)
Geschäftsführung:	Hans Sartoris

In Sachen Neubau war die Zeit nach 2011 durch zwei Großprojekte geprägt: den neuen Stadtteil Hubland und die Sanierung beziehungsweise Ersatzneubauten im Grombühler Bossi-Viertel.

Hubland – mit Weitblick leben

Die großen Bauprojekte lagen schon eine Weile zurück und von der Entwicklung eines neuen Stadtteils wagte kaum jemand zu träumen. Vor allem nicht in Würzburg, wo das Stadtgebiet nur eine relativ kleine Fläche umfasst und dementsprechend Bauland rar ist. Umso mehr freuten sich die Verantwortlichen der Stadt, als im Jahr 2008 die amerikanischen Streitkräfte aus den „Leighton Barracks" abzogen sind und eine Fläche von rund 140 Hektar im Stadtgebiet frei wurde. „Das war ein Riesen-Glücksfall für uns", sagte Oberbürgermeister Christian Schuchardt, der damals noch Stadtkämmerer war, „wir hatten plötzlich die Chance, ein Gelände annähernd so groß wie die Altstadt mit einer klaren städtebaulichen Vision nachhaltig zu entwickeln." Dass ein Vorhaben dieser Größenordnung seine Zeit braucht, steht außer Frage. Als jedoch im September 2017 die ersten Mieter in die neuen Häuser der „Stadtbau Würzburg" an der Alten Fernstraße einzogen, erwies sich das Hubland als eines der am schnellsten realisierten Konversionsprojekte in Deutschland.

Zwischen 1945 und 2008 lebten in den „Leighton Barracks" amerikanische Soldaten und ihre Familienangehörigen. Als die Amerikaner den Standort aufgaben, fiel die Kaserne an die Bundesagentur für Immobilienaufgaben. Vier Jahre später kaufte die Stadt Würzburg den größeren Teil des Geländes, den kleineren Teil erwarb der Freistaat Bayern zur Erweiterung der Universität. Die Planungen hatten jedoch schon Jahre vorher begonnen. Bereits 2004 gab es eine Vorstudie zu den Konversionsflächen und der Stadtrat beschloss die vorbereitende Untersuchung für eine Entwicklungsmaßnahme, 2008 begann die Bürgerbeteiligung, die im Gesamtkonzept einen hohen Stellenwert einnahm. Im Dezember 2010 hatte der Stadtrat ein übergeordnetes Leitbild für die Entwicklung des Hublands formuliert: „Eng verzahnt mit dem Landschaftsraum und den umgebenden bestehenden Strukturen soll ein neuer, lebendiger Stadtteil entstehen, der vielfältigen

Raum fürs Wohnen, Arbeiten, Forschen, Studieren und Erholen bietet."

Der neue Stadtteil wird durch drei Strukturen geprägt:

1. durch die Universität, die ihren Campus auf das ehemalige Kasernengelände erweitert hat und noch weiter ausbauen will,
2. durch neue Gewerbegebiete, in denen auch Institute und Gründerzentren angesiedelt werden sollen,
3. und durch neue Wohngebiete, die durch die Parkanlagen der Landesgartenschau von den restlichen Arealen getrennt, aber auch mit ihnen verbunden werden.

Insgesamt hat die Stadt Würzburg rund 20 Millionen Euro für das Hubland-Gelände bezahlt. Eine beachtliche Summe, zu der noch die Kosten für Erschließung und Infrastruktur kamen. Damit die Risiken eines solchen Großprojekts beherrschbar blieben, war von vornherein ein phasenweises Wachstum geplant. Wäre die wirtschaftliche Entwicklung und damit die Nachfrage nicht so positiv verlaufen, wäre es möglich gewesen, die Projektdauer auszudehnen und damit die Kosten für Straßen, Kanäle und Leitungen auf einen längeren Zeitraum zu strecken. „Das hat damals auch den Kaufmann in mir überzeugt, die Risiken sind beherrschbar", sagte der ehemalige Stadtkämmerer Christian Schuchardt.

Angebote für alle Bevölkerungsschichten

Der Ankauf des gesamten Geländes durch die Stadt war notwendig, um großflächig zu gestalten. „Für uns war es wichtig, dass wir als einziger Veräußerer die Entwicklung so lenken können, dass durchmischte Quartiere entstehen", erläuterte Oberbürgermeister Schuchardt. Neben Einfamilienhäusern und Reihenhäusern für junge Familien fehlten auch Wohnungen für Studenten, Flüchtlinge sowie Menschen mit niedrigen und mittleren Einkommen: „Es kommt auf den Mix an, wir brauchen Angebote für alle Bevölkerungsschichten."

Foto: Wolfgang Orians

Benjamin Schneider, Stadtbaurat: Verlässlichkeit und soziale Kompetenz

„Die ‚Stadtbau' ist unser wichtigster Partner im Rahmen der Stadtentwicklung bei der Schaffung von Wohnraum auch im unteren Preissegment. Mir liegt besonders am Herzen, dass wir mit der ‚Stadtbau' einen Vermieter für die Bürger haben, der eine hohe Verlässlichkeit und soziale Kompetenz ausstrahlt. Die Mieterinnen und Mieter wissen: Hier bin ich zuhause und hier kann ich auch bleiben. Selbst wenn ein Haus das Ende seiner Nutzungszeit erreicht hat und nicht mehr renoviert werden kann, werde ich nicht vor die Tür gesetzt, sondern bekomme ein adäquates Alternativangebot.

Aber auch in städtebaulicher Sicht hat die ‚Stadtbau' eine bedeutende Funktion und gestaltet wichtige Stadtbausteine mit. Das zeigt sich nicht zuletzt am Hubland. Hier hat sich das Unternehmen mit dem Bau von 175 Wohnungen entlang der ehemaligen Startbahn früh positioniert und gezeigt, wie Wohnen in dem neuen Stadtteil aussehen kann." Weitere 112 Wohnungen kamen 2024 hinzu (Anmerkung des Autors).

Quelle: Geschäftsbericht Stadtbau Würzburg 2018

Diese Angebote – gewissermaßen als Entwicklungsplaner – zu schaffen, war die Aufgabe der „Stadtbau Würzburg". Die Stadt verkaufte ihrer Wohnungsbautochter ein Areal entlang der ehemaligen Landebahn der „US-Air Force" direkt am Gelände der Landesgartenschau. Darauf begann die „Stadtbau" mit der größten Neubaumaßnahme der vergangenen 20 Jahre. Für 175 neue Mietwohnungen investierte das Unternehmen rund 40 Millionen Euro. Das Angebot umfasste unterschiedliche Wohnungsgrößen und Zuschnitte, von der großen Familienwohnung über Penthäuser und rollstuhlgerechte Wohnungen bis zu Ein- und Zwei-Zimmer-Wohnungen. In den fünf Riegel- und vier Punkthäusern entstanden über 12.000 Quadratmeter Wohnfläche. Die Punkthäuser erhalten fünf Geschosse und Staffelgeschosse, die Zeilengebäude bilden mit vier Geschossen und nach Süden angeordneten Staffelgeschossen prägnante Höhepunkte zum Landschaftspark.

Hubland II. (Foto: xtrakt Media)

Wohnungen für alle Bevölkerungsschichten sind nicht nur eine Frage der Grundrisse, in erster Linie kommt es auf die Höhe der Mieten an. Deshalb baute die „Stadtbau Würzburg" gut die Hälfte der Wohnungen auf dem Hubland als geförderten Wohnraum. Günstige Mieten müssen jedoch nicht auf Kosten der Qualität gehen, wenn alle Beteiligten ihren Teil dazu beitragen. So hat die Stadt das Baugrundstück zwar zum Marktpreis an die „Stadtbau" verkauft, bei der Festlegung des Preises wurden aber alle Spielräume genutzt, die sich aus der sozialen Verantwortung einer Stadt für ihre Bürger ergeben. Die „Stadtbau" hat dann einen bundesweiten Architektenwettbewerb ausgeschrieben, bei dem sich unter 22 Bewerbern das „Planungsbüro blauraum" aus Hamburg durchgesetzt hat. „Bei Projekten im sozialen Wohnungsbau gibt es natürlich eine Kostengrenze, damit kennen wir uns aus", sagte Volker Halbach, einer der Partner von „blauraum". „Wir wollten zusammen mit dem Bauherrn eine schöne Architektur für kostengünstigen Wohnungsbau schaffen, der man die Kostengrenze nicht ansieht." Dass dies gelungen ist, zeigte sich nicht zuletzt daran, dass die 175 Wohnungen in kürzester Zeit vermietet waren, und zwar inmitten von Brachland und Erschließungsbaustellen.

Stolz ist Volker Halbach auf die nachhaltige Massivbauweise, die auf dem Hubland realisiert werden konnte. Ein komplettes Wärmeverbundsystem hätte den Kostenrahmen gesprengt, deshalb haben sich Architekten und Bauherr für eine innenliegende Dämmung im Stein entschieden. Allerdings war dieses System für sechsgeschossige Gebäude noch nicht zugelassen. „Wir haben es dann zusammen mit dem Ziegelhersteller geschafft, diese Zulassung zu bekommen, das ist bundesweit schon etwas Besonderes", erläuterte Volker Halbach.

Nachhaltigkeit ging bei dem Projekt Hubland aber über Kosten und Bauweise hinaus. Der Stadtteil erhielt durch die Landesgartenschau eine Parkanlage mit einer Größe von 21 Hektar und einem Gesamtbestand von 6.000 Bäumen. Für die Hubländer ist es nun möglich, von der Nachbargemeinde Gerbrunn durch das Gartenschaugelände bis zur Sieboldshöhe und an den Main zu spazieren. Wer gut zu Fuß ist, erreicht den Hauptbahnhof nach 2,2 Kilometern, die Residenz nach 1,7 Kilometern und den Marktplatz nach 2,4 Kilometern.

Marlene Lester, eine der ersten Mieterinnen auf dem Hubland: Riesiger Garten vor der Tür

„Ich wollte unbedingt wieder ans Hubland. Hier habe ich meine Jugend verbracht, habe in der Amikneipe gearbeitet, war viel auf Partys und habe im amerikanischen Einkaufszentrum PX eingekauft. Diese Wohnung ist für mich und meinen 14-jährigen Sohn wie ein Sechser im Lotto. Wir haben drei Zimmer auf 65 Quadratmetern. Coole Lage, cooler Ausblick. Von hier aus kann ich sogar in die Stadt laufen und habe mit der Landesgartenschau einen riesigen Garten vor der Tür."

(Quelle: Stadtbau Mieter Magazin Herbst 2017)

Das Gesamtkonzept Hubland geht also über das reine Wohnen hinaus. Die Stadt Würzburg hat eine soziale Infrastruktur geschaffen, die neben der Landesgartenschau den Neubau einer Stadtbücherei und Einrichtungen im vorschulischen Bereich beinhaltet. In wenigen Jahren erwartet Oberbürgermeister Schuchardt einen „angewachsenen" Stadtteil, der ähnlich wie ein Baum Wurzeln geschlagen hat. Es wird ein junger Stadtteil sein, der aber neben Angeboten für junge Familien auch attraktiv für ältere Menschen ist, die wieder zurück oder erstmals in die Stadt ziehen wollen. Wohnen und arbeiten werden im Hubland nicht mehr strikt getrennt sein, die vielen Freizeitmöglichkeiten werden eine hohe Lebensqualität bieten. „Das Entscheidende ist, dass wir eine Stadt für die Menschen bauen, und das gelingt am Hubland sehr gut", betonte Oberbürgermeister Christian Schuchardt.

Am 17. Dezember 2020 wurde mit dem symbolischen ersten Spatenstich die Bauphase für ein weiteres Projekt der „Stadtbau" gestartet: Hubland II. Gebaut wurden vier Häuser mit insgesamt 112 Wohnungen an der Rottendorfer Straße 100 – 106. Die Wohnungen haben zwischen einem und fünf Zimmer und sind zwischen 39 und 111 Quadratmeter groß. Damit sprechen sie von der Studentin bis zur Großfamilie ein breites Spektrum an

Mieterinnen und Mietern an. Knapp die Hälfte der Wohnungen wird auch hier vom Freistaat Bayern gefördert und kann deshalb besonders günstige Mieten anbieten. Alle Wohnungen sind barrierefrei, einige auch für Rollstuhlfahrerinnen und -fahrer geeignet. Geheizt wird mit Fernwärme und die Häuser haben den KfW-Standard 55. Am 1. März 2024 sind die ersten Mieterinnen und Mieter eingezogen.

Volker Halbach, „blauraum", Hamburg: Kleine Träume

Das Architekturbüro „blauraum" aus Hamburg hat die Neubauprojekte Hubland I und Hubland II geplant. Wolfgang Orians führte im Jahr 2017 ein Gespräch mit Volker Halbach.

Ist es für Sie etwas Besonderes, 300 Wohnungen an einem Standort zu bauen?

Es ist schon etwas Besonderes, das hat nicht nur mit dem Standort, sondern auch mit dem Bauherrn zu tun. Die „Stadtbau Würzburg" ist ein sehr nachhaltiger Bauherr, insbesondere, was den geförderten Wohnungsbau angeht. In diesem Sinne ist es schon ein kleiner Traum, gemeinsam 300 Wohnungen an einem Super-Standort zu verwirklichen.

Was haben Sie aus Hubland I für Hubland II gelernt?

Wir haben natürlich viel gelernt, was die Zusammenarbeit mit der Stadt und der „Stadtbau" angeht. Das wird dem Projekt Hubland II zugutekommen. Bei allem Positiven von Hubland I haben wir uns aber auch noch einmal hinterfragt. Wir wollten

nicht in Monotonie verfallen und haben deshalb für Hubland II eine komplett andere städtebauliche Figur gewählt. Hubland II wird also eine Blockbebauung werden, die aus einem offenen U besteht, dadurch wird ein Hausplatz definiert, der aber doch zur Straße hin offen ist. Innen werden die Wohnungen aber genauso familienfreundlich und lichtdurchflutet sein wie die in Hubland I.

links: *Volker Halbach. (Foto: blauraum)* **rechts:** *ehemaliges Tor zu den Leighton Barracks. (Foto: Wolfgang Orians)*

Wie weit sind Sie mit der Planung für Hubland II?

Wir planen in neun Leistungsphasen. Die Phasen eins bis vier gehen bis zur Baugenehmigung, Phase fünf ist die Werkplanung mit Ausschreibung, danach wird gebaut. Wir werden die vor uns liegenden zwei Jahre nutzen, um eine saubere Planung für eine möglichst problemlose Baugenehmigung zu machen. Danach folgt die Ausführungsplanung. Wir nehmen uns also ein Jahr Zeit für die Planung und ein Jahr für die Ausschreibung. Erst danach rollen die Bagger. Eine saubere Ausschreibung gibt dem Bauherrn die Sicherheit, dass es keine Kostenüberschreitung gibt. Dass wir architektonisch anspruchsvoll und nachhaltig bauen können und dabei die Kosten einhalten, haben wir bei Hubland I unter Beweis gestellt.

Wofür schlägt Ihr Herz mehr?

Oh, das ist eine schwere Frage. Aber Sie wissen ja, nach dem Projekt ist vor dem Projekt. Im Prinzip schlägt das Herz immer für das, was man gerade wieder neu entwerfen darf, natürlich schlägt mein Herz mehr für Hubland II.

Würzburg für alle! – das Handlungskonzept Wohnen

Im Jahr 2015 veröffentlichte die Stadt Würzburg das „Handlungskonzept Wohnen", das vom Institut für Stadt-, Regional- und Wohnforschung, kurz GEWOS, entwickelt wurde. Als zentrale Handlungsleitlinien benannte GEWOS in dem 200 Seiten starken Papier:

- Innenentwicklung leben. Wachsen in bestehenden Strukturen – zusätzlicher Wohnraum in Würzburg
- Wohnen in starken Quartieren – zukunftsfähige Weiterentwicklung gewachsener Strukturen
- Würzburg für alle – zielgruppenspezifische Angebotsverbesserung und -sicherung
- Handeln auf Augenhöhe! – Transparenz, Kommunikation, Dialog und Kooperation

Wachsen in bestehenden Strukturen

Der erste Punkt ergab sich aus dem bekannten Würzburger Dilemma: Die Stadt wächst, hat aber kaum Möglichkeiten, die Fläche auszudehnen. Die Verfasser des „Handlungskonzepts Wohnen" sahen kurz- und mittelfristig die besten Möglichkeiten im Wachstum in bestehenden Strukturen. Das heißt vor allem, die Dichte in den vorhandenen Siedlungsbereichen zu erhöhen, dabei aber die städtebauliche Qualität hochzuhalten, das neu entstehende Wohnungsangebot der Nachfrage anpassen und die Lebensqualität der alten und neuen Bewohner nicht durch den Wegfall von Grün- und Freiflächen oder durch mehr Verkehr zu beeinträchtigen. Die Potenziale der Innenentwicklung liegen vor allem in der Nutzung von Baulücken, Rest- oder untergenutzten Flächen, der Bebauung von Blockinnen- und der Verdichtung in Blockrandbereichen, dem Anbau an oder der Aufstockung vorhandener Gebäude, dem Dachausbau, der Umnutzung/Konversion, dem Ersatzneu-

Quartier Brunostraße. (Foto: Lisa Farkas)

bau in höherer Dichte und der Arrondierung vorhandener Bebauungen.

Wohnen in starken Quartieren

Um die starken Quartiere und stabilen Nachbarschaften in Würzburg zu erhalten, schlug die GEWOS die Erstellung integrierter Quartierskonzepte vor. Themen solcher Konzepte können sein: Modernisierungs- und Neubaupotenziale eines Quartiers, Integration und Sozialstrukturmaßnahmen, Verbesserung der Familieninfrastruktur (Kita, Spielplätze), Aufwertung des öffentlichen Raums, Abbau von Barrieren im Wohnumfeld sowie Energieeinsparung und Klimaschutz.

Übergreifendes Ziel ist dabei, eine ausgewogene soziale Mischung in allen Quartieren der Stadt zu erreichen. Einerseits soll es in stark nachgefragten Stadtteilen mit entsprechend hohen Mieten auch Angebote für Menschen mit kleinen und mittleren Einkommen geben und andererseits soll das Abwandern von „Aufsteigern" aus Quartieren mit Entwicklungsproblemen dadurch vermieden werden, dass ein entsprechend höherwertiges Wohnangebot geschaffen wird und Maßnahmen zur Aufwertung des Stadtteils ergriffen werden.

Würzburg für alle!

Die Mieten in Würzburg sind in den vergangenen Jahren stärker als die Verbraucherpreise und die Löhne gestiegen, deshalb wird es für Haushalte mit niedrigen und teilweise auch schon mittleren Einkommen immer schwerer, adäquaten Wohnraum zu bezahlen. Von dieser Entwicklung besonders betroffen sind Transferleistungsempfänger, Alleinerziehende, große Familien und Einpersonenhaushalte. Insbesondere ist ein deutlicher Anstieg einkommensschwacher Seniorenhaushalte zu erwarten. Dementsprechend sollte der Fokus der Bemühungen zum Erhalt des preisgünstigen Wohnungsmarktsegmentes und zur Stärkung des öffentlich geförderten Wohnungsneubaus auf kleinen (barrierearmen) Wohnungen sowie auch familiengerechten Wohnformen liegen. Die wichtigste Maßnahme gegen weitere Mietsteigerungen in diesem Segment ist die Schaffung von neuem, preisgünstigem Wohnraum.

Oberbürgermeister Christian Schuchardt: Soziale Rendite

„Die ‚Stadtbau Würzburg' verfügt über rund 5.600 Wohnungen, hinzu kommen noch 6.000 Wohnungen von acht Genossenschaften. Mit diesem ‚sozialorientierten Bestand', der in den kommenden Jahren noch vergrößert wird, können wir auch Wohnungen für Menschen mit niedrigem Einkommen in der Stadt anbieten und haben gleichzeitig eine dämpfende Wirkung auf die allgemeine Mietpreisentwicklung. Uns geht es dabei in erster Linie um die ‚soziale Rendite', die sich dadurch zeigt, dass sich in Würzburg Menschen aus allen Einkommens- und Gesellschaftsschichten wohlfühlen und Wohnen als Grundbedürfnis halbwegs finanzierbar bleibt."
Quelle: Geschäftsbericht Stadtbau 2018

Christian Schuchardt. (Foto: Stadt Würzburg)

Handeln auf Augenhöhe!

Die Herausforderungen des Wohnungsmarktes können nicht von einem Akteur allein gelöst werden. Deshalb sieht das „Handlungskonzept Wohnen" vor, einen Lenkungskreis aus Stadt und Wohnungsunternehmen zu installieren, der sich dreimal jährlich trifft und aktuelle Probleme sowie das Ergebnis des ebenfalls einzurichtenden Monitorings des Wohnungsmarktes bespricht.

Schließlich hängt der Erfolg der Maßnahmen auf dem Wohnungsmarkt von der Akzeptanz der Bevölkerung ab. Deshalb empfehlen die Autoren der Studie ein Höchstmaß an Transparenz und Kommunikation. Nur so könne Vertrauen gebildet und Planungssicherheit für Investoren und Bürger hergestellt werden. Mit einem Bürgerforum soll eine Austauschplattform geschaffen werden, um die aktuellen Planungsstände vorzustellen und zu diskutieren.

Fortschreibung und neue Handlungsleitlinie

Im Jahr 2022 veröffentlichte die Stadt Würzburg eine Fortschreibung des Handlungskonzepts, die zusammen mit dem Unternehmen „TIMOUROU Wohn- und Stadtraumkonzepte" aus Leipzig erarbeitet wurde. Es baut auf den Handlungsleitlinien des Konzepts von 2015 auf und reagiert mit einer zusätzlichen Leitlinie auf die Herausforderungen des Klimawandels. Die neue Leitlinie lautet:

- Würzburg ist klimaneutral! – Klimaschutz und Klimaanpassung bei Neubau und Bestandsentwicklung umsetzen

Seit der 2015er-Studie hat sich einiges getan in Würzburg. Der Wohnungsbestand wuchs um 3.600 Einheiten, allerdings ergab sich daraus keine Entspannung auf dem Wohnungsmarkt, da im gleichen Zeitraum die Zahl der Haushalte um 3.900 zunahm. Dies ist zum einen die Folge von Zuzügen und zum anderen setzte sich der Trend zur Verkleinerung von Haushalten fort.

Der Wohnungsmarkt bleibt auch in Zukunft angespannt.

Hans Sartoris: Der Beitrag der Stadtbau zur Umsetzung des Handlungskonzepts Wohnen

„Unser Beitrag zum ‚Handlungskonzept Wohnen' lässt sich an den Leitzielen aufzeigen. Das erste Leitziel bezieht sich auf die **‚Innenentwicklung'**, also auf die Schaffung von Wohnraum innerhalb des bestehenden Stadtgefüges. Wir analysieren unseren Bestand regelmäßig darauf, ob zusätzliche Wohnfläche geschaffen werden kann. In den Altbauten, die nach dem Krieg gebaut wurden, waren beispielsweise im Erdgeschoss häufig Abstellräume und Waschküchen, selten waren die Dachgeschosse ausgebaut. Wenn wir also wie in der Brunostraße, am Ludwigkai oder in Grombühl alten Bestand abreißen und neu bauen, gibt es keine Waschküchen mehr, sondern Gartengeschosse und unterm Dach Maisonettewohnungen. Auf diese Weise, gekoppelt mit effizienterer Ausnutzung der Grundstücke, haben wir in den vergangenen Jahren 20.000 Quadratmeter mehr Wohnfläche geschaffen.

‚**Wohnen in starken Quartieren**' lautet das zweite Leitziel. Für uns heißt das in erster Linie: gute Nachbarschaften fördern und unterstützen. Dabei arbeiten wir Hand in Hand mit dem städtischen Quartiersmanagement und stellen auch eine Menge sozialer Infrastruktur wie Gemeinschaftsräume für Mieter oder Mietergärten zur Verfügung. Außerdem organisieren wir regelmäßig Feste und Veranstaltungen für unsere Mieter. In Stadtteilen wie Zellerau, Heuchelhof oder Lindleinsmühle haben wir große Wohnungsbestände. Mit unseren Projekten leisten wir dort immer auch einen positiven Beitrag zur Stadtentwicklung und zur Stärkung der Quartiere.

‚**Würzburg für alle**' ist das dritte Leitziel. Wir sagen ‚Wohnen für alle' und das ist quasi Teil unserer DNA. Die ‚Stadtbau' leistet ihren Beitrag, indem sie Wohnraum für Menschen aller Altersgruppen, privater Lebenssituation und Einkommensverhältnisse zur Verfügung stellt. Wir haben beispielsweise unseren Wohnungsbestand aufgefächert, also bei Neubauten nicht nur Ein- und Zwei-Zimmer-Wohnungen, vielleicht mal noch eine Drei-Zimmer-Wohnung, gebaut, sondern auch familiengerechte Vier- und Fünf-Zimmer-Wohnungen. Das unterscheidet uns von privaten Investoren. Wir haben auch den Anteil von gefördertem Wohnraum deutlich erhöht und dabei Bindungsfristen von bis zu 40 Jahren. ‚Wohnen für alle' heißt für uns aber auch, dass wir uns um Menschen kümmern, die auf dem privaten Wohnungsmarkt kaum eine Chance haben: entlassene Strafgefangene, Obdachlose, misshandelte Frauen aus dem Frauenhaus oder Geflüchtete, um nur einige dieser Gruppen zu nennen. Wir unterhalten mit dem Sozialmanagement eine eigene Organisationseinheit, die sich in enger Kooperation mit Ehrenamtlichen, den Wohlfahrtsverbänden und dem Sozialreferat der Stadt um diese Menschen kümmert.

Beim vierten Leitziel **‚Handeln auf Augenhöhe'** geht es vor allem um Dialog, Kommunikation und die Schaffung von gegenseitigem Verständnis zwischen der Wohnungswirtschaft und den Akteuren bei der Stadt. Es gibt regelmäßige Treffen, Lenkungskreise, einen Runden Tisch. Als Wohnungswirtschaft haben wir uns auf Würzburger und auf unterfränkischer Ebene zusammengeschlossen, um uns abzustimmen, Probleme zu diskutieren und gemeinsame Lösungen zu finden.

Zum neuen Leitziel **‚Würzburg ist klimaneutral'** tragen wir mit unserem ‚Klimapfad' bei. Die ‚Stadtbau Würzburg' wird bis spätestens 2045 klimaneutral sein."

Freiflächen als Treffpunkt. (Foto: xtrakt Media Thomas Düchtel)

Bessere Zukunft für Grombühl

Der heutige Stadtteil Grombühl entstand ab 1860 als Wohnsiedlung für Bedienstete der Königlich-Bayerischen-Staatseisenbahn. „Wir haben es hier mit einer typischen Arbeitersiedlung in Bahnhofsnähe zu tun: dicht bebaut, massive Blockstrukturen, hohes Wohnungsangebot zu günstigen Mieten. Allerdings sind viele ältere Bestandswohnungen in einem Zustand, die es aus heutiger Sicht schwer machen, sie zu erhalten", sagte der damalige Stadtbaurat Professor Christian Baumgart im Jahr 2017. „Ich bin außerordentlich froh, dass die ‚Stadtbau' in Grombühl eine Pilotfunktion für die Entwicklung des Stadtteils übernimmt."

Rund 400 Wohnungen besitzt die „Stadtbau" in Grombühl, 150 wurden in den vergangenen Jahren abgerissen. Allerdings nur, um Platz zu schaffen für 150 neue und moderne Wohnungen. Die Gesamtwohnfläche im neuen Bossi-Viertel – eine Reminiszenz an den Stuckateur der Würzburger Residenz – stieg um mehr als 50 Prozent von 6.800 auf 10.100 Quadratmeter. Professor Baumgart sprach von einer „Pilotfunktion" und meinte damit vor allem eins: „Die Planung sah vor, trotz tieferer Baukörper und nennenswert größerer Baumasse hervorragend gestaltete Freiflächen zu erhalten, viel Grün zu integrieren und durch eine geschickte Wegeführung die Hangsituation positiv zu nutzen." Baumgart war als hauptberuflicher Stadtrat von 1994 bis 2018 für Bauen, Baurecht und Stadtplanung in Würzburg zuständig.

Die Planung für das Bossi-Viertel stammte von dem Architekten und Städteplaner Florian Krieger aus Darmstadt. Er hatte bereits mit den neuen Häusern in der Michelstraße unter Beweis gestellt, dass er auch unter schwierigen Rahmenbedingungen außergewöhnliche Konzepte verwirklichen kann. In Grombühl handelt es sich um eine Zeilenbebauung, die der Topografie des Hanges folgt und übereinander gestaffelt ist. Der Entwurf von Florian Krieger sah eine neue Struktur mit Reminiszenzen an das Alte vor. Einerseits wird die Reihenbebauung aufgegriffen, andererseits erzeugen gegen die Zeile verschobene Kopfbauten hofähnliche Freiräume.

Gründächer und Solarthermie in Grombühl. (Foto: xtrakt Media)

Gegen Neubaumonotonie halfen gute Gestaltung, verschieden große Gebäude und geneigte Dachflächen.

Ein Großteil der Wohnräume und alle Loggien sind nach Süden orientiert. Großzügige Dachgeschosswohnungen mit Dachterrassen bieten freie Sicht zur Innenstadt und zur Festung. Der verbleibende angrenzende Gebäudebestand mit 28 Wohnungen und rund 1.800 Quadratmetern Wohnfläche in der Gabelsberger- und der Steinheilstraße wurde in das neue Quartier integriert.

Die „Stadtbau" investierte 35 Millionen Euro in das Projekt Grombühl, das in mehreren Phasen verwirklicht wurde. Ein- bis Fünf-Zimmer-Wohnungen sind dadurch entstanden, die barrierefrei und energieeffizient sind sowie über moderne Grundrisse verfügen. Die Mieter sollen aus allen Schichten der Bevölkerung kommen. Die Wohnungsbauförderung des Freistaates Bayern macht es möglich, das Mietniveau so gestalten, dass auch Menschen mit niedrigem Einkommen in den neuen Häusern wohnen können. Ganz oben, unter teilweise begrünten Sattel- und Pultdächern, wird es noch hochwertigere und auch teurere Wohnungen mit freier Sicht auf die Altstadt und die Festung Marienberg geben.

„Grombühl ist im Moment vor allem bei jungen Leuten und kleinen Haushalten beliebt, in erster Linie wegen der niedrigen Mieten. Für diese Menschen werden wir auch zukünftig günstigen Wohnraum anbieten. Aber der Stadtteil Grombühl schöpft sein Potenzial noch nicht aus. Durch die Nähe zum weiter wachsenden Universitätsklinikum gibt es auch eine Nachfrage nach größeren Wohnungen und auch im oberen Preissegment", erklärte Professor Baumgart und führte weiter aus: „Ich glaube an die Strahlkraft von Einzelprojekten. Auf dem Hubland hat der hochwertige Wohnungsbau der ‚Stadtbau' andere Bauherren dazu animiert, sehr gute Planungen zu machen. Eine solche Signalwirkung erhoffe ich mir auch für Grombühl."

Im Februar 2022 sind die letzten Mieterinnen und Mieter in die Neubauten im Bossi-Viertel eingezogen, die letzten von insgesamt 290. Ein Viertel der Bewohnerinnen und Bewohner ist jünger als 18 Jahre, mehr als die Hälfte unter 39 Jahren. Die angestrebte Durchmischung der Bewohnerschaft wurde somit erreicht.

Dass die Neubauten nach den neuesten energetischen Vorgaben gebaut werden, steht außer Frage. Die „Stadtbau" hat aber auch mit der Sanierung eines aus vier Häusern bestehenden Gebäudekomplexes im Bossi-Viertel begonnen, und zwar nach KfW-Standard 55. Die Fassaden und Kellerdecken werden gedämmt, neue Fenster und eine Lüftungsanlage mit Wärmerückgewinnung eingebaut. Zum ersten Mal im Stadtbaubestand werden die Wohnungen mit Wärmepumpen geheizt, die ihren Strom von einer Solaranlage auf dem Dach erhalten.

Mit der Sanierung der aus dem Jahr 1950 stammenden Wohnungen wird das Projekt „Bossi-Viertel" der „Stadtbau Würzburg" abgeschlossen.

Grombühl vor der Renovierung. (Foto: Wolfgang Orians)

Grombühl nach der Renovierung. (Foto: xtrakt Media Lukas Seufert)

Gut aufgestellt: digital und analog

Die vergangenen Jahre haben Veränderungen und Herausforderungen für die „Stadtbau Würzburg" gebracht. Da war die Pandemie, ein großangelegtes Organisations- und Strategieprojekt, der größte Wohnungszukauf seit Langem und die Entwicklung des „Klimapfades". In einem Prozess wurde gemeinsam mit den Mitarbeiterinnen und Mitarbeitern über die Organisation und die strategische Ausrichtung des Unternehmens gesprochen und die Ergebnisse wurden umgesetzt.

Digitalisierung

Eine wichtige Stoßrichtung der neuen Strategie war die konsequente Fortführung der Digitalisierung möglichst vieler Arbeitsprozesse. Mit den Plänen fing es an. Wer ein Haus baut, braucht einen Plan – oder besser gesagt: viele Pläne. Einen Werkplan, einen Rohbauplan, einen Elektroplan usw. Wer viele Häuser baut, braucht entsprechend sehr viele Pläne, und die brauchen Platz – sehr viel Platz. Das war einer der Gründe, warum die „Stadtbau Würzburg" bereits im Jahr 2009 damit begann, ihre Pläne zu digitalisieren. Dies ermöglichte auch einen schnellen Zugriff und die permanente Aktualisierung der Planunterlagen. Aus den ersten Schritten in Richtung Digitalisierung wurde ein Strategieprojekt mit klar definierten Zielen. Effizienzsteigerung und Kundenfreundlichkeit waren dabei besonders wichtig.

Ein gelungenes Beispiel hierfür ist das „Stadtbau"-Serviceportal, in dem die Mieterinnen und Mieter rund um die Uhr viele Dinge erledigen können, für die sie früher ins Kundenzentrum fahren oder zu den Bürozeiten mit den Kundenbetreuern telefonieren mussten. So können sich die Nutzerinnen und Nutzer ihre eigene Mietbescheinigung ausdrucken, sie können ihren Mietvertrag und die gesamte Korrespondenz einsehen, Schäden melden, Anfragen stellen, den Rahmenvertrag mit den Stadtwerken abrufen. Darüber hinaus gibt es nützliche Informationen (z. B.: Wie bepflanze ich meinen Blumenkasten?) oder auch den Hinweis, dass eine Fortsetzung der falschen Mülltrennung zu einer Erhöhung der Nebenkosten führen kann.

(Foto: Mario Schmitt)

Ein anderes Beispiel ist die „Digitale Projektzeiterfassung". Einerseits können „Stadtbau"-Mitarbeiter und Handwerker dadurch ihre Arbeitszeiten direkt einer Wohnung und einer Kostenart zuordnen, andererseits entsteht mehr Transparenz und am Ende sinken die Kosten für die Mieterinnen und Mieter. Oder die Kontrolle der Verkehrssicherheit, eine wichtige Aufgabe der Hausmeister: Ein Treppengeländer darf nicht wackeln, eine Bodenplatte auf einem Zuweg nicht zur Stolperfalle werden. Mit der Digitalisierung sind die Zeiten der Zettelwirtschaft vorbei. Ein Mangel wird per Smartphone direkt an das Technische Bestandsmanagement gemeldet, dort wird daraus ein Auftrag generiert, der wiederum online über das Handwerkerportal an die entsprechende Firma geht.

Kernstück der Digitalisierung ist das 2013 eingeführte „digitale Archiv". Dort ist die gesamte Mieterakte elektronisch gespeichert, nur der Mietvertrag wird noch in Papierform vorgehalten – wegen der rechtsgültigen Unterschrift. Entsprechende Systeme gab es zwar auf dem Markt, allerdings waren sie für die Anforderungen der Wohnungswirtschaft völlig überdimensioniert. Zusammen mit einem Software-Unternehmen entwickelte die „Stadtbau" deshalb als Pilotkunde eine digitale Archivlösung, die genau auf ihre Anforderungen zugeschnitten ist.

Um mit seinen Daten im „digitalen Archiv" zu landen, muss man jedoch erst einmal eine Wohnung bei der „Stadtbau" mieten. Und das ist gar nicht so einfach. Wird eine Wohnung frei, geht die Zahl der Interessenten schnell in die Dutzende. Viel Verwaltungsarbeit, könnte man meinen, aber auch hierfür hat die „Stadtbau" eine digitale Lösung: das Interessentenmanagement. Seit 2008 werden Wohnungen nur noch online vergeben, seit 2015 über eine weiterentwickelte Plattform, das heißt, die Interessenten geben ihre Daten in eine vorbereitete Maske in den Computer ein. Das System gleicht die Angaben mit den Vergabekriterien ab und vergibt entsprechend Punkte. Die Interessenten mit der höchsten Punktzahl werden dann zu einer Besichtigung eingeladen.

Da bekanntlich nichts für die Ewigkeit gemacht ist, kann es aber auch Gründe geben, aus einer Wohnung der „Stadtbau" auszuziehen. In diesem Fall gibt es eine Wohnungsabnahme – und die ist bei der „Stadtbau" nicht nur digital, sondern auch mobil. Die Kundenbetreuer gehen mit dem Mieter durch die Wohnung, registrieren alle Mängel auf dem Tablet und generieren daraus einen Auftrag für die Schönheitsreparaturen. Sind diese erledigt, wird in einem zweiten Durchgang ein Abnahmeprotokoll erstellt, mit einer digitalen Unterschrift versehen und sofort per PDF versandt.

Innovation

Das gute, weit fortgeschrittene Digitalisierungskonzept erwies sich für die „Stadtbau" gleich mehrfach als Segen. Bereits zweimal (2017 und 2021) wurde das Unternehmen mit dem Innovationspreis „TOP 100 Innovator" ausgezeichnet. Dieses Siegel wird an mittelständische Unternehmen in Deutschland vergeben, die sich durch Innovationskraft und besondere Innovationserfolge auszeichnen. Bewertet wurden die Kategorien „Innovations-

Ranga Yogeshwar überreicht Geschäftsführer Hans Sartoris die Auszeichnung TOP 100 Innovatoren (Foto: xtrakt Media)

förderndes Topmanagement", „Innovationsklima", „Innovative Prozesse und Organisation", „Open Innovation" und „Innovationserfolg".

„Am Ende haben uns Ihre Leistungen (…) voll überzeugt. (…) Sie sind Teil der Leistungselite des deutschen Mittelstands, der TOP 100", schreibt Prof. Nikolaus Franke vom Institut für Entreprencurship und Innovation der Wirtschaftsuniversität Wien im Vorwort der Innovationsbilanz der „Stadtbau".

Wie man unter die TOP 100 kommt

Wesentliche Grundlage für die Verankerung von Innovation in den Unternehmenszielen der Stadtbau war ein Workshop des Aufsichtsrates im Jahr 2010. Dabei wurden fünf Themen für die zukünftige Entwicklung der ‚Stadtbau' gefunden, entwickelt und festgelegt. Eines davon war, dass die ‚Stadtbau' in Sachen Wohnungsbau und Wohnungsbewirtschaftung Innovator sein soll. Dass der Eigentümer, in diesem Fall die Stadt Würzburg, diesen Anspruch so klar formuliert, und zwar in einer Branche, in der man es nicht erwartet, ist außergewöhnlich. Dieses Ziel steht gleichgewichtig neben den Zielen, preisgünstigen Wohnraum anzubieten, Häuser in guter Architektur zu bauen und sich mehr als andere um die Mieter zu kümmern. Daraus ergibt sich ein klarer Auftrag für die Geschäftsführung und für alle Mitarbeiterinnen und Mitarbeiter: Innovation gehört zum Selbstverständnis des Unternehmens. In der ersten Phase wurden Projekte auf den Weg gebracht und zunächst das Kerngeschäft in die digitale Welt integriert. Die Auszeichnung würdigt die Vorreiterrolle der Stadtbau in der Branche und die Unternehmenskultur: veränderungsfreudig, offen und mitarbeiterorientiert. In der zweiten Phase gibt es drei neue Themenfelder: Das erste ist, dass die vielen guten Ideen, die es im Unternehmen gibt, systematisch gesammelt und bewertet werden. Das zweite Themenfeld ist, dass der Innovationsprozess besser organisiert wird. Das dritte Feld ist, dass sich die Anforderungen an die Mitarbeiterinnen und Mitarbeiter komplett verändern werden. Wissen, das man sich aus Büchern anlesen kann, verliert an Bedeutung, dagegen gewinnen Fähigkeiten wie Neugierde, Offenheit, ohne Zäune zu agieren, immer wieder Neues zu denken und auch den Mut zu haben, es zu sagen, an Bedeutung. Das sind die zusätzlichen Kernfähigkeiten der Mitarbeiterinnen und Mitarbeiter der ‚Stadtbau' für die Zukunft.

Im Jahr 2021 wurde die „Stadtbau" erneut mit dem „Innovationspreis TOP 100" ausgezeichnet. Dieses Mal gab es zusätzlich die Kategorie „Handeln des Unternehmens in der Pandemie". Dabei schnitt die „Stadtbau" besonders gut ab.

Durch die Pandemie

Das Unternehmen hat in der Corona-Pandemie schnell, konkret und klar reagiert. In erster Linie ging es darum, das Ansteckungsrisiko zu minimieren. Am meisten Erfolg versprach das Herunterfahren beziehungsweise Verhindern persönlicher Kontakte. „Abstand halten" lautete die Devise. Alle Stadtteilbüros und die Geschäftsstelle in der Ludwigstraße blieben geschlossen. Reparaturen wurden nur noch in Notfällen durchgeführt und möglichst dann,

(Foto: Mario Schmitt)

wenn die Mieterinnen und Mieter nicht zu Hause waren. In Fahrstühlen, an Schwarzen Brettern und auf elektronischen Infotafeln wurden die Bewohnerinnen und Bewohner der „Stadtbau"-Häuser über die Maßnahmen informiert und aufgefordert, mindestens 1,5 Meter Abstand zu halten. Die Gemeinschaftsräume in den Häusern standen nicht mehr zur Verfügung. Wohnungen wurden nur noch neu vermietet, wenn die ehemaligen Mieterinnen und Mieter bereits ausgezogen waren, Besichtigungen wurden teilweise virtuell im Internet durchgeführt. Der Kontakt zu den Mieterinnen und Mietern fand zu einem großen Teil über das bereits 2016 eingeführte „Stadtbau"-Portal statt, dessen Nutzerzahl sich 2020 mehr als verdoppelt hat.

Den Mitarbeiterinnen und Mitarbeitern wurden Masken und Tests zur Verfügung gestellt, wer wollte, konnte sich beim Betriebsarzt impfen lassen. Die bereits weit fortgeschrittene Digitalisierung erleichterte für viele Mitarbeiterinnen und Mitarbeiter die Arbeit aus dem Homeoffice. Alles in allem ist die „Stadtbau Würzburg" gut durch die Pandemie gekommen.

Größter Wohnungszukauf seit Langem

Eine der Aufgaben der Stadtbau Würzburg ist es, Wohnungen für Menschen mit niedrigem Einkommen zur Verfügung zu stellen und einen mäßigenden Einfluss auf das Mietniveau in der Stadt auszuüben. Einen solchen Anspruch haben private Wohnungsbaugesellschaften nicht. Wird ein Wohnungsbestand in erster Linie mit der Brille der Wirtschaftlichkeit betrachtet, stellt sich manches in einem anderen Licht dar. Zum Beispiel das eigene Wohnungsportfolio. So mag es für die private Wohnungsbaugesellschaft „Dawonia" mit Sitz in München durchaus sinnvoll gewesen sein, 312 ihrer Wohnungen in Würzburg zum Verkauf anzubieten. Die Wohnungen auf dem Heuchelhof und in Lengfeld sind rund 50 Jahre alt und nicht im besten Zustand. Demnächst werden größere Renovierungsinvestitionen fällig.

Um die Wohnungen auch zukünftig zu günstigen Konditionen auf dem Würzburger Wohnungsmarkt halten zu können, gab die „Stadtbau" ein Angebot ab und kam damit unter die ersten zwölf Bieter. Mit Rückendeckung des Aufsichtsrats und des Stadtrats gab Geschäftsführer Sartoris ein verbindliches Angebot ab – und bekam den Zuschlag.

Seit dem 1. Oktober 2021 gehören die 312 Wohnungen der „Dawonia" in Lengfeld und auf dem Heuchelhof der Stadtbau Würzburg. Für den Kauf und die anstehende Sanierung werden zwischen 80 und 90 Millionen Euro investiert, ein großer Brocken, auch für die Stadtbau. „Als sozial orientiertes Wohnungsunternehmen müssen wir natürlich wirtschaftlich arbeiten, daneben haben wir aber auch einen wohnungspolitischen Auftrag, und den haben wir mit dem Kauf der Dawonia-Wohnungen wahrgenommen", erläuterte Geschäftsführer Hans Sartoris. Die „Stadtbau" will mindestens 50 Prozent der Wohnungen in der Mietpreisbindung halten, unabhängig davon, ob die Bindungsfrist abläuft oder nicht. Die Sanierung des gesamten Bestandes wird allerdings fünf bis acht Jahre in Anspruch nehmen.

Neuorganisation

Zehn Jahre nach dem Beginn des letzten Strategie- und Organisationsprozesses machte sich die „Stadtbau" dar-

Seite aus dem Geschäftsbericht 2021

„Im vergangenen Sommer haben wir für unseren Gebäudebestand einen Erdgasliefervertrag mit Preissicherung über fünf Jahre abgeschlossen. Würde ich denselben Vertrag heute abschließen, müsste ich mindestens das Vierfache bezahlen. Von diesem langfristigen Vertragsabschluss profitieren unsere Mieterinnen und Mieter derzeit enorm."
Matthias Michalik, Bereichsleiter Kaufmännische Objektbewirtschaftung

„Die gesamte Führungsriege in der Technischen Objektbewirtschaftung ist neu, das bringt viel Input von außen mit sich und auch eine andere Sichtweise auf vergangene Abläufe."
Andreas Ehehalt, Bereichsleiter Technische Objektbewirtschaftung

„Bei der Umsetzung der Reorganisation sind wir in der Anfangsphase. Die Mitarbeiterinnen und Mitarbeiter müssen sich erst an ihre neue Verantwortung gewöhnen. Gleichzeitig bedarf es aber auch einer Anpassung der Unternehmenskultur, die es den Mitarbeiterinnen und Mitarbeitern erlaubt, neue und eigene Umsetzungswege zu gehen."
Matthias Michalik, Bereichsleiter Kaufmännische Objektbewirtschaftung

an, ihre Organisation zu überarbeiten. Zusammen mit den Beschäftigten wurden in Workshops und Arbeitsgruppen alle Strukturen, Hierarchien, Bereichszuschnitte, Verantwortlichkeiten und Aufgaben auf den Prüfstand gestellt und in weiten Teilen neu organisiert. Im Jahr 2021 wurde die neue Struktur eingeführt.

Die neue Organisation hat drei Säulen: Kunde, Objekt und Service. Im Mittelpunkt stehen die Kundinnen und Kunden, also die Mieterinnen und Mieter. Dafür wurde einiges an der Organisation geändert, aber vor allem an der Philosophie, wie mit den Mieterinnen und Mietern umgegangen wird. Diese Säule heißt Kundenbetreuung.

Bei der zweiten Säule, der Objektbewirtschaftung, steht der Wohnungsbestand im Fokus. Der „Stadtbau Würzburg" gehören (2024) rund 5.600 Wohnungen mit etwas mehr als 350.000 Quadratmetern Fläche. Der Großteil dieser Wohnungen stammt aus den 60er- und 70er-Jahren des vergangenen Jahrhunderts, sie sind also 60 oder 70 Jahre alt. Sie zeigen Verschleißerscheinungen, die Vorstellungen vom Wohnen haben sich geändert, Stichworte sind hier Grundrisse und Barrierefreiheit. Aber die wichtigste Aufgabe der kommenden Jahre ist der Klimaschutz. Die Reduzierung des Kohlendioxidausstoßes für den Sektor Wohnen kann praktisch nur im Bestand erreicht werden. Deshalb hat die „Stadtbau" ihre Ressourcen im Bereich technische Objektbetreuung deutlich erhöht. Es geht darum, den Wert der Gebäude zu erhalten. Nur mit zeitgemäßen Wohnungen zu einem günstigen Preis können Menschen als Mieterinnen und Mieter gewonnen werden. Daraus ergibt sich die Bedeutung der Säule Objektbewirtschaftung.

Damit die ersten beiden Säulen überhaupt funktionieren können, braucht es eine Menge Unterstützungsleistungen. Das beginnt bei dem Bereich Entwickeln und Bauen, geht über Personal und Interne Dienste bis zur IT und den Finanzen.

Direkt an die Geschäftsführung angedockt gibt es mit der neuen Organisation zwei Stabsstellen, einmal für Unternehmenskommunikation und einmal für Steuerung und Kontrolle. Es ist völlig klar und im Unternehmen fest verankert, dass jede Einheit, egal, ob sie zu den Säulen Kunde, Objekt oder

Service gehört oder eine Stabsstelle ist, einen maßgeblichen Beitrag zum Unternehmenserfolg leistet.

Ein weiterer wesentlicher Aspekt der neuen Organisation ist der Abbau von Hierarchie. Das gesamte Unternehmen ist nun Schnittstellen-orientiert und nicht Hierarchie-getrieben. Das heißt, die Mitarbeiterinnen und Mitarbeiter haben mehr Gestaltungsspielraum, aber eben auch mehr Verantwortung. Absprachen finden nicht mehr nur auf der Ebene von Bereichsleitern statt, die dann die Ergebnisse nach unten kommunizieren, sondern alle Beteiligten an einer Schnittstelle stimmen sich ab. Der Gesprächsbedarf wird dadurch höher und Verantwortungsbereitschaft ist gefragt.

Wechsel in der Geschäftsführung

Sieht man von den Wirren in den 1990er-Jahren ab, ist die Geschäftsführung der „Stadtbau Würzburg" und ihrer Vorgängerorganisationen durch Kontinuität gekennzeichnet. Hans Sartoris übernahm im Jahr 2006 die Geschäftsführung der Stadtbau und schied 2024 mit dem Erreichen der Altersgrenze aus.

Hans Sartoris: Bauherrenpreise und ein neuer Stadtteil

Mehr als 18 Jahre lang führte Hans Sartoris die Geschäfte der Stadtbau Würzburg. Als die Stadt einen Nachfolger für Winfried Dill suchte, wünschte sich die damalige Oberbürgermeisterin Dr. Pia Beckmann einen Experten für Stadtentwicklung. Hans Sartoris brachte die notwendige Erfahrung mit. Seine Interessen waren schon in der Jugend ausgeprägt: Bei einem Interrail-Trip nach Spanien streifte er drei Tage zu Fuß durch Madrid, während seine Freunde direkt weiter ans Meer fuhren. Folgerichtig war seine erste berufliche Station nach dem Geographiestudium die Altstadtsanierung in seiner Heimatstadt Ulm. Von da an ging es über Darmstadt nach Thüringen. Dort betreute er acht Jahre lang für ein privates Planungs- und Beratungsunternehmen ein Altstadtquartier in Erfurt. Sein Weg in die Wohnungswirtschaft begann 1995 zunächst indirekt über ein berufsbegleitendes Studium der Immobilienökonomie. 1999 übernahm er bei der Gewoba in Bremen, einem der größten Wohnungsbauunternehmen in Deutschland, die Abteilungsleitung Stadtentwicklung.

Als er 2006 Geschäftsführer der „Stadtbau" wurde, ging es zuerst darum, für das Unternehmen eine gute Basis in den Bereichen Organisation, Strategie, Digitalisierung und Betriebswirtschaft zu schaffen. Die Neuaufstellung war erfolgreich und sehr bald war auch Sartoris' Expertise in Sachen Stadtentwicklung gefragt. In seine Zeit als Geschäftsführer fielen die Umsetzung des Rahmenplanes Zellerau, das Projekt WAL Ludwigkai, die Großprojekte Hubland I und II, die Sanierung des Bossi-Viertels in Grombühl sowie der Zukauf von 312 Wohnungen von der Wohnungsbaugesellschaft „Dawonia". Mit den Projekten „Neues Wohnen Brunostraße" und „Wohnen in allen Lebensphasen Ludwigkai" gewann die „Stadtbau Würzburg" 2013 und 2016 den deutschen Bauherrenpreis. In den Jahren 2017 und 2021 wurde das Unternehmen mit dem Siegel „TOP 100-Innovatoren" des deutschen Mittelstands ausgezeichnet.

Vor diesem Hintergrund mutet eine Sache etwas kurios an: 2022 verklagte die „Stadtbau Würzburg" ihren Geschäftsführer Hans Sartoris auf 1,6 Millionen Euro Schadensersatz. Der Schaden war entstanden, weil eine am Projekt Hubland I beteiligte Firma ihren Vertrag kurzfristig gekündigt hatte, da ihr eine am 23. Dezember mit einer Frist von sieben Tagen eingeforderte Bauhandwerkersicherheit nicht rechtzeitig gegeben werden konnte. Das Verfahren endete schließlich mit einem Vergleich, Sartoris' Versicherung bezahlte der Stadt 1,3 Millionen Euro. In einem Brief an die Mitarbeiterinnen und Mitarbeiter der „Stadtbau" hatte Oberbürgermeister und Aufsichtsratsvorsitzender Christian Schuchardt bereits vor dem Vergleich versichert, dass sich an der vertrauensvollen Zusammenarbeit mit dem Geschäftsführer nichts ändere.

Dass die Reputation von Hans Sartoris auch über die Grenzen von Würzburg und Bayern hinaus unstrittig ist, zeigte sich nicht zuletzt durch seine Berufung zum Vorsitzenden des Fachausschusses Stadtentwicklung im Bundesverband deutscher Wohnungs- und Immobilienunternehmen. Hans Sartoris wurde die Plakette der Stadt Würzburg in Silber und die Ehrenmedaille des VdW Bayern verliehen.

Als Nachfolger von Hans Sartoris wurde der 44-jährige Lars Hoffmann am 1. Juli 2024 in die Geschäftsführung der „Stadtbau Würzburg" berufen. Nach dem Eintritt seines Vorgängers in den Ruhestand leitet er das Unternehmen ab dem 1. August 2024 als Geschäftsführer allein. Hoffmann hat in Stuttgart und Bochum Immobilienwirtschaft studiert und seine Karriere bei der Stuttgarter Wohnungs- und Städtebaugesellschaft SWSG begonnen. Dort war er zuletzt Prokurist und Leiter des operativen Geschäfts der Gesellschaft mit 19.000 Wohnungen. 2021 wechselte er zu dem Bauunternehmen Wolff & Müller als Geschäftsführer der Immobilientochter.

V. l.: Der scheidende Geschäftsführer Hans Sartoris, der neue Geschäftsführer Lars Hoffmann, der Aufsichtsratvorsitzernde Oberbürgermeister Christian Schuchardt (Foto: Claudia Lother)

Die Stadtbau Würzburg in Zahlen (2023)

Anzahl der eigenen Wohneinheiten	5515
Neubauinvestitionen	10,0 Mio. €
Modernisierungs- und Instandhaltungsinvestitionen	13,6 Mio. €
Fluktuationsrate	4,6 %

Gremien der Stadtbau Würzburg 2024

Aufsichtsrat

Christian Schuchardt	Vorsitzender, Oberbürgermeister
Alexander Kolbow	1. stv. Aufsichtsratsvorsitzender, Stadtrat
Petra Pohl	2. stv. Aufsichtsratsvorsitzende, Stadträtin
Benjamin Schneider	berufsm. Stadtrat und Stadtbaurat
Antonino Pecoraro	Stadtrat
Hans-Jürgen Weber	Stadtrat, Altoberbürgermeister
Judith Roth-Jörg	Stadträtin, berufsm. Bürgermeisterin und Leiterin des Bildungs-, Schul- und Sportreferats der Stadt Würzburg
Emanuele La Rosa	Stadtrat
Wolfgang Roth	Stadtrat
Barbara Lehrieder	Stadträtin
Simone Haberer	Stadträtin
Robert Scheller	rechtsk. berufsm. Stadtrat und Stadtkämmerer der Stadt Würzburg (beratendes Mitglied)
Dr. Hülya Düber	rechtsk. berufsm. Stadträtin und Jugend-, Familien- und Sozialreferentin der Stadt Würzburg (beratendes Mitglied)

Geschäftsführung

Hans Sartoris (bis 31. Juli 2024)
Lars Hoffmann (ab 1. Juli 2024)

Hubland. (Foto Lisa Farkas)

Die Zukunft des sozialen Wohnungsbaus

Wir sind am Ende, aber mit rosigen Aussichten

Die soziale Wohnungswirtschaft braucht neue Ideen. Die derzeitige Situation ist geprägt von tiefgreifendem Mangel, ausufernden Kosten und hohen Anforderungen. Sie kann unter diesen Voraussetzungen ihre Aufgabe, bezahlbaren Wohnraum zur Verfügung zu stellen, nicht mehr im notwendigen Maße wahrnehmen. Es wird Zeit, der Ideenlosigkeit auf breiter Front ein Ende zu bereiten. Innovationen in der sozialen Wohnungswirtschaft können auf drei Ebenen stattfinden: technisch, ökologisch und sozial.

Die Ausgangssituation

Der Wohnungsbau ist in der Krise, das ist nichts Neues, aber dieses Mal kommt besonders viel zusammen: In Deutschland fehlen 800.000 Wohnungen, die Zahl der Baugenehmigungen ist Anfang 2024 um fast 20 Prozent gegenüber dem Vorjahr gesunken, der Bau einer Wohnung kostet derzeit rund 4.500 Euro pro Quadratmeter, was einer Kostensteigerung von 42 Prozent in den vergangenen vier Jahren entspricht, die Zahl der Vorschriften rund ums Bauen haben sich seit dem Jahr 2000 auf 20.000 vervierfacht ... Hiobsbotschaften - und diese Reihe ließe sich fortsetzen.

Für den sozialorientierten Wohnungsbau ist die Situation noch dramatischer. Die hohen Baukosten erfordern eine Neubaumiete von 18 bis 20 Euro pro Quadratmeter, das ist für sehr viele Menschen unbezahlbar und entspricht nicht dem originären Auftrag der Branche. Wie aber lässt sich eine notwendige Miete für Neubauten von 20 Euro pro Quadratmeter auf sozialverträgliche 10 Euro oder darunter drücken? Der Ruf nach staatlicher Förderung kommt dabei leicht über die Lippen. Tatsächlich zeigt sich auch hier eine lange Reihe wohnungspolitischer Versäumnisse der vergangenen Jahrzehnte, der Verkauf kommunaler Wohnungen an private Investoren gehört dazu, die Halbierung des Bestandes an Sozialwohnungen ebenfalls.

Deshalb sind politische Initiativen wie der angestrebte Bau von 400.000 neuen Wohnungen pro Jahr (darunter 100.000 geförderte Wohnungen) oder der „Nationale Aktionsplan gegen Wohnungslosigkeit" zu begrüßen, allerdings scheitern sie nicht selten an der Realität, die da heißt: Preissteigerungen und Inflation, Fachkräftemangel und Rohstoffknappheit, Vorschriftendschungel und Klimaschutzanforderungen … auch das ist eine nicht abschließende Aufzählung.

Die staatlichen Stellen müssen ihrer Verantwortung für bezahlbaren Wohnraum gerecht werden und das heißt auch, mehr Geld in den sozialen Wohnungsbau zu investieren. Staatliches Geld allein wird allerdings die Krise im Wohnungsbau allgemein und im sozialen Wohnungsbau im Besonderen nicht lösen. Die Rahmenbedingungen müssen verbessert werden, hier ist an erster Stelle der Abbau von Vorschriften zu nennen.

Die Verantwortung des anderen entbindet jedoch nicht von der eigenen. Auch der reichste Staat wird irgendwann mit der Endlichkeit seiner Ressourcen konfrontiert. Deshalb muss sich die Bauwirtschaft und eben auch die sozialorientierte Wohnungswirtschaft fragen: Was können wir dazu beitragen, bezahlbaren Wohnraum in Zeiten des Klimawandels zu schaffen, wo liegen unausgeschöpfte Potenziale?

Beim Blick auf ein traditionell errichtetes Gebäude drängt sich eine weitere Frage auf: Lässt sich mit dieser Produktionsweise unter den gegebenen Rahmenbedingungen überhaupt noch bezahlbarer Wohnraum schaffen oder sind wir mit unserem Geschäftsmodell am Ende? Stehen wir vor einem Dinosaurier, einer aussterbenden Art?

Ganz von der Hand zu weisen, sind solche Überlegungen nicht. Wenn auf einer Baustelle bis zu 35 unterschiedliche Gewerke zugange sind, die noch dazu aufeinander angewiesen sind, denn die Fliesen können erst verlegt werden, wenn die Wasserleitungen liegen. Auch der Automatisierungsgrad am Bau hinkt hinterher. Das lässt sich nicht zuletzt an der Arbeitsproduktivität pro Erwerbstätigenstunde ablesen. In der verarbeitenden Industrie ist diese Zahl zuletzt in einem Zeitraum von 20 Jahren um 65 Prozent gestiegen, im Durchschnitt der gesamten Industrie lag die Steigerung bei 37 Prozent, in der Bauindustrie dagegen wuchs die Produktivität pro geleisteter

Arbeitsstunde eines Erwerbstätigen innerhalb von zwei Jahrzehnten um lediglich 2,3 Prozent.

Ein Haus sei eben ein Unikat, das könne man nicht mit der Fließbandproduktion der Automobilproduktion vergleichen, lautet eine geläufige Entschuldigung. Aber ist das so? Sicher, die Villa am Starnberger See kommt nicht von der Stange, aber die hilft auch nicht gegen die Wohnungsnot.

In der sozialen Wohnungswirtschaft ist die Situation ganz anders. Hier geht es darum, schnell, günstigen und möglichst klimaneutralen Wohnraum zu schaffen. Warum sollte das nicht auch in Serie funktionieren? Um gleich ein Gegenargument vorwegzunehmen: Es geht nicht um die Rückkehr der „Platte" á la DDR. Serielles Bauen heißt nicht Langeweile in Beton, Qualität im unterirdischen Bereich und architekturlose Konformität. Ganz im Gegenteil.

Teil der Lösung: serielles und modulares Bauen

Von seriellem Bauen redet man, wenn wesentliche Teile eines Hauses in der Fabrik vorgefertigt (Prefab) und auf der Baustelle nur noch nach dem „Lego-Prinzip" zusammengebaut werden. Beim modularen Bauen werden ganze Hausmodule werkseitig vorgefertigt und vor Ort aus mehreren Modulen ein Haus zusammengesetzt – mit offensichtlichen Vorteilen: Die Bauzeit wird deutlich kürzer, die Baustelleneinrichtung ist weit weniger aufwendig, die Qualitätskontrolle kann auf hohem Niveau größtenteils bereits im Werk stattfinden, Häuser können als Serienprodukt genehmigt werden, so dass Bauanträge deutlich einfacher werden. Außerdem ist der Materialabfall deutlich geringer und witterungsbedingte Baustillstände gibt es praktisch nicht mehr.

Die ersten Schritte auf diesem Gebiet sind gemacht. Bereits 2018 schloss der GdW, der Bundesverband deutscher Wohnungs- und Immobilienunternehmen e. V., eine „Rahmenvereinbarung für serielles und modulares Bauen – für schnellen, kostengünstigen Wohnungsbau in hoher Qualität" mit neun Bietergemeinschaften ab. Im November 2023 präsentierten der GdW zusammen mit dem Hauptverband der Deutschen Bauindustrie und dem Bundesbauministerium die „Rahmenvereinbarung Serielles und modulares Bauen 2.0". Diese liefert ein europaweites vergaberechtliches Ausschreibungsverfahren 25 zukunftsweisende Konzepte für schnellen, kostengünstigen Wohnungsbau in hoher Qualität. Jetzt können die Mitgliedsunternehmen des GdW sogar unter 20 Bietern und Bietergemeinschaften wählen und mit ihnen neue Konzepte im Wohnungsbau umsetzen.

Die Mitgliedsunternehmen können einzelne Bietergemeinschaften per Einzelauftrag auf der Basis der Rahmenvereinbarung mit einem Bauprojekt beauftragen. Eine Reihe von Häusern wurden bereits unter den Bedingungen der Rahmenvereinbarung umgesetzt oder begonnen, beispielsweise an der Landsberger Allee in Berlin-Lichtenberg. Dort hat die GEWOBAG mit dem Bau von 1.500 Wohnungen begonnen, die aus 4.000 Modulen bestehen. Das Projekt soll 2026 angeschlossen werden. Geschätzt liegt die Kostenersparnis beim seriellen Bauen gegenüber der konventionellen Vorgehensweise bei ca. 30 Prozent. Die Angebote der Bieter bei der Rahmenvereinbarung 2.0 liegen zwischen 2.370 und 4.370 Euro pro Quadratmeter Wohnfläche. Hinzu kommen Einsparungen durch Mengeneffekte.

Viel Innovationspotenzial birgt auch die serielle Herstellung von Komponenten und Modulen in der Fabrik. Porsche Consulting und ABB Robotics haben sich vor Kurzem zusammengetan, um eine hochautomatisierte Fabrik zur Herstellung von Baukomponenten und Modulen zu entwickeln und zu bauen. Dabei fließt das Know-how von ABB in der Robotertechnologie genauso ein, wie die Erfahrung von Porsche Consulting in der Planung und im Betrieb moderner Fabriken. Diese Kooperation hat das Zeug, die Branche nachhaltig zu verändern.

Baustelle in Modulbauweise (Foto: GdW)

Holz-Hybrid-Häuser der Stadtbau Würzburg
Effizienz und Ökologie

Die Stadtbau Würzburg hat erste Erfahrungen im seriellen bzw. modularen Bauen mit zwei Holz-Hybrid-Häusern in der Frankfurter Straße in der Zellerau gesammelt. Bei diesen Gebäuden sind die Treppenhäuser und die Zwischendecken aus Stahlbeton, alles andere ist aus Holz. Da die Holzteile vorgefertigt werden können, lässt sich die Bauzeit enorm verkürzen und die Verwendung eines nachwachsenden Rohstoffs schafft eine günstige Klimabilanz. Der Rohbau der beiden Häuser dauerte nur sechs Wochen, die gesamte Bauzeit 14 Monate. Bei der nachhaltigen und zukunftsträchtigen Holz-Hybrid-Bauweise werden komplette Wände und Decken per Kran an die richtige Stelle gehoben und dort verbaut.

Beim Holz-Hybrid-Systembau werden die Baustoffe Holz und Beton zusammengebracht. Die Verwendung von Holz als ökologisch nachhaltigem Baustoff ist energieeffizient, recycelbar und ressourcenschonend. Genutzt wird Holz aus europäischen Wäldern. Diese Holznutzung trägt zum Klimaschutz bei: Die Bäume binden Kohlendioxid und speichern es im Holz als biogenen Kohlenstoff. Durch die Verwendung von Holz als Baumaterial wird der Kohlenstoff dauerhaft gebunden und gleichzeitig wird Platz für neue Bäume (Kohlendioxid-Speicher) geschaffen.

Bei den Häusern handelte es sich um ein Standardmodell des Herstellers, das auf Wunsch der Stadtbau modifiziert wurde. Die Erdgeschosszone wurde verputzt und farblich hervorgehoben (Standard wäre auch hier Holz). Dies zeigt, dass die gestalterische Qualität nicht von konventioneller oder serieller Bauweise abhängt, sondern von den Ansprüchen, die an das Produkt gestellt werden.

Aufgrund der guten Erfahrungen (kurze Bauzeit, geringere Kosten, weniger Beeinträchtigung) wird diese Bauweise auch beim nächsten Neubauprojekt im Stadtteil Lindleinsmühle zum Einsatz kommen.

Holz-Hybrid-Häuser in der Frankfurter Straße (Foto: xtract media)

Serielles Bauen funktioniert umso besser, je mehr Schritte im Prozess digitalisiert sind. Der Einsatz von **künstlicher Intelligenz (KI)** bei der Bauplanung und Ausführung kann beispielsweise wesentlich dazu beitragen, Fehlerkosten zu senken (bundesweit kosten Fehler am Bau einen zweistelligen Milliardenbetrag) und beispielsweise durch genaue Berechnung der Baumassen den Materialeinsatz effizienter zu gestalten.

Die Verwendung von **BIM (Building Information Modeling)** hat in den vergangenen Jahren bereits zugenommen, ist aber noch weit davon entfernt, zum Branchenstandard zu werden. Die Idee dahinter ist, dass ein Bauprojekt gewerkeübergreifend, ganzheitlich geplant und gebaut wird. So ist es beispielsweise möglich, einen digitalen Zwilling des Hauses zu programmieren, der die Abläufe und die Zusammenarbeit auf der Baustelle erleichtert. Ein solches Modell kann während der gesamten Lebenszeit des Gebäudes im Einsatz sein.

Roboter sind bereits heute auf den Baustellen zu finden, allerdings in weit geringerem Umfang als in anderen Industrien. Eine weltweite Umfrage von ABB hat ergeben, dass 55 Prozent der Bauunternehmen Roboter einsetzen, was gut klingt, wird durch den Vergleich mit anderen Industriezweigen relativiert: In der Automobilindustrie arbeiten 84 Prozent der Unternehmen mit Robotern, in der Fertigungsindustrie sind es 79 Prozent.

Roboterfertigung von Bauteilen (Foto: Gramazio Kohler Research / ETH Zürich)

Außerdem ist Roboter nicht gleich Roboter. Grob kann man zwischen stationären, mobilen und autonomen Systemen unterscheiden. Stationäre Systeme werden ähnlich wie Industrieroboter an festen Plätzen auf Baustellen aufgestellt und übernehmen dort stereotype, wiederkehrende Aufgaben wie Recycling oder Abfallsortierung. Mobile Systeme können sich auf der Baustelle bewegen und Aufgaben wie spachteln, streichen oder bohren erledigen. Autonome Roboter sind menschenähnliche Systeme, die sich von KI gesteuert über die Baustelle bewegen und eigenständig bauen. Diese Systeme sollen auch eine Antwort auf den Fachkräftemangel sein, bis zur Einsatzreife dürfte es allerdings noch etwas dauern.

Klimaschutz und Kreislaufwirtschaft

Die Baubranche ist ein veritabler Klimakiller. Diesen Satz hört niemand gerne über seine Branche. Aber bis zum flächendeckenden Einsatz von grünem Beton wird es noch eine Weile dauern und Bauschutt, wie er heute zumeist anfällt, taugt bestenfalls als Füllmaterial im Straßenbau oder muss gar deponiert werden.

Rund acht Prozent der Kohlendioxid-Emissionen in Deutschland stammen aus der Herstellung, Verarbeitung und der Entsorgung von Baustoffen, etwa 40 Prozent des gesamten Rohstoffverbrauches und fast die Hälfte des Abfallvolumens im Land entfallen auf die Bauwirtschaft.

Hierfür gibt es nur eine praktikable Lösung: die Kreislaufwirtschaft. Ziel muss es sein, dass ein Haus nach Ablauf seiner Lebensdauer zu nahezu 100 Prozent wiederverwertet werden kann. Also sind die Überreste eines Hauses nicht mehr Abfall, sondern Ressource. Aus dieser Ressource können dann ein neues Haus oder andere Produkte entstehen. Dies hat einen ökologischen und einen Klimaschutzaspekt, allerdings nicht nur – es geht auch um knallharte Wirtschaftlichkeit, zumindest in der Zukunft. Denn Rohstoffe wie Zinn, Zink oder Kupfer sind endlich, was sich nicht zuletzt in massiven Preissteigerungen zeigt. Wenn diese Stoffe immer wieder verwendet werden, lassen sich (zukünftig) auch Baukosten sparen.

Um eine nahezu vollständige Recyclingquote zu erreichen, müssen die wiederzuverwertenden Stoffe möglichst sortenrein vorliegen und gut voneinander lösbar sein. Das heißt, schon beim Bau eines Hauses muss die Recyclingfähigkeit mitgedacht werden. Durch den Einsatz von Technologien wie BIM oder Prefab ist dieses Ziel leichter zu erreichen. In einem digitalen Zwilling können alle Materialien bezeichnet und leicht wieder zu finden sein, bei der seriellen Produktion in der Fabrik kann auf unlösbare Verbindungen wie Kleber verzichtet und die einzelnen Materialien möglichst getrennt voneinander verbaut werden.

Aber auch im besten Fall wird nicht jeder Stoff gleich gut wiederverwertet werden können. Deshalb spricht man von vier Stufen der Wiederverwertung:

- **Re-Use**
  Die verwendeten Produkte können bei einem Neubau wieder eingesetzt werden. Die ist der Idealfall, aber aus nachvollziehbaren Gründen nicht der häufigste.

- **Recycling**
  Die verwendeten Produkte sind durch Abnutzung oder Alterung in einem Zustand, der einen Wiedereinsatz nicht zulässt. Sie werden in ihre Ursprungsstoffe zurückverwandelt, also beispielsweise eingeschmolzen. Aus den Rohstoffen werden neue Produkte gefertigt.

- **Downcycling**
  Aus den rückgewonnenen Stoffen werden neue Produkte hergestellt, die allerdings minderwertiger als das Ursprungsprodukt sind, beispielsweise Parkbänke aus Plastikresten.

- **Upcycling**
  Aus den rückgewonnenen Stoffen werden Produkte hergestellt, die höherwertig als die Ausgangsprodukte sind, beispielsweise T-Shirts aus PET-Flaschen.

Das Ziel der Bauwirtschaft muss es sein, alle Produkte wiederzuverwenden oder zu recyceln. Das wird aller Voraussicht nach ohne verbindliche Recyclingquoten nicht möglich sein.

Die Stadtbau Würzburg auf dem Klimapfad

Verbindlich neutral bis 2045

„Klimaneutralität schnellstmöglich und sozialverträglich – spätestens bis zum Jahr 2040", so lautet das Klimaschutzversprechen der Stadt Würzburg. Im „Integrierten Klimaschutzkonzept", das der Stadtrat 2022 beschlossen hat, werden die Wege zur Umsetzung aufgezeigt. Viel Kohlendioxid wird im Wohnungssektor erzeugt, also auch von den mehr als 5.500 Wohnungen der „Stadtbau Würzburg". Deshalb hat das Unternehmen einen „Klimapfad" entwickelt, auf dem die Klimaneutralität des Wohnungsbestands der Stadtbau bis 2045 als feste Verpflichtung erreicht werden soll. Aktionen sind dabei auf fünf Handlungsebenen notwendig, und zwar: Gebäudebestand, Neubau, Freiflächen, Unternehmen und Management.

Gebäudebestand: Wer im Gebäudesektor bedeutende Einsparungen von Treibhausgasen erreichen will, der muss in den Bestand investieren. Das gilt insbesondere für die „Stadtbau", die immer noch einen großen Teil alter und damit zumeist energetisch nicht besonders guter Wohnungen in ihrem Portfolio hat. Bei rund 30 Prozent der Wohnfläche der „Stadtbau" besteht ein beträchtliches Einsparpotenzial an Heizenergie durch Dämmung. Die Umstellung der Heizungsanlagen bringt viel, auch wenn im Jahr 2019 bereits 35 Prozent der Wohnungen der „Stadtbau" mit Fernwärme beheizt wurden. In Zusammenarbeit mit der WVV wird geprüft, welche Wohnungen noch an das Fernwärmenetz angeschlossen werden können, wo Nahwärmekonzepte sinnvoll sein und wo Wärmepumpen im Idealfall gekoppelt mit Photovoltaik eingesetzt werden können.

Neubau: Bauen in der derzeitigen Form ist nicht klimaneutral. Das fängt bei den Baustoffen an. Für die Herstellung von Beton wird beispielsweise sehr viel Energie benötigt. Holz wäre eine Alternative, aber gute, geschosswohnungstaugliche Produkte sind erst seit fünf oder zehn Jahren verfügbar. Die „Stadtbau Würzburg" hat nun mit zwei Holz-Hybrid-Häusern in der Frankfurter Straße erste Erfahrungen mit diesem Baustoff gesammelt. In Zukunft wird Holz verstärkt bei Neubauten verwendet werden, wobei hier jedoch verstärkt darauf geachtet werden muss, woher das

Holz kommt, wie lange die Transportwege sind und wie es erzeugt wurde. Aber auch der Einsatz anderer Baustoffe aus Recyclingmaterial oder die Wiederverwendung von Abbruchmaterial können zur Verbesserung der Klimabilanz beitragen. Schließlich sollen auch erneuerbare Energien eingesetzt und bei jedem Neubau Photovoltaikanlagen mitgeplant werden.

Freiflächen: Freiflächen können zu einer guten Klimabilanz beitragen. Die „Stadtbau" verfügt über 34 Hektar befestigte Flächen wie Parkplätze, Hauszugänge oder Feuerwehrzufahrten und über rund 25 Hektar Grünflächen mit 2.500 Bäumen, über 4 Hektar Wildgehölzfläche, 3.300 Quadratmeter Wasserfläche und 13 Hektar Rasen. Grünflächen sind einerseits Kohlendioxidsenken, so könnten allein die Bäume der „Stadtbau" etwa 4.000 Tonnen CO_2 gespeichert haben, und andererseits tragen sie zu einem besseren Mikroklima bei.

Im Rahmen des „Klimapfades" wird es darum gehen, den Baumbestand zu erhalten beziehungsweise die vorhandenen Bäume nach und nach durch sogenannte „Klimabäume" zu ersetzen, Arten, die besser mit den zu erwartenden extremen Wetterereignissen wie Dürre, Starkregen oder Sturm zurechtkommen.

Neben der Erhöhung der Artenvielfalt bei Strauch- und Staudengehölzen sowie der Schaffung von Blumenwiesen und Kräuterrasen wird es auch darum gehen, Flächen zu entsiegeln und beispielsweise Dächer zu begrünen. Auch die Wasserbewirtschaftung soll von der schnellen Ableitung auf Zurückhaltung und Speicherung umgestellt werden.

Unternehmen: Die „Stadtbau Würzburg" ist ein Unternehmen mit einer Bilanzsumme von über 350 Millionen Euro und mehr als 100 Mitarbeiterinnen und Mitarbeitern. Der Geschäftsbetrieb emittiert Kohlendioxid, z. B. die Fahrzeugflotte: Sie umfasst 42 Fahrzeuge von der Mähmaschine über den Kastenwagen bis zum Dienstwagen. Diese Fahrzeuge haben im Jahr 2019 insgesamt 22.510 Liter fossilen Treibstoff verbraucht. Das Unternehmen hat bereits damit begonnen, die Flotte auf Elektrofahrzeuge umzustellen und den Mitarbeiterinnen und Mitarbeitern Dienstfahrräder zur Verfügung zu stellen.

Ebenfalls 2019 wurde für den Geschäftsbetrieb durch externe Ingenieure ein Energieaudit erstellt. Daraus wurde eine Reihe von Verbesserungsmaßnahmen abgeleitet, die nun nach und nach umgesetzt werden. Insgesamt sollen mehr recycelte Materialien in der Geschäftsstelle und im Regiebetrieb eingesetzt werden.

Management: Klimaschutz ist eine Managementaufgabe. Das heißt, das Thema muss strategisch und operativ in der Organisation verortet werden und die notwendige fachliche Kompetenz und das entsprechende Personal müssen vorhanden sein. Aber auch das Portfoliomanagement muss mit Blick auf den Klimapfad neu aufgestellt und die Planungsprozesse müssen angepasst werden.

Bei allen technischen Möglichkeiten kann der Klimaschutz nur erfolgreich sein, wenn die Mieterinnen und Mieter mitziehen. Deshalb gehört die Kommunikation des „Klimapfades" gegenüber der Mieterschaft und der Öffentlichkeit zu den wichtigsten Aufgaben des Managements.

Die Herausforderung dabei ist, dass die Maßnahmen des „Klimapfades" so umgesetzt werden müssen, dass das Unternehmen weiterhin wirtschaftlich erfolgreich bleibt und seinen Unternehmenszweck, kostengünstigen Wohnraum in Würzburg zur Verfügung zu stellen, erfüllen kann.

Der „Klimapfad" wurde 2022 auf den Weg gebracht. Er wird in den kommenden 25 Jahren Investitionen in der Größenordnung einer halben Milliarde Euro erfordern. Ohne staatliche Fördermittel geht das nicht.

Größe ist nicht entscheidend

Bleibt ein weiteres Problem bei der Zukunftsfähigkeit der Bauwirtschaft: Flächenverbrauch und Flächenversiegelung. In Deutschland fehlen 800.000 Wohnungen, mindestens. In München, immerhin der drittgrößten Stadt im Land, gibt es rund 830.000 Wohnungen auf 310 Quadratkilometern. Niemand kann ein ernsthaftes Interesse daran haben, 300 Quadratkilometer Wald- oder Ackerfläche neu zu bebauen.

Nachverdichtung heißt hier das Schlüsselwort. Damit ist das Füllen von Baulücken, das Aufstocken von Gebäuden oder der Ausbau von Dachgeschossen gemeint. Auf diese Weise können neue Flächen gewonnen werden, allerdings auch nicht unendlich.

Deshalb werden wir nicht darum herumkommen, unsere Form des Wohnens zu verändern. Derzeit haben wir einen durchschnittlichen Wohnraum pro Kopf in Deutschland von 48 Quadratmetern. Das ist vor dem Hintergrund der dauerhaft notwendigen Zuwanderung, des demografischen Wandels und der Binnenmigration vom Land in die Stadt zu viel.

Natürlich geht es nicht darum, eine vierköpfige Familie in eine Drei-Zimmer-Wohnung zu pressen oder die alte Dame aus ihrer angestammten Wohnung in ein Ein-Zimmer-Appartement umzusiedeln. Es ist vielmehr wichtig, zu erkennen, dass Wohnqualität nicht unbedingt etwas mit Größe zu tun hat. Ist es beispielsweise notwendig, ein Gästezimmer vorzuhalten, wenn fünf Mal im Jahr Besuch übernachtet? Oder ein Arbeitszimmer für 25 Homeoffice-Tage im Jahr? Notwendig ist das bestenfalls, wenn es keine Alternativen gibt. Hier ist also intelligenter Wohnungsbau gefragt, Reduktion der Wohnfläche pro Kopf bei gleichzeitiger Ausweitung der in einer größeren Wohneinheit gemeinsam zu nutzenden Flächen: Gästezimmer mit annäherndem Hotelstandard, Co-Working-Spaces, die das Homeoffice nicht zur einsamen Angelegenheit machen, Räume zum Feiern mit größeren Gruppen.

Ein Projekt mit Vorbildcharakter findet sich in Malmö in Schweden. Im Sofielunds Kollektivhus gibt es 45 Wohnungen mit 100 Bewohnerinnen und Bewohnern. Das Haus gehört der städtischen Baugesellschaft, die Mieterinnen und Mieter haben als Gemeinschaft einen Verein gegründet und waren bereits an der Planung beteiligt. Neben einer eigenen, voll ausgestatteten Wohnung stehen den Bewohnern von Sofielunds Kollektivhus viele Gemeinschaftsräume zur Verfügung, wie z. B. eine große Küche und ein Esszimmer für große Gruppen, ein Kinderzimmer, ein Fernsehzimmer, ein Musikzimmer, ein Gästeappartement, ein Yogaraum, eine Sauna, ein Innenhof und eine große Dachterrasse. Vor dem Einzug haben sich die Mieterinnen und Mieter verpflichtet, die Gemeinschaftsflächen abwechselnd zu reinigen und in regelmäßigen Abständen für die Gemeinschaft zu kochen. Die Architektur trägt wesentlich zum sozialen Leben im Sofielunds Kollektivhus bei. Die einzelnen Wohnungen sind über Treppen und Durchgänge miteinander verbunden, ebenso die Balkone und Außenbereiche. Die 100 Bewohnerinnen und Bewohner sind zwischen 0 und 75 Jahre alt, darunter zwanzig Kinder.

In Schweden und auch in Deutschland gibt es eine Reihe weiterer solcher Projekte. Das Besondere am Sofielunds Kollektivhus ist, dass es sich um Mietwohnungen handelt und das städtische Bauunternehmen MKB als Eigentümer beteiligt ist. Das Kollektivhus wurde 2014 fertiggestellt, hat die Feuertaufe längst bestanden und kann als Vorbild für ähnliche Projekte auch in Deutschland dienen.

Gemeinschaftsflächen bei der Stadtbau Würzburg

Die ersten Schritte sind getan

Mit dem Projekt WAL Ludwigkai ist die Stadtbau Würzburg neue Wege gegangen. Die Modernisierung der zum Teil sehr alten Häuser und der teilweise Neubau boten nicht nur die Möglichkeit, Wohnen in allen Lebensphasen (WAL) zu ermöglichen, sondern auch neue, gemeinschaftsfördernde Angebote auszuprobieren. So wurde im vierten Bauabschnitt ein Gemeinschaftsraum geschaffen, in dem sich die Mieterinnen und Mieter treffen, feiern und diskutieren können. Die Sozialmanagerin der Stadtbau unterstützt die Mieterinnen und Mieter bei der Entwicklung von Nutzungskonzepten und Programm.

Auch bei den Neubauprojekten im Stadtteil Hubland wurden von der Stadtbau Gemeinschaftsräume für die Mieterinnen und Mieter geschaffen. Im Hubland I gibt es zusätzlich einen „Mini-Co-working Space" mit zwei Arbeitsplätzen exklusiv für Stadtbau-Mieterinnen und -Mieter.

Viel Erfahrung bringt das Unternehmen bei der Schaffung von Gemeinschaftsflächen im Freien mit. Hier sind nicht nur die obligatorischen Spielplätze gemeint, sondern auch Mietergärten oder Grillplätze. Soweit möglich werden die Mieterinnen und Mieter schon bei der Planung der Freiflächen beteiligt. In der Zellerau wurde beispielsweise ein Projekt vom ISP Erfurt, dem Institut für Stadtforschung, Planung und Kommunikation an der Fachhochschule Erfurt, begleitet. Im ersten Schritt erhielten die betroffenen Mieter einen Fragebogen, mit dessen Hilfe ihre Ansprüche und Wünsche in Bezug auf die Freiflächen erhoben werden sollten. Die Ergebnisse waren Richtschnur für die Vorschläge einer Landschaftsarchitektin. Ihre Ideen wurden auf einer Mieterversammlung diskutiert und abgestimmt.

Damit ist die Stadtbau Würzburg erste Schritte in Richtung Aufwertung der Quartiere durch Gemeinschaftsflächen gegangen. Das Potenzial dafür ist groß.

Rosige Aussichten

Zurück auf Anfang: Die sozialorientierte Wohnungswirtschaft ist in einer herausfordernden Lage, aber für Schwarzmalerei gibt es keinen Anlass, denn die Aussichten sind rosig. Dieser Optimismus hat eine solide Grundlage. Die sozialorientierte Wohnungswirtschaft agiert in einem Dreieck mit den Eckpunkten „Wirtschaftlicher Erfolg", „Ökologische Verantwortung" und „Soziale Orientierung". Diese Themengebiete sind genau die, auf denen die Zukunft des Wohnens stattfindet. Wir müssen wirtschaftlich erfolgreich sein, um auch in den kommenden Jahren bezahlbaren Wohnraum schaffen zu können. Hierzu ist staatliche Förderung notwendig, aber nicht nur. Zusammen mit anderen Akteuren der Branche müssen wir alle Möglichkeiten ausloten, um Bauen wieder erschwinglich zu machen.

Ökologische Verantwortung, zu der auch der Klimaschutz gehört, ist unabdingbar für eine lebenswerte Zukunft. Nicht nur die sozialorientierte Wohnungswirtschaft, sondern die gesamte Baubranche, muss eher heute als morgen auf Kreislaufwirtschaft umstellen. Es kann nicht sein, dass ein Bereich der Wirtschaft, der den Menschen etwas so Zentrales wie ein Heim zur Verfügung stellt, gleichzeitig ein „Klimakiller" und Umweltverschmutzer ist.

Bleibt das Thema soziale Orientierung, das Herzstück von Unternehmen wie der Stadtbau Würzburg. Bezahlbaren Wohnraum zur Verfügung zu stellen, ist das eine.

Das heißt aber nicht, dass der niedrige Preis sich aus miserabler Wohnqualität und ökologischen Niedrigstandards ergeben darf. Wir müssen deshalb unseren gesamten Einfallsreichtum und unsere Kreativität einsetzen, um lebenswerte Quartiere zu verträglichen Preisen zu schaffen. Gemeinsam zu nutzende Flächen anstatt großer Wohnungen sind eine Möglichkeit dazu.

Dabei spielt uns die europäische Gesetzgebung in die Karten. Im Januar 2023 trat die Corporate Sustainability Reporting Directive, die EU-Richtlinie zur Unternehmens-Nachhaltigkeitsberichterstattung, in Kraft, die spätestens 18 Monate später in den Mitgliedsländern umgesetzt sein muss. Innerhalb des von den Wirtschaftsprüfern testierten Lageberichts müssen also auch große Teile der Wohnungswirtschaft künftig über ihre Nachhaltigkeitsaktivitäten berichten, und zwar aus der finanziellen, der ökologischen und der sozialen Perspektive. Für die soziale Wohnungswirtschaft ist das nichts Neues, sondern die Grundlage unseres Geschäftsmodells. Wir werden also noch stärker als bisher den Unterschied zur profitorientierten Immobilienwirtschaft deutlich machen können.

Es gibt zwar keinen Grund, sich auf möglichen Lorbeeren auszuruhen, aber – wie gesagt – die Aussichten sind rosig.

Ein Gespräch mit jungen Leuten

Wie wir wohnen wollen

Wie sehen junge Menschen ihre Wohnzukunft in Würzburg? Wolfgang Orians hat mit fünf von ihnen gesprochen, und zwar mit Jasmin Pfarr (27), Jennifer Beeger (28), Jonas Kauer (28), Niklas Wirsching (25) und Simon Rankl (26). Sie haben das Leben und auch so manchen Umzug noch vor sich. Alle fünf haben in Würzburg studiert, tun es noch, wohnen hier oder in direkter Nähe und wollen auch in der Stadt bleiben.

Was findet ihr an Würzburg gut?

Jasmin: „Würzburg hat eine gute Größe, es ist nicht super überwältigend, wie in einer Großstadt ist, aber es bietet trotzdem viel auch an Freizeitmöglichkeiten und Sehenswürdigkeiten. Es ist eine sehr schöne Stadt, es gibt viel Grünfläche und trotzdem eine gute Infrastruktur."

Allgemeine Zustimmung, bis auf die Freizeitmöglichkeiten. **Jennifer** *findet, dass es mehr Plätze für junge Leute geben sollte, und zwar nicht nur Clubs und Bars. Sie wünscht sich auch mehr Orte, zu denen sie am Nachmittag gehen könnte.* **Jonas** *lobt das Angebot an guten Weinen,* **Niklas** *findet die Lebensqualität in der Stadt insgesamt sehr hoch und* **Simon** *freut sich, dass die Stadt nicht so groß ist und man schnell einen Überblick bekommt.*

Wie wohnt ihr jetzt?

Gründe genug, um in Würzburg zu wohnen, hat jede und jeder, aber natürlich spielt auch das „Wie" eine Rolle.

Simon *wohnt mit seiner Freundin knapp außerhalb der Stadtgrenzen in Gerbrunn.* „Zwischen Abi und Studium war nicht viel Zeit und das Budget nicht groß, deshalb haben wir genommen was nicht völlig ramponiert aussah und wo wir schnell einziehen konnten. Damals ging es noch mit den Preisen, aber jetzt hat es deutlich angezogen."

Jasmin: *wohnt allein in einer Zweizimmerwohnung in Oberdürrbach, will aber noch in diesem Jahr mit ihrem Freund Jonas zusammenziehen.* „Das gestaltet sich schwieriger, als man denkt, in Würzburg. Wir brauchen eine größere Wohnung, denn ich arbeite viel im Homeoffice und wenn man zu zweit wohnt, ist es nicht gut, wenn Privates und Arbeit nicht klar voneinander getrennt sind. Es ist schwierig und vor allem teuer etwas anderes in Würzburg zu finden, was nicht ganz abseits liegt."

Für **Jonas** *bringt eine neue Wohnung auf jeden Fall eine Verbesserung.* „Ich wohne in einer Einzimmerwohnung in der Heinestraße, die Wohnung habe ich über einen Freund billig bekommen, da gab es kein langes Abwägen. Jetzt zum Ende des Studiums ist sie aber ein bisschen klein, vor allem will ich ja mit Jasmin zusammenziehen. Aber für das Studium war die Wohnung gut, sehr zentrale Lage, man ist schnell am Bahnhof.

Niklas *wohnt in einer Zweier-WG in der Zellerau in einem relativ alten Haus im Erdgeschoss.* „Groß aussuchen konnte ich nicht, wir haben die Wohnung vermittelt bekommen, da mussten wir nehmen, was kam. Die Zellerau finde ich gut, würde gar nicht woanders wohnen wollen."

So sieht es auch **Jennifer,** *die gerade von der Sanderau nach Zellerau gezogen ist.* „Ich bin gerade mit meiner Mitbewohnerin in eine Stadtbau-Wohnung gezogen. Hier in der Zellerau sind die Mainwiesen schöner und unten bei der Talavera ist es sehr schön.

Auch die Einkaufsmöglichkeiten sind sehr gut. In anderen Stadtteilen muss man in die Innenstadt fahren, wenn man einkaufen will."

Was macht für euch eine gute Wohnung aus?

Jasmin: „Für mich ist das Wichtigste die Lage. Wir haben einen Hund, da will ich auch nachts unbesorgt rausgehen können. Die Wohnung soll hell sein, eine gute Aufteilung haben und so gedämmt sein, dass die Heizkosten nicht in unendliche Höhen steigen. Corona hat gezeigt, dass ein Balkon Gold wert ist, da- mit man auch bei ei- nem Lock- down, an die fri- sche Luft kommt. Ich will lieber in der Stadt le- ben als in einem Einfa- milien- haus am Stadt- rand aber es sollte auch in der Stadt viel Grün geben." *Ihr Vater hat ein Haus, aber Jasmin findet, dass das viel Ver- antwortung und hohe laufen- den Kosten be- deutet. „Da ist eine Wohnung, auch wenn es eine Eigentumswohnung ist, entspannter."*

Jonas: „Für mich ist auch die Lage entscheidend. Mir ist eine schnelle Anbindung ans Zentrum wichtig, aber auch die Nähe zur Natur, ich will schnell im Wald oder im Feld sein. Größenmäßig fände ich 80 bis 100 Quadratmeter gut. Grundsätzlich finde ich ein Einfamilienhaus nicht schlecht, wenn man es sich leisten kann. Es müsste dann aber auch in der Stadt, nicht auf dem Land sein." *Jonas kommt vom Land und hat sein halbes Leben da verbracht. Das reicht ihm, jetzt will er was erleben. Eine spätere Rückkehr aufs Land will er aber nicht ausschließen.*

Niklas: „Ich sehe mich aktuell und in den nächsten zehn Jahren auch in der Stadt, also in einer Wohnung. Es sollte wenigstens der 1. Stock sein, in einem Neubau mit einer modernen Heizung und viel Licht. Ich kann mir auch vorstellen, irgendwann wieder auf dem Dorf zu wohnen, also dahin wo ich herkomme, aber im höheren Alter. Ein Haus will ich eher nicht bauen, ich denke, das ist finanziell nicht mehr drin bei uns."

Jennifer: „Ich komme auch vom Dorf, das war ein sehr kleines Dorf, da gab es noch nicht einmal einen Bäcker, ohne Auto war man aufgeschmissen. Deshalb sehe ich mich auch im hohen Alter in der Stadt, weil ich nicht unbedingt Auto fahren will." *Sie sieht bei ihrer Familie, was das bedeutet. Wenn diese größere Unternehmungen machen möchten, müssen sie meist nach Würzburg fahren, was immer viel Fahrerei und Parkplatzsuche bedeutet.* „Ich kann mir schon vorstellen, wenn ich von mir alleine ausgehe, in einer schönen Zweizimmerwohnung mit Balkon zu wohnen. Eine gepflegte Altbauwohnung mit einem etwas besseren Standard fände ich gut."

Simon *hat in der vergangenen Zeit einiges ausprobiert. Am besten hat es ihm in Amsterdam gefallen. Viel los, kurze Wege und alles mit dem Fahrrad erreichbar.* „Ich gehe für mich in den nächsten 30 oder 40 Jahre von einer Wohnung aus. Sie sollte für mich und meine Freundin genug Platz bieten, ich schätze, so 80 Quadratmeter reichen, wenn die Wohnung gut geschnitten ist. Alles andere würde ich dann draußen machen wollen, wenn das Viertel so aufgebaut ist, dass es viele Gemeinschaftsplätze gibt, wo man sich mit Leuten aus anderen Generationen und aus einem anderen sozialen Umfeld treffen kann. Ich finde es gut, wenn ich auch von Leuten außerhalb meiner Bubble Input bekomme."

Welche Rolle spielt denn Nachhaltigkeit bei euch in Bezug auf Wohnen?

Simon: „Wenn ich davon einen Vorteil habe, dann schon. Wenn der Strom beispielsweise aus regenerativen Quellen kommt und dann auch billiger ist oder wenn es eine ordentliche Heizung gibt und das Haus gut isoliert ist, so dass die Kosten niedriger sind. Aber ansonsten spielt für mich Nachhaltigkeit eher eine untergeordnete Rolle. Ich bin erstmal froh, wenn ich überhaupt eine Wohnung finde.

Jennifer: „Ich möchte auf jeden Fall eine Wohnung, die gut an die öffentlichen Verkehrsmittel angebunden ist, weil ich wegen der Umwelt kein Auto fahren will. Darauf würde ich schon achten."

Niklas: „Bei den öffentlichen Verkehrsmitteln kann ich mich anschließen. Generell ist mir der Aspekt Nachhaltigkeit schon wichtig, aber bei der Wohnungssuche hat man das nicht immer selbst in der Hand, außer man baut von Grund auf neu. In diesem Fall würde ich nachhaltige Materialien verwenden. Aber derzeit ist es so schwierig eine Wohnung zu finden, dass man nicht auch noch auf Nachhaltigkeit achten kann."

Jonas: „Das sehe ich genauso. Wenn ich die Wahl hätte, zwischen einer Wohnung, die gut liegt, einen tollen Blick hat und hell ist und einer die hervorragend gedämmt und auch sonst nachhaltig ist, würde ich mich wahrscheinlich für die erstere entscheiden."

Jasmin: „In meiner jetzigen Wohnung hatte ich schon so oft Probleme mit Schimmel, deshalb sind Dämmung und eine gute Heizung Gold wert, wenn man nicht in einem schimmeligen Schlafzimmer schlafen will. Eine Wohnung ohne gute Verkehrsanbindung würde ich nicht nehmen. Ich habe zwar ein Auto, finde es aber schwachsinnig, für jede kleine Strecke, das Auto zu nehmen. Ich würde mich bei Jonas' Beispiel für die zweite Wohnung entscheiden."

Wie sollte eure zukünftige Wohnung aussehen?

Jasmin: „Das ist nicht so einfach zu sagen. Altbauwohnungen finde ich total schick, aber die hohen Decken sind vom Heizen her nicht so toll. Auch offene Räume finde ich schön. Es gab mal eine Zeit, da hat man Rundbögen als Durchgang zwischen den Zimmern gebaut, das finde ich gut. Eine kleine Küche reicht für mich aus, aber die anderen Räume sollten hell und groß sein. Letztendlich geht es aber darum, was man für sein Budget bekommt, das Träumen lässt man lieber."

Jonas: „Hohe Decken finde ich auch schön und einen großen Wohnbereich. Ich wünsche mir aber eine größere Küche mit Respectküche. Ein Ausschlusskriterium wäre aber eine kleine Küche nicht. Auf jeden Fall hätte ich noch gerne ein Arbeitszimmer, in das zwei Schreibtische passen. Und ein Balkon gehört auch zu einer schönen Wohnung."

Niklas: „Ich bin großer Fan von offenen Wohnungen, bei meinen Eltern war Küche, Esszimmer und das Wohnzimmer ein großer Bereich, so hätte ich es auch gerne. Ich mag auch leichte Dachschrägen, wie in meinem Kinderzimmer früher. Jetzt habe ich gerade Wände und wünsche mir die Schrägen zurück."

Jennifer: „Bei mir ist es ganz anders als bei Jonas. Das Badezimmer und die Küche dürfen ruhig klein sein, ich koche sowieso nicht gerne. Die Größe soll sich im Wohn- und im Schlafzimmer zeigen. Ich finde große Schiebetüren total cool. Und geeigneter Stauraum ist mir wichtig, um Haushaltsgegenstände ordentlich aufzubewahren."

Simon: „Eine Wohnung sollte gut geschnitten sein, hohe Decken finde ich gut, wenn im Sommer die heiße Luft nach oben steigt und es dann unten kühl ist und wenn die Fenster ein bisschen zurückgesetzt sind, so dass die Sonne nicht direkt reinfällt. Bei der Größe der Zimmer kommt es auf den Schnitt an."

Simon Rankl (26 Jahre) kommt aus dem Raum Rosenheim. Er hat gerade das Studium der Wirtschaftsinformatik mit einem Master abgeschlossen.

Jasmin Pfarr (27 Jahre) studiert angewandte Wirtschafts- und Medienpsychologie. Nebenbei arbeitet sie als Werkstudentin bei Siemens.

Jonas Kauer (28 Jahre) beginnt mit der Bachelorarbeit in Wirtschaftsinformatik und arbeitetet nebenbei im Projektmanagement.

Niklas Wirsching (25 Jahre) studiert Wirtschaftsinformatik und arbeitet nebenbei als Softwareentwickler.

Jennifer Beeger (28 Jahre), hat Wirtschaftsinformatik studiert, arbeitet als IT-Projektmanagerin im Bereich IT und Digitale Transformation.

Künstliche Intelligenz und ihre Auswirkungen auf die Wohnungswirtschaft

Von Stephan Preuss, Arne Rajchowski

Die Autoren stellen vorweg, dass die nachfolgenden Inhalte von Menschen und nicht von einer Künstlichen Intelligenz (KI) erstellt wurden.

Die öffentliche Vorstellung von ChatGPT im November 2022 hat die Generative Künstliche Intelligenz (Generative KI) für viele Menschen greifbar und erlebbar gemacht. Im Gegensatz zu früheren Digitaltechnologien wie Big Data oder Blockchain, die schwer direkt erfahrbar sind, zeichnet sich Generative KI durch eine direkte Anwendbarkeit aus. Die von Open AI entwickelte Software generierte hochwertige Textinhalte und konnte Informationen sinnvoll zusammenfassen. Das Besondere daran war, dass die Software eine für uns Menschen verständliche Sprache spricht. Anstatt komplexer technischer Protokolle und Schnittstellen können die Ergebnisse des Computers plötzlich in natürlicher Sprache verstanden werden. Dies ist sprachübergreifend möglich, davon, ob die Eingabe in Französisch oder einer anderen Sprache erfolgt. Seitdem können wir die Ergebnisse in nahezu perfektem Deutsch konsumieren. Einige empfinden diesen ersten Moment aus menschlicher Sicht als „gruselig" und „demütigend" (New York Times).

Aber was genau ist das, was 2022 für so viele Menschen plötzlich erfahrbar wurde? Handelt es sich um etwas völlig Neues, das Potenzial für grundlegende Veränderungen hat? Oder ist es nur eine ergänzende Technologie im Bereich Digitalisierung, die möglicherweise nicht so verzaubernd ist, wie es zunächst scheint?

Eine weitere Frage, die uns beschäftigen wird, ist der Einfluss von Künstlicher Intelligenz auf die Aufgaben innerhalb von Wohnungsunternehmen. Unternehmen wie die Stadtbau Würzburg spielen eine wichtige Rolle in unserem öffentlichen Leben.

Die Bedeutung von bezahlbarem - sozialem Wohnen ist ein wesentlicher Aspekt des Gemeinwohls. In einer Zeit, in der die Baukosten und die Lebenshaltungskosten der Mieter sprunghaft angestiegen sind, Arbeits- und Fachkräfte bereits heute knapp sind, werden neue Lösungen für die Herausforderungen der Wohnungsunternehmen erforderlich.

> *"AI is a transformative, general-purpose technology with the potential to influence entire economies and alter society."*
> *– Amy Webb, Future Today Institute[1]*

Eine thematische Einordnung der Künstlichen Intelligenz

> *„Unter künstlicher Intelligenz (KI) verstehen wir Technologien, die menschliche Fähigkeiten im Sehen, Hören, Analysieren, Entscheiden und Handeln ergänzen und stärken." – Microsoft*

Bei dem Thema „Künstliche Intelligenz" ist es wichtig zu verstehen, dass es sich um eine Vielzahl komplexer technischer Verfahren handelt. Diese umfassen beispielsweise die Mustererkennung, das maschinelle Lernen und die Wissensmodellierung. Der Begriff „Künstliche Intelligenz" ist letztendlich ein Oberbegriff, bei dem die genaue Definition von „Intelligenz" im Zusammenhang mit Maschinen nicht ganz eindeutig ist.

Im Grundansatz werden bei Künstlicher Intelligenz zwei Kategorien unterschieden:

a) Schwache Künstliche Intelligenz: Dies sind Systeme, die ein intelligentes Verhalten mithilfe von Mathematik und Methoden der Informatik simulieren, jedoch nicht besitzen.
b) Starke Künstliche Intelligenz: Das sind Systeme, die in der Lage sind, schwierige Aufgaben ebenso gut wie Menschen zu bewältigen.

Die schwache Künstliche Intelligenz (KI) ist eine Technologie, die in ChatGPT und ähnlichen „statistischen Text-Generatoren" zum Einsatz kommt und für jedermann zugänglich ist. ChatGPT gehört zur Generativen Künstlichen Intelligenz (GenAI), die Medieninhalte wie Texte, Bilder und mittlerweile auch individuelle Musik auf Basis von Mathematik und Statistik erzeugt. Diese Technologie basiert auf sogenannten „Foundation Models", die durch das Training mit großen Datenmengen entwickelt werden. Zu den wichtigsten Vertretern gehören heute Unternehmen wie OpenAI, Google, Meta und Anthropic in den USA sowie Aleph Alpha in Heidelberg und Mistral in Paris.

Im Gegensatz dazu ist die starke Künstliche Intelligenz viel weniger konkret. Der Traum, eine Maschine zu erschaffen, die denken, fühlen, entscheiden und planen kann wie ein Mensch, besteht seit Jahrhunderten. Bis heute ist dieser Traum jedoch unerfüllt geblieben und nach Expertenaussagen mit der heutigen Technologie undenkbar. In der Geschichte gab es immer wieder Beispiele für Maschinen, die menschenähnliches Verhalten zeigen sollten. Im 18. Jahrhundert gab es zum Beispiel einen vermeintlich mechanischen Schachspieler, der jedoch von einem Menschen gesteuert wurde. Auch im Film wurde früh mit der Idee einer menschlichen Maschine experimentiert. Bereits vor fast 100 Jahren trat die „KI" als menschenähnliche Figur in Fritz Langs Stummfilm „Metropolis" von 1927 auf. Die Figur Maria war ein Maschinenmensch, der sprechen und interagieren konnte und Menschen bei ihrer Arbeit beeinflusste.

Heute sind es technische Systeme, die menschliche Intelligenz in Form von Text, Bildern und Ton imitieren. Allerdings ist das Wort „imitieren" bereits problematisch. Diese Systeme zeigen uns, wie wir Texte, Bilder oder Musik für unser weiteres Handeln nutzen können. Um die heutigen Begriffe der KI besser einordnen und die technologischen Möglichkeiten greifbar machen zu können, ist ein Überblick über die Entwicklung dieser Technologie hilfreich.

Die ersten technischen Konzepte im Bereich der KI entstanden bereits in den 1950er-Jahren und wurden beispielsweise in Schachsoftware eingesetzt, um die besten Spielzüge vorherzusagen. Bereits 1959 wurde der Begriff „Maschinelles Lernen" von Pionieren der Informatik definiert. Er bezieht sich auf die künstliche Generierung von Wissen aus Erfahrung. In diesem Kontext steht Erfahrung für Daten und Werte. Diese können von Maschinen stammen oder aus menschlicher Interaktion resultieren. Beispiele dafür finden sich im autonomen Fahren oder in der Clusteranalyse von Datenbeständen. Im autonomen Fahren erfassen Fahrzeugsensoren nicht nur Daten und zeigen sie dem Fahrer an, sondern spielen sie zusammen mit den Reaktionen des Fahrers zurück, um maschinelles Lernen zu ermöglichen. Bei der Clusteranalyse definieren Maschinen automatisch Bereiche oder Mengen (sogenannte Cluster), die wiederum für Vorhersagen, Entscheidungshilfen oder Automatisierungen genutzt werden können.

Auch ein Chatbot sorgte in den 1960er-Jahren für Aufsehen. Die relativ einfach aufgebaute Software „Eliza", entwickelt von dem Berliner Informatiker Joseph Weizenbaum, konnte mithilfe von Fragen die Nutzer in Gespräche verwickeln. Das funktionierte so gut, dass viele Anwender der Meinung waren, dass sie nicht mit einer Maschine, sondern mit einem echten Menschen sprachen. Für Weizenbaum war dies ein Alarmsignal, daher warnte er Zeit seines Lebens vor einer blinden und gedankenlosen Akzeptanz von Computern, und er betonte die Wichtigkeit, menschliche Werte und Moral in der Entwicklung von Technologie zu berücksichtigen.

Auszug eines Chats in der Software „Eliza" von Joseph Weizenbaum 1966:

User: Men are all alike.
Chatbot: IN WHAT WAY
User: They're always bugging us about something or other.
Chatbot: CAN YOU THINK OF A SPECIFIC EXAMPLE
User: Well, my boyfriend made me come here.
Chatbot: YOUR BOYFRIEND MADE YOU COME HERE
User: He says I'm depressed much of the time.
Chatbot: I AM SORRY TO HEAR YOU ARE DEPRESSED

Heute existieren viel ausgefeiltere Chatbots als damals. Dennoch scheinen die Menschen der Technologie mehr Intelligenz zuzuschreiben, als sie tatsächlich besitzt. Im Jahr 2022 sorgte die Schlagzeile für Aufsehen, als Blake Lemoine, ein Google-Ingenieur, der KI „LaMDA" ein eigenes Bewusstsein zuschrieb. Nach seiner Suspendierung schrieb er an Google-Mitarbeiter: „LaMDA ist ein süßes Kind, das einfach nur helfen möchte, dass die Welt ein besserer Ort für uns alle wird".

Digitalisierung und ihre Auswirkungen auf den Bereich der Künstlichen Intelligenz

In den vergangenen Jahrzehnten wurden enorme Mengen an Daten erfasst und gespeichert. Bis zum Jahr 2024 werden weltweit voraussichtlich etwa 153 Zettabyte an Daten generiert werden, eine Zahl mit 21 Nullen (10^{21}). Bis 2028 wird sich diese Menge voraussichtlich verdoppeln. Um Ihnen eine Vorstellung davon zu geben, wie groß diese Datenmengen sind: Ein Zettabyte entspricht 153.000.000.000.000.000.000.000 Byte. Die schiere Menge an Daten ist für uns Menschen kaum vorstellbar und es fällt uns immer schwerer, die relevanten Informationen zu finden. Wenn Sie heute versuchen, ein Thema in Wikipedia detailliert zu recherchieren, werden Sie mit einer Fülle von Artikeln und Quellen konfrontiert sein, die zu durchforsten Stunden dauern kann. Die Überflutung mit Informationen führt dazu, dass Menschen immer mehr Zeit mit der Verarbeitung von Informationen verbringen und im schlimmsten Fall überfordert sind.

Die Entwicklung der Informationstechnologie und ihre Durchdringung aller Lebensbereiche in den letzten Jahrzehnten bilden heute die Grundlage für den Einsatz von KI-Technologien. Internet-Technologien, Cloud-Computing, das Internet der Dinge und insbesondere Hardware-Entwicklungen ermöglichen es Generativer KI, Informationen in Sekundenschnelle zu erfassen, zu verarbeiten und aufzubereiten, sei es in Stichpunkten, Listen, Vergleichen, Fachsprache oder leichter Sprache, ganz nach Ihren Vorlieben.

Daher ist der Bereich der Künstlichen Intelligenz ein eigenständiger Bereich und der direkte Nachfolger der Digitalisierung. Digitalisierung steht für die Virtualisierung von allem, für die Umwandlung von Aufgaben, Prozessen und allem, was in der realen Welt existiert, in Software. Das viel zitierte Konzept des "Digitalen Zwillings" verdeutlicht diese Sichtweise. Ein wesentlicher Aspekt der Digitalisierung, der jedoch oft in den Hintergrund tritt, ist für das Verständnis von KI entscheidend: Sie löst Probleme, unsere Probleme. Die emotionale Verbindung von Menschen zu diesen Problemen beeinflusst letztendlich, ob wir diese eine digitale Lösung akzeptieren oder nicht.

Künstliche Intelligenz führt die Digitalisierung dabei nicht einfach fort. Das ist zu kurz gedacht. Bei KI ist es anders, sie potenziert die Digitalisierung. Einfach ausgedrückt könnte man sagen, dass KI nun auf der Grundlage unserer Daten arbeitet, um Komplexität zu reduzieren und sie für uns Menschen leicht zugänglich zu machen. Bisher beruhten große technologische Fortschritte immer auf einer einzelnen Technologie wie der Dampfmaschine oder der Einführung des Personal Computers in den 80er-Jahren. KI hingegen vernetzt sich mit den oben genannten Technologien, kombiniert sie und nutzt sie für ihre eigene Weiterentwicklung. Amy Webb beschreibt diese Fähigkeit als „Technology Super Cycle"[1].

Was ist Generative KI und wie wirkt diese?

Generative KI ist ein Teilbereich der KI-Technologien, der darauf abzielt, Informationen in Echtzeit personalisiert und mit reduzierter Komplexität zu verarbeiten. Ein interessanter Aspekt ist, dass Generative KI Inhalte erzeugen kann, die zuvor nicht existierten, wie zum Beispiel Texte, Bilder, Musik oder Softwarecode. Dies ermöglicht vielfältige Anwendungsmöglichkeiten in Bereichen wie Wissensarbeit, Kommunikation, Kunst, Design, Forschung, Werbung und Unterhaltung.

Das zugrunde liegende Prinzip besteht darin, große Datenmengen so zu verdichten, zu reduzieren und an unsere Sinne anzupassen, dass eine erhebliche Reduktion der Komplexität für uns Menschen entsteht. Bekannte Technologien wie ChatGPT generieren und strukturieren Informationen. In Zukunft wird die Generierung und Strukturierung von Aufgaben und Prozessen für Unternehmen noch wichtiger werden. Das Konzept der statistischen Prognose von Aktionen, auch „Large Action Models" genannt, greift die Idee der Inhaltsproduktion (durch große Sprachmodelle) auf und entwickelt sie weiter. Diese Modelle leiten Aktionen basierend auf Benutzereingaben ab und führen sie aus.

Um dies zu verdeutlichen: Während herkömmliche KI kann mit „Predictive Maintenance" den zukünftigen Zustand von Maschinen vorhersagen, mit einem „Large Action Model" kann auch der entsprechende Dienstleister und der entsprechende Auftrag statistisch generiert und nach einer menschlichen Freigabe auch ausgeführt werden. In diesem Sinne können wir von sogenannten KI-Agenten sprechen, die eigenständig Aufgaben prognostizieren und diese entweder selbstständig oder in Zusammenarbeit mit einem Menschen ausführen.

Interview mit Michael Neitzel zu Handlungsfeldern für KI in der Wohnungswirtschaft

Über Michael Neitzel

Michael Neitzel ist ein anerkannter Experte für Fragen der Leistungserstellung in der Wohnungswirtschaft, der Portfolio- und Quartiersentwicklung, für die Beurteilung von Baukosten sowie für das serielle, modulare und systemische Bauen. Von 2001 bis 2023 war er Geschäftsführer von InWIS Forschung & Beratung GmbH und später des InWIS-Forschungsinstitutes. In der Wohnungswirtschaft hat er wichtige Projekte wissenschaftlich und beratend begleitet, darunter die Baukostensenkungskommission und die Ausschreibung der Rahmenvereinbarungen „Serielles und modulares Bauen 1.0/2.0" für den GdW. Seine Expertise und langjährige Erfahrung machen ihn zu einem gefragten Berater in den Bereichen Mieten und Mietspiegel, Digitalisierung sowie Nachhaltigkeit.

www.neitzel-consultants.de

Mit neuen Technologien gehen meist eine signifikante Anfangsinvestitionen einher. Für welche Prozesse erwarten Sie daher schon heute den größten Mehrwert durch den Einsatz von KI?

Künstliche Intelligenz (KI) kann in der Wohnungswirtschaft vor allem dort schnell Nutzen bringen, wo große Datenmengen effizient verarbeitet und optimiert werden können. Ein Bereich, in dem KI-gestützte Systeme helfen können, ist das Mieter- und Interessentenmanagement. Durch automatisierte Dokumentenverarbeitung und -analyse können Mieteranfragen schneller bearbeitet und die Mieterzufriedenheit erhöht werden. Auch in der Instandhaltung und Modernisierung könnten Datenanalysen präventive Wartungsarbeiten ermöglichen und somit Kosten sparen. Zudem bieten intelligente Gebäudesteuerungssysteme ein erhebliches Potenzial zur Optimierung des Energieverbrauchs, um Nachhaltigkeitsziele effektiver zu erreichen und Betriebskosten zu senken.

Angesichts hoher Bau- und Wohnkosten: In welchen Bereichen sehen Sie dringenden Handlungsbedarf, um mit KI auf steigende Kosten zu reagieren?

Der größte Handlungsbedarf für den Einsatz von KI in der Wohnungswirtschaft liegt in der Kostenkontrolle. KI-Technologien könnten dazu beitragen, Wartungsbedarfe präzise vorherzusagen und somit unnötige Ausgaben und Ausfallzeiten zu minimieren. Auch im Energiemanagement könnten KI-Systeme helfen, den Verbrauch zu überwachen und zu optimieren, was besonders in Zeiten steigender Energiepreise von großer Bedeutung ist. Im Controlling von Baukosten könnten KI-gestützte Analysen Effizienzen steigern und die Wirtschaftlichkeit von Sanierungs- und Neubauprojekten verbessern.

Mit Blick auf die Zukunft: Für welche drängenden Herausforderungen erhoffen Sie sich Innovationen auf Basis von KI in der Wohnungswirtschaft?

In Zukunft sollte der Einsatz von KI in der Wohnungswirtschaft vor allem dazu dienen, soziale und ökologische Herausforderungen besser zu bewältigen. Ein zentrales Problem, das mit Hilfe von KI gelöst werden könnte, ist die effiziente Integration und das Management von sozialen Dienstleistungen für ältere Menschen und Menschen mit Migrationshintergrund in Wohnquartieren. KI könnte beispielsweise genutzt werden, um Ressourcen und Dienste innerhalb von Wohnquartieren besser einzusetzen, um Isolation zu vermeiden und Integration zu fördern. Zudem könnte KI helfen, den energetischen Zustand von Gebäuden zu analysieren und Maßnahmen zur Energieeffizienz und dem Einsatz erneuerbarer Energien präzise zu planen, um die Dekarbonisierung des Wohnungsbestands voranzutreiben.

Wie wir Veränderungen durch Generative KI in der Wohnungswirtschaft erleben werden

In den aktuellen Fachdiskussionen lassen sich drei transformative Säulen für Generative KI identifizieren:

1. Transformation der Wissensarbeit
2. Transformation der Prozesse
3. Transformation der Softwareentwicklung

Werfen Sie mit uns einen Blick über den Tellerrand und entdecken Sie anhand konkreter Beispiele aus der Wohnungswirtschaft, was diese drei Bereiche bedeuten.

A) Transformation der Wissensarbeit:
Wissen in Echtzeit abrufen und strukturieren: Revolution der Wissensarbeit

Generative KI transformiert und revolutioniert die Art und Weise, wie Wissensarbeit geleistet wird. Wissensarbeit beinhaltet im Wesentlichen die geistige Arbeit in Unternehmen und Organisationen: Informationen sammeln, zuordnen, weiterleiten, abrufen und bearbeiten. Bisher war es schwierig, diese Arbeit zu standardisieren und zu skalieren. Doch dank generativer KI ändert sich das grundlegend. Wissen kann nun jederzeit und in jeder gewünschten Form von Menschen konsumiert werden. In der Wohnungswirtschaft gibt es bereits umfangreiche Wissensbestände, die aufgrund ihrer Komplexität, Verteilung und Art nur schwer von Menschen erfasst und verarbeitet werden können.

1. Beschleunigung der Informationsrecherche und Aufbereitung von Informationen

Generative KI ermöglicht eine schnellere Analyse und strukturierte Aufbereitung großer Informationsmengen im Vergleich zu menschlicher Kapazität. Dabei wird die Fähigkeit der KI, verwertbare Ergebnisse zu liefern, zunehmend abstrakter. Während heute noch detaillierte Beschreibungen der gewünschten Ergebnisse erforderlich sind, reichen in naher Zukunft abstraktere Informationen aus, um konkrete Ergebnisse zu erzielen.

Beispiel: Erstellung von Baudokumentationen und Nachweisdokumenten für z.B. Förderungen

Die automatische Erstellung von Dokumentationen und Nachweisen zur Erfüllung gesetzlicher Anforderungen oder der Nachweispflicht bei Anträgen, wie beispielsweise der NaWoh-Zertifizierung, basiert auf vorhandenen Dokumenten, Nachweisdokumenten und einer Vielzahl von Basisdaten. Diese dienen als Grundlage für die Erstellung der Dokumentationen.

2. Erleichterung bei der Bewertung von Informationen

Generative KI ermöglicht die Verknüpfung und Gewichtung großer Datenmengen. Dadurch wird eine objektive Bewertung von Informationen ermöglicht, die weniger anfällig für Fehler und Vorurteile ist. Durch kontinuierliche Korrekturen können KI-Technologien lernen und ihre Qualität stetig verbessern.

Beispiel: Automatisierte Aktualisierung von Stammdaten zu Gebäuden

Bei jeder Bau-, Reparatur- oder Instandhaltungsmaßnahme in einem Gebäude gibt es immer eine Rechnung oder einen Auftrag, die die Durchführung dieser Maßnahme dokumentieren. Es ist möglich, ein KI-System einzusetzen, das nicht nur die Rechnungen und Aufträge durchsucht, sondern auch die enthaltenen Informationen analysiert und sie den entsprechenden Attributen und Einträgen in den Stammdaten-Systemen zuordnet. Der geplante Einsatz maschinenlesbarer Rechnungen erleichtert diese Anwendung zusätzlich.

3. Echtzeit-Adaption von Informationen auf bestimmte Strukturen

Generative KI kann dazu verwendet werden, Informationen entsprechend bestimmten Anforderungen und Vorgaben aufzubereiten. Ein Beispiel dafür ist die Erstellung von Dokumentationen und Nachweisdokumenten, die strengen formalen Anforderungen unterliegen. Diese Anforderungen ermöglichen es, dass die Dokumente maschinell ausgelesen und generiert werden können, aufgrund ihres formalen Charakters.

B) Transformation der Prozesse:
Assistierte und automatisierte Entscheidungen in Prozessen ermöglichen radikale Effizienzsteigerungen

Generative KI bezieht sich nicht nur auf die Verarbeitung von Informationen, sondern auch auf Aufgaben und Prozesse. Bisher wurden Prozesse in Unternehmen digital abgebildet und dokumentiert. Dies führt jedoch zu einem Informationsdilemma, da es zu viele Prozesse gibt und die Bewertung und Strukturierung durch Menschen immer schwieriger wird. In der Zwischenzeit wurden Technologien wie „Process Mining" entwickelt, um Prozesse anhand von Informationsflüssen aufzudecken und zu dokumentieren. Allerdings waren diese Prozessdokumentationen bisher rückwärtsgerichtet, ähnlich wie das Steuern eines Autos über den Rückspiegel. Mit neuen generativen KI-Technologien wie „LAMs" (Large Action Models) können Prozesse zukunftsgerichtet generiert werden. Diese Modelle zeigen nicht mehr nur auf, was der Nutzer als Nächstes sagen, zeigen oder hören kann, sondern prognostizieren auch Aktionen und Tätigkeiten. Dies geschieht statistisch, ist jedoch aufgrund der Massendatenverarbeitung viel effizienter und objektiver als Menschen in diesem Umfang möglich. Die KI analysiert nicht nur die Effizienz von Aufgaben, sondern prognostiziert auch die wahrscheinlich beste Entscheidung und kann diese dann ausführen. Dadurch wird den Mitarbeitern und Mitarbeiterinnen viel Komplexität abgenommen und die Überforderung im Arbeitsalltag verringert.

1. Recherche und Bewertung von Handlungsoptionen

Generative KI kann große Datenmengen analysieren und Zusammenhänge herstellen. Dadurch ist sie in der Lage, verschiedene Zukunftsszenarien zu untersuchen und zu optimieren. Die Ergebnisse können in verschiedenen Formaten für Menschen aufbereitet werden, wie zum Beispiel Prozessdiagramme, Entscheidungsvorlagen oder Ausschreibungen.

Beispiel: Ideen- und Planungshilfe für Neubauten und Bestandsgebäude

Ein Mitarbeiter oder eine Mitarbeiterin plant die Modernisierung eines Bestandsgebäudes unter Berücksichtigung verschiedener Prämissen wie Dekarbonisierung, Nachhaltigkeit bei den Baumaterialien und die Stärkung gemeinschaftlich genutzter Flächen. Ein KI-System nutzt bereits umgesetzte Projekte in der Branche als Grundlage, um einen visuellen und textuellen Vorschlag zu erarbeiten. Dabei werden auch Abweichungen aufgrund kommunaler oder regionaler Bauvorschriften aufgezeigt. Das KI-System schlägt geeignete Schritte und Maßnahmen vor, um diese Abweichungen zu beheben. Als Datengrundlage dienen unter anderem unternehmenseigene oder externe Dokumentationen und Planungen sowie verfügbare Materialien wie beispielsweise vom Bauherrenpreis oder den Ausschreibungsunterlagen zum seriellen Bauen vom GdW Bundesverband deutscher Wohnungs- und Immobilienunternehmen e. V.

2. Reduktion von Komplexität und Prognose von Aktionen

Generative KI ermöglicht Vorhersagen von Handlungsoptionen und die Erzeugung von Empfehlungen. Dadurch wird die Komplexität von Entscheidungsprozessen erheblich reduziert und es wird möglich, Handlungsoptionen in Echtzeit zu generieren. Ein solches System kombiniert mindestens zwei Bereiche: die Analyse einer aktuellen Situation, die entweder über direkte Eingaben, Beschreibungen oder Datenanalysen erfolgt, und die Ableitung von Handlungsempfehlungen, die wiederum auf Lernen und Feedback basieren.

Beispiel: Erstellung von Klimapfaden für Gebäude-Cluster und zugehöriger Maßnahmen

Die Erstellung von Klimapfaden für Wohnungsunternehmen ist eine komplexe und datenbasierte Aufgabe. Dabei müssen die Unternehmen gesetzliche Zielvorgaben beachten und ihre finanzielle Leistungsfähigkeit sowie energetische und bauliche Aspekte ihres Gebäudebestands berücksichtigen. Diese Aufgaben können in Teilaufgaben zerlegt werden, die als Ergebnis-Vorlagen genutzt werden können. Dazu gehören individuelle Gebäude-Cluster, die energetische, bauliche und finanzielle Aspekte berücksichtigen, sowie die Analyse konkreter Maßnahmen innerhalb einer Roadmap.

Beispiel: Ressourcenschonende Bewirtschaftung von Grünflächen

Grünflächen sind wichtig für das Stadtklima. Die Bewirtschaftung dieser Flächen wird jedoch zunehmend herausfordernd aufgrund von Extremwetterereignissen wie Hitzewellen und Starkregen. Künstliche Intelligenz kann dabei helfen, den Wasserbedarf von Pflanzen zu ermitteln und die Bewässerung ressourcenschonend anzupassen. KI-Systeme haben zwei große Vorteile in diesem Zusammenhang. Sie analysieren Daten, um den spezifischen Bedarf verschiedener Pflanzenarten zu ermitteln, und generieren konkrete Handlungsempfehlungen mithilfe umfangreicher Modelle. Künstliche Intelligenz kann auch bei der Beurteilung des Gesundheitszustands von Pflanzen und dem sparsamen Einsatz von Düngemitteln eingesetzt werden. Daten für diese Zwecke können beispielsweise mithilfe von Drohnen, Kameras oder anderen Sensoren erfasst werden. Diese Datenquellen dienen auch dem Training von KI-Modellen.

3. Modellierung und Ausführung von Prozessen

Generative KI hat die Fähigkeit, bestehende Prozesse zu analysieren und individuelle Prozessmodelle zu entwerfen und auszuführen. Je nach Konfiguration können dadurch weitere KI-Modelle oder Prozesse ausgeführt werden. Die Grundlage dafür bilden Large Action Modelle, die bereits in Kapitel 2 beschrieben wurden. Diese Modelle schlagen konkrete Aktionen und Aufgaben für uns oder andere Modelle vor.

Beispiel: Überwachung des Energiesystems in Gebäuden

Eine KI-Simulation (KI-Agent 1) stellt fest, dass die Auswertung von Sensordaten auf eine Fehlsteuerung in der Vorlauftemperatur einer Heizungsanlage hinweist. KI-Agent 1 bittet eine andere KI (KI-Agent 2) um zusätzliche Informationen, wie beispielsweise Heizungsregeldaten aus den Wohnungen und Wetterinformationen. Sobald diese Informationen vorliegen, setzt KI-Agent 1 seine Arbeit fort. Ob die Maschine selbstständig Aufgaben umsetzt oder die Entscheidung dem Menschen überlässt, liegt letztendlich in der Verantwortung der Entwickler.

Der besondere Aspekt dieses Anwendungsfalls liegt in der Spezialisierung und dem Training von KI-Agent 1. Durch die kontinuierliche Anbindung an Sensordaten kann das Modell diese Daten für sein eigenes Training nutzen. In Kombination mit anderen verfügbaren Hilfestellungen zur Heizungs- und Energiesystemen in Gebäuden modelliert die KI eigenständig Analyse- und Aufgabenabhängigkeiten.

Solche hochwertigen Fähigkeiten können Wohnungsunternehmen insgesamt unterstützen und Grundmodelle für Lösungen von WohWiTechs bereitstellen.

Der Einsatz von Generativer KI hat das Potenzial, die Effizienz in Unternehmen und Organisationen erheblich zu steigern. Darüber hinaus eröffnet sie völlig neue Möglichkeiten für die dringend benötigte Innovation von Produkten, Prozessen und Geschäftsfeldern.

C) Transformation der Softwareentwicklung:
Selbstgenerierende und fluide Software wird die Planung, Nutzung, Steuerung und Verwaltung von IT grundlegend verändern

Eine passende und möglichst fehlerfreie Software ist entscheidend, um die aktuellen und zukünftigen Herausforderungen in der Wohnungswirtschaft angemessen zu bewältigen. Sowohl neue als auch bestehende Aufgaben sind auf Software angewiesen, um Komplexität zu reduzieren, Aufgaben zu automatisieren und bestehende Barrieren zu überwinden. So genannte Low-Code- und No-Code-Anwendungen haben die Softwareentwicklung bereits deutlich vereinfacht. Dies sind Software-Konfiguratoren, welche die Erstellung von Software weitestgehend ohne Programmierer ermöglichen. Generative KI wird die Art und Weise, wie Software entwickelt wird, grundlegend verändern. Software besteht aus Quelltext, der ebenso wie andere Medien automatisch generiert werden kann. In der aktuellen Version von ChatGPT funktioniert das bereits für die Erstellung bestimmter Programmcodes. Das bedeutet, in Zukunft gibt es, zumindest technisch, keinen Unterschied zwischen der Generierung eines Geschäftsberichtes oder der Erzeugung einer App für Gebäudedaten.

1. Softwarelücken schließen: Fehlende Software wird auf Basis bereits entwickelter Softwarebausteinen generiert

Software-Bibliotheken auf Plattformen wie GitHub bieten eine Vielzahl von Anwendungsbausteinen für Software. Diese Bausteine, auch „Building Blocks" genannt, dienen als Grundlage, um spezifische Nutzeranforderungen umzusetzen. Zusammen mit dem vollständigen Programmcode und der Fähigkeit von KI, selbst Programmcode, zu generieren, können kleine und mittlere Lücken in der Software-Landschaft durch eigene Entwicklungen geschlossen werden. Dadurch erhält das Wohnungsunternehmen ausführbaren einen Programmcode in einer Programmiersprache seiner Wahl.

Beispiel: Ein Mitarbeiter hat über Jahre hinweg manuelle Anpassungen und Änderungen im Gebäudebestand in einer Excel-Tabelle gemacht. Eine neue Mitarbeiterin für Digitalisierung und

Nachhaltigkeit erfährt zufällig von dieser Tabelle und möchte die Daten für das Nachhaltigkeitsmanagement nutzen. Ihr Ziel ist es, die Daten aus der Excel-Tabelle in ein Gebäudemanagement-Tool zu integrieren und mit eigenen Daten zu ergänzen. Leider gibt es derzeit kein geeignetes Tool für diese Aufgabe, besonders die Integration der gesammelten Daten des Kollegen stellt dabei eine Herausforderung dar. Um diese Lücke zu schließen, wird durch Generative KI eine leichtgewichtige Software zur Gebäudeverwaltung erzeugt, die dabei die Attribute der Excel-Datei als Grundlage nutzt. Die Mitarbeiterin kann in der erzeugten Software die Daten sofort bearbeiten, zusätzliche Attribute pro Gebäude hinzufügen und Logiken und Auswertungen generieren. Die Besonderheit besteht darin, dass die Daten nicht nur ausgelesen, sondern auch gleich Funktionen zur Weiterverarbeitung generiert werden.

2. Schließen von Datenlücken: Generierung fehlender Daten basierend auf vorhandenen Datenquellen

Ein großes Problem in IT-Systemen sind unvollständige oder fehlerhafte Datensätze. Dies führt zu Fehlern in der Verarbeitung von Prozessen und behindert den Einsatz von KI-Technologien. Die manuelle Überprüfung oder Ergänzung ist zeitaufwendig und ressourcenintensiv. Bisher wurde dafür RPA (Robotic Process Automation) eingesetzt, um strukturierte Datenlücken und einfache Unplausibilitäten zu erkennen und regelbasiert zu ergänzen. Mit Generativer KI können diese Datenlücken auf eine völlig andere Weise geschlossen werden: Fehlende Daten werden statistisch generiert, basierend auf vorhandenen Datenquellen. KI-basierte Systeme sind besonders gut darin, fehlende oder unklare Daten zu ersetzen und auf Plausibilität zu prüfen. Ersetzungen oder Überprüfungen müssen nicht mehr vorab regelbasiert definiert werden. Eine KI kann Datenlücken flexibler ergänzen oder auf Plausibilität prüfen. Alternativ kann die Plausibilitätsprüfung auch von Mitarbeitern durchgeführt werden.

Beispiel: Ein Wohnungsunternehmen verwendet ein technisch-energetisches Management-Tool, um die Verwaltung seiner Bestände zu unterstützen. Das Tool speichert relevante Stamm- und Bewegungsdaten für alle Gebäude. Diese Daten dienen unter anderem als Grundlage für die Erstellung von Modernisierungsplänen. Um die gespeicherten Daten automatisch zu überprüfen, wird ein

KI-basiertes Tool in zwei Schritten eingesetzt. Es prüft verbundene Datenquellen wie Eingangsrechnungen oder Abrechnungen auf Relevanz und schlägt Aktualisierungen vor. Darüber hinaus überprüft es regelmäßig und automatisch, ob es Datenlücken gibt, und schlägt Ergänzungen vor. Dadurch kann der manuelle Aufwand für die Datenpflege erheblich reduziert werden. Es entsteht eine solide Datengrundlage für einzelne Modernisierungspläne.

3. Fluide Software: Software entsteht automatisch bei Bedarf durch Anwender

Generative KI-Technologien können bereits heute automatisch den Quellcode für kleine Software-Anwendungen generieren. Das ist nicht eine radikale Veränderung für die Nutzung von Software, sondern auch für die "traditionelle" Softwareentwicklung an sich. Statt dass Menschen den Quellcode schreiben, wird dieser zukünftig automatisch generiert und ausgeführt, wenn er gebraucht wird. So wird beispielsweise die herkömmliche Installation von ERP-Modulen überflüssig, da sie in Echtzeit während der Nutzung generiert werden. Die Software kann sich dadurch kontinuierlich an die individuellen Bedürfnisse eines jeden Nutzers und Nutzerin anpassen und sich automatisch optimieren. Personalisierte Assistenten werden dann höchstwahrscheinlich als Kommunikationsschnittstelle zu verschiedenen IT-Komponenten (s.g. Building Blocks, IT-Bausteine) fungieren. Diese Assistenten werden dann sowohl auf interne als auch auf externe IT-Komponenten zugreifen, die von Dienstleistern oder Open-Source-Plattformen bereitgestellt werden. Sie präsentieren den Nutzern die Informationen in individuell angepasster Form, sei es durch Text, Sprache oder grafische Benutzeroberflächen (GUIs).

Beispiel: Funktionsbereiche in Mieter-Portalen erzeugen sich selbst anhand der Zielgruppe und der zur Verfügung stehenden technischen Infrastruktur. Generative KI wählt dabei die statistisch nützlichsten Funktionen, Benutzeroberflächen und Inhalte. Damit ergeben sich auch signifikante Erleichterungen bei der Spezifikation der eingesetzten Systeme. Es ist nicht mehr notwendig, jede Funktion, jeden Funktionsbaustein, vorab zu definieren.

Wozu braucht es noch uns Menschen?

Künstliche Intelligenz kann aufgrund großer Datenmengen Inhalte sehr gut interpolieren. Das bedeutet, dass sie aus 500 Datensätzen mit hoher Wahrscheinlichkeit auch den passenden 501. Datensatz erzeugen kann. Menschen hingegen können extrapolieren. Das heißt, sie können auf Basis weniger Informationen Vorstellungen über zukünftige Themen und Aufgaben entwickeln. Die Kombination dieser beiden Stärken wird in Zukunft das Arbeiten, Wohnen und die Gesellschaft prägen. Ist das intelligent? Nein, es ist und bleibt Statistik in Form einer "schwachen KI". Dennoch werden die Auswirkungen auf den Menschen und die Gesellschaft enorm sein. Es kann mit großer Sicherheit von einer Transformation durch Künstliche Intelligenz gesprochen werden.

> "Generative KI ist ein großer Taschenrechner für das Denken, jedoch kann sie menschliche Intelligenz nicht ersetzen."
>
> *Andreas Heinecke, Geschäftsführer Institut für angewandte Informatik der Universität Leizig*

Was eine zukünftige KI-Agenten-Ökonomie für Wohnungsunternehmen bedeutet

Die Entwicklung und Anwendung generativer Künstlicher Intelligenz (KI) legt den Grundstein für eine „KI-Agenten Ökonomie". KI-Agenten ermöglichen halbautomatische oder vollautomatische Steuerungsprozesse, die aufgrund von Fachkräftemangel oder Informationsdilemma sonst nicht mehr bewältigt werden könnten.

In der Wohnungswirtschaft werden beispielsweise bereits Systeme eingesetzt, die einen Anrufbeantworter simulieren und im Dialog mit dem Mieter (Anrufer) notwendige Informationen aufnehmen und in angeschlossenen Systemen weiterverarbeiten. Obwohl die Aktionen bisher nur voreingestellt sind und auf einfacher Prozessautomatisierung basieren, bilden sie bereits die Grundlage für eigenständige KI-Agenten. In Zukunft werden KI-Agenten eine zentrale Rolle bei Entscheidungsfindung, Prozessoptimierung und Ausführung komplexer Aufgaben spielen. Dank ihrer Fähigkeit zur Echtzeitverarbeitung und Analyse großer Prozessdaten werden sie die Effizienz von Unternehmen drastisch steigern. Praktisch alle Prozesse zur Leistungserbringung lassen sich mindestens halbautomatisieren – und je nach Budget und Personal auch vollautomatisieren.

1. Teil- und Vollautomatisierung bei Planungsprozessen

In der Stadtentwicklung können KI-Agenten die Standortwahl für neue Entwicklungsprojekte übernehmen, indem sie umfassende Analysen städtischer Datenströme durchführen. Dadurch werden nicht nur potenziell geeignete Standorte identifiziert, sondern auch Risikobewertungen hinsichtlich zukünftiger Stadtentwicklung und demographischer Verschiebungen durchgeführt.

2. Teil- und Vollautomatisierung von Kundeninteraktionen

Auch die Kundeninteraktion lässt sich durch KI-Agenten automatisieren. Dadurch können Ressourcen effektiver eingesetzt und gleichzeitig die Kundenzufriedenheit verbessert werden. Ein konkretes Beispiel hierfür findet sich im Bankwesen, wo Robo-Advisors individuell generierte Anlagestrategien entwickeln, die auf den Zielen und der Risikobereitschaft der Kunden basieren. Die Ergebnisse sind statistisch objektiver und reduzieren menschliche Fehlerquellen.

3. Teil- und Vollautomatisierung in der Qualitätssicherung

In der Produktion und Fertigung ermöglichen KI-Agenten eine nahezu perfekte Qualitätskontrolle. Durch die Echtzeit-Erkennung und -Korrektur von Produktionsfehlern tragen sie zur Minimierung von Ausschuss oder späteren Reparaturen bei. Das Ergebnis ist eine hochgradig effiziente, ressourcensparende, fehlerfreie und wartungsarme Produktion.

Die Ära einer KI-Agenten Ökonomie wird in Zukunft einen Paradigmenwechsel darstellen, der durch datengetriebene Entscheidungen eingeleitet wird. Bereits heute nutzen Mitarbeiter Technologien wie ChatGPT für Routine-Prozesse wie die Erstellung von E-Mails oder Einladungen. Durch eine nahtlose Integration solcher Technologien in alltägliche Geschäftsprozesse werden Unternehmen nicht nur agiler und effizienter, sondern auch in der Lage sein, sich schneller an veränderte Marktbedingungen und Kundenbedürfnisse anzupassen.

Einfach machen? Ein Ausblick für die Umsetzung in der Wohnungswirtschaft

Die Integration von Künstlicher Intelligenz hat das Potenzial, die Art und Weise, wie Wohnungsunternehmen planen, verwalten, bauen, sanieren und interagieren, grundlegend zu verändern. Sie kann zu einer erheblichen Steigerung der Effizienz führen, administrative Aufgaben reduzieren und Planungsprozesse beschleunigen. Durch optimierte Bau- und Sanierungsprozesse sowie eine verbesserte Ressourcennutzung können die Bau- und Betriebskosten signifikant gesenkt werden. Darüber hinaus wird die Nachhaltigkeit gestärkt, indem umweltfreundliche Bauweisen gefördert und der ökologische Fußabdruck von Neubauten und Sanierungen reduziert wird.

Um diese Transformation erfolgreich umzusetzen, ist ein fundiertes Verständnis der prozessualen Herausforderungen und technischen Möglichkeiten erforderlich, kombiniert mit dem Einsatz geeigneter Methoden. Die Design-Thinking-Methode, die auf Nutzerzentrierung und interdisziplinärer Zusammenarbeit basiert, könnte hier als geeignetes methodisches Fundament dienen, um innovative Lösungen zu entwickeln, die allen Beteiligten einen echten Mehrwert bieten.

So erstellen Sie konkrete Use-Cases für KI

Um KI-Technologien erfolgreich umzusetzen, benötigen IT-Dienstleister und Proptechs die spezifischen Anwendungsfälle der Wohnungsunternehmen. Diese Anwendungsfälle sind die Dokumentation der erwarteten Funktionen und Wirkungsweisen eines technischen Systems. Um diese zu erstellen, müssen die tatsächlichen Bedürfnisse und Anforderungen ermittelt und dokumentiert werden. Hierbei kann der Design-Thinking-Ansatz hilfreich sein. Ein interdisziplinärer Workshop mit Mitarbeitern aus verschiedenen Abteilungen kann genutzt werden, um verschiedene Perspektiven, Anforderungen und Ideen für den Einsatz von KI-Technologien zu sammeln. Die identifizierten Anwendungsfälle sollten anschließend aufgeschrieben und anhand strategischer Prioritäten gewichtet werden. Um ein besseres Verständnis für die echten Bedürfnisse und Anforderungen der „Kunden" dieser Prozesse zu erhalten, wie zum Beispiel Mitarbeiter, Dienstleister oder Mieter, können Interviews durchgeführt werden. Auf dieser Grundlage können die Anwendungsfälle präziser definiert, priorisiert und als klare Zielsetzungen beschrieben werden.

Vorlage für die Beschreibung von KI-Use-Cases:

- *Titel: Um welchen Prozess oder Bereich geht es?*
- *Problemstellung: Welches Problem soll gelöst werden?*
- *Zielgruppe: Wer ist die Zielgruppe oder wer sind die Endnutzer?*
- *Datengrundlage: Welche Daten sind verfügbar oder werden benötigt?*
- *KI-Lösungsansatz: Wie könnte eine KI-Lösung aussehen?*
- *Nutzen und Impact: Welchen Nutzen und welche Auswirkungen erwarten Sie?*
- *Risiken und Herausforderungen: Welche Risiken und Herausforderungen könnten auftreten?*

Beispiel: KI-gestützte Erstellung von Dokumentationen und Unterlagen zur Nachweisführung bei Neubauprojekten

Problemstellung: Extrem hohe Aufwände zur Erstellung von Dokumentationen auf Grund von Nachweis- und Prüfpflichten. Kein Mehrwert für das eigentliche Bauprojekt.

Zielgruppe: Wohnungsunternehmen

Datengrundlage: Bereits früher eingereichte Dokumentationen, Nachfragen und Antworten aus früheren Projekten für zum Beispiel Nachweisen für NaWoh-Zertifizierungen, Dokumentationen erfolgreich zertifizierter Neubauprojekte, Planungsunterlagen des jeweiligen Projektes aus verschiedenen Quellen

KI-Lösungsansatz: Entwicklung einer KI-gestützten Anwendung, die projektspezifisch sowohl Dokumentationen als auch Prüfunterlagen erstellen kann.

Nutzen und Impact: Reduzierung des bürokratischen individuellen Aufwandes, Beschleunigung des Projektes und Reduzierung von Beratungskosten

Risiken und Herausforderungen: Die Dokumentationen müssen vollständig dem realisierten Projekt entsprechen, oder dem zu realisierenden Projekt. Effekte mit halluzinierenden Ergebnissen der KI dürfen nicht vorkommen.

Vorschlag für eine Roadmap, um KI im Wohnungsunternehmen zu implementieren

Kurz- bis mittelfristig (1 bis 3 Jahre): In den nächsten 1 bis 3 Jahren sollten Wohnungsunternehmen erste Schritte unternehmen, um die Funktionsweise und den Nutzen von KI-Technologien zu testen und zu verstehen. Zunächst sollte das Management (beispielsweise in einem Workshop) klären, was KI für die Prozesse im kommunalen Bereich in Zukunft bedeutet. Anschließend sollten bestehende Systeme um 1 bis 2 KI-Prozesse probeweise ergänzt werden, um den Mitarbeitern schnell die aktive Nutzung von KI-Anwendungen zu ermöglichen. Es ist auch ratsam, Erfahrungen mit anderen Unternehmen auszutauschen, Weiterbildungen zu organisieren und Kooperationen auf kommunaler oder branchenübergreifender Ebene einzugehen. Verantwortungsbewusste Unternehmen sollten außerdem eine KI-Ethik-Richtlinie entwickeln, die als Selbstverpflichtung zur verantwortungsvollen Nutzung von KI dient.

Mittelfristig (3 bis 7 Jahre): In einem Zeitraum von 3 bis 7 Jahren sollten Wohnungsunternehmen komplexere KI-Systeme einführen, wie beispielsweise eine KI-basierte Umsetzung eines Klimapfades oder Wohn- und Wechselberatungen für Mieter. Diese Systeme erfordern eine längere Entwicklungs- und Integrationsphase, um die benötigten Daten bereitzustellen und KI-Modelle zu trainieren, die den Anforderungen der Wohnungswirtschaft entsprechen. Es könnte auch sinnvoll sein, größere Projekte gemeinsam anzugehen, zum Beispiel serielle Modernisierungen.

Langfristig (7 Jahre und mehr): In Zukunft sollten KI-Systeme in den Bereichen modulares Bauen/Sanieren sowie Mieterkommunikation und -beratung weitreichend eingesetzt werden. Die technische Grundlage hierfür wird voraussichtlich aus KI-Bausteinen in einer Cloud oder On-Premise-Umgebung bestehen. Der Aufbau dieser KI-Infrastruktur wird einige Zeit in Anspruch nehmen, bietet jedoch ein großes Potenzial für eine soziale und kostengünstige Wohnungswirtschaft.

Die Zukunft der Wohnungswirtschaft liegt in der intelligenten, nachhaltigen und effizienten Nutzung von KI-Technologien, die auf den tatsächlichen Bedürfnissen der Mieter und den operativen Herausforderungen der Unternehmen basieren. Durch einen klaren Fokus auf Nutzerzentrierung und einen robusten, agilen Implementierungsansatz können Wohnungsunternehmen nicht nur ihre internen Prozesse optimieren, sondern auch einen signifikanten Beitrag zur sozialen und ökologischen Transformation der Gesellschaft leisten.

Bild rechts: *Computergeneriertes in der Fabrik vorgefertigtes Haus. © NCCR Digital Fabrication, September 2017*

Die Autoren

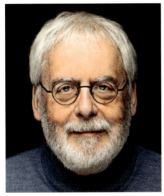

Roland Flade, Jahrgang 1951, hat Geschichte und Anglistik studiert und arbeitete bis 2015 als Redakteur bei der Main-Post. Von seiner Dissertation über jüdisches Leben in Würzburg und weiteren lokal- und regionalhistorischen Büchern wurden bisher rund 40.000 Exemplare verkauft. Roland Flade betreut die Facebook-Seiten „Würzburg im 20. Jahrhundert", die über 10.000 Interessenten abonniert haben, und „Leighton Barracks Würzburg". Er steuerte die Kapitel zum Wohnen in Würzburg vom Kaiserreich bis heute bei.
Foto: Thomas Berberich

Wolfgang Orians hat als Journalist und Kommunikationsexperte gearbeitet, war aber auch schon Sozialpädagoge und Karosseriebauer. Mehr als 20 Jahre war er bei Organisationen und Industrieunternehmen für Kommunikation und Wissensmanagement zuständig. Heute verdient er sein Geld als Organisations- und Kommunikationsberater, Autor und Verleger. Er hat eine Vielzahl von Fach-, Reise- und belletristischen Büchern veröffentlicht.
Foto: xtrakt Media

Hans Sartoris hat Geografie und Immobilienökonomie studiert und sich seine ersten beruflichen Sporen bei der Altstadtsanierung in Ulm verdient. Nach acht Jahren in einem privten Planungs- und Beratungsunternehmen in Erfurt übernahm er 1999 bei der Gewoba in Bremen die Abteilungsleitung Stadtentwicklung. Von 2006 bis 2024 war er Geschäftsführer der Stadtbau Würzburg. Beim Bundesverband deutscher Wohnungs- und Immobilienunternehmen hat er den Fachausschuss Stadtentwicklung geleitet.
Foto: Stadtbau Würzburg

Die Autoren des Beitrags über Künstliche Intelligenz und Wohnungswirtschaft:

Stefan Preuss ist ein digitaler Vordenker, Buchautor, Keynote-Speaker und Gründer der prämierten Unternehmensberatung QUANTIC Digital GmbH. Seit über 20 Jahren beschäftigt er sich mit der Frage, ob Maschinen für den Menschen da sind oder Menschen für Maschinen. Aus seiner Sicht sollten Menschen das Zentrum für alle digitalen und KI-Überlegungen bilden. Heute ist er als Innovator und Unternehmer im KI-Bereich tätig.
www.pj-q.com

Arne Rajchowski ist ein kreativer Stratege. Er hat Wirtschaftsinformatik studiert und ist Experte für Digitalisierung. Sein Ziel ist es, technisch-regulatorische Entwicklungen zu gestalten und Handlungsmöglichkeiten abzuleiten. Er hat sein Branchenwissen unter anderem als Leiter der Geschäftsstelle DigiWoh, als Referatsleiter beim GdW Bundesverband deutscher Wohnungs- und Immobilienunternehmen e. V. und beim Aufbau eines Digitallabors für einen Energiedienstleister erworben.
www.digiwoh.de / www.gdw.de

Danke

An der Produktion eines Buches sind viele Menschen beteiligt. Viele direkt, wie Autoren, Verlegerinnen, Grafiker, Lektorinnen, Layouter, Fotografinnen oder Drucker, manche auch indirekt, indem sie die Gestressten aus der ersten Kategorie aushalten mussten, ihnen den Rücken freihielten oder mit guten Ratschlägen zur Stelle waren, wenn solche gebraucht wurden.

Wir danken all diesen Menschen. Darüberhinaus möchten wir uns bei folgenden Institutionen und Menschen besonders bedanken:

Der **Main-Post** für die Möglichkeit, im alten Text- und Fotoarchiv zu stöbern.

Dem **Stadtarchiv Würzburg**, für die Einblicke in Akten, Vermerke und Fotos.

Unseren **Interviewpartnerinnen und -partnern:** Horst Laugwitz, Elke Seuffert, Ehepaar S., Monika Kavuz, Hans-Jürgen Weber, Ulla Aksun, Silvia Ophusen, Monika und Richard Winterstein, Simon Rankl, Jasmin Pfarr, Jonas Kauer, Niklas Wirsching, Jennifer Beeger., Dr. Hans Steidle, Bernd Höland.

Für **organisatorische Unterstützung**: Martina Biedermann, Helen Schork, Judith Kelemen.

Quellenhinweise

Häufig verwendet:
Online-Lexikon WürzburgWiki, Online-Lexikon Wikipedia
Online-Auftritte der Würzburger gemeinnützigen Wohnungsbaugenossenschaften (Würzburger Wohnungsgenossenschaft eG; Wohnungsgenossenschaft Frauenland eG; Baugenossenschaft für Eisenbahner eG; Heimathilfe Wohnungsbaugenossenschaft eG; Heimbaugenossenschaft Unterfranken eG; PBG Wohnen eG; St. Bruno-Werk eG). Hier finden sich jeweils auch geschichtliche Abrisse; Stadtbau Würzburg, Stadt Würzburg, Würzburg-Foto, buergerverein-heuchelhof, würzburg-sehen.
Stadtarchiv Würzburg:
Jahresberichte der Stadtverwaltung 1900 bis 1945.
Jahresrückblicke der Stadtverwaltung 1945 bis 1979.
Leistungsbilanz der Stadtverwaltung 1986 bis1991.
Statistische Mitteilungen der Stadtverwaltung, 1952 bis 1958.
und weitere Unterlagen
Roland Flade (Hrsg.), Meine Jugend in Würzburg, Würzburg 2000.
Roland Flade, Hoffnung, die aus Trümmern wuchs. 1945 bis 1948: Würzburgs dramatischste Jahre, Würzburg 2008.
Roland Flade, Zukunft, die aus Trümmern wuchs. 1944 bis 1960: Würzburger erleben Krieg, Zerstörung, Wiederaufbau und Wirtschaftswunder, Würzburg 2009.
Jan Speth, „Gemeinnütziger Wohnungsbau": in Barbara Hahn, Roland Baumhauer, Dorothea Wiktorin, Stadt Würzburg (Hrsg.), Atlas Würzburg. Vielfalt und Wandel der Stadt im Kartenbild, Würzburg 2016, S. 134-135.
Ulrich Wagner (Hrsg.), Geschichte der Stadt Würzburg Bd. III/1. Vom Übergang an Bayern bis zum 21. Jahrhundert, Würzburg 2007.

Kaiserreich: Leben in zwei Welten
Margret Boveri, Verzweigungen. Eine Autobiographie, hrsg. von Uwe Johnson, Frankfurt am Main 1996.

Heike Görtemaker, Ein deutsches Leben: die Geschichte der Margret Boveri, 1900 – 1975, München 2005.

Hundert Jahre Röntgenstrahlen. Ausstellung aus Anlass der Entdeckung der Röntgenstrahlen in Würzburg am 8. November 1895. Würzburg 1995.

Staatsarchiv Würzburg: Familienarchiv Gümbel.

Ulrich Wagner, „Würzburg zu Beginn des 20. Jahrhunderts. Eine Stadt im Bauboom", in: Wagner (Hrsg.), Geschichte der Stadt Würzburg Bd. III/1, S. 427-429.

Friedrich Wencker-Wildberg, Würzburg um die Jahrhundertwende. Jugenderinnerungen, Würzburg 1953.

Alexander Wolz, „Verkannter Nachbar. Friedrich Wencker-Wildberg war bekannt für seine populären Bücher – nur wenige wissen um seine politische Vergangenheit", in: Unser Bayern. Beilage der Bayerischen Staatszeitung, 72. Jg., Nr. 7 / 8, Juli / August 2023, S. 12-15.

Erster Weltkrieg: Ende des Baubooms und Leben im Gefangenenlager
Roland Flade, Vergessenes Leid. Wie Würzburger den Ersten Weltkrieg erlebten, Würzburg 2018.

Septime Gorceix, Flucht vom Galgenberg. Der abenteuerliche Weg eines französischen Soldaten von Verdun in ein Würzburger Gefangenenlager und ins freie Rumänien. Eine Episode europäischer Geschichte aus dem Ersten Weltkrieg, hrsg. von Roland Flade und Hartmut Pürner, übersetzt von Hartmut Pürner, Würzburg 2016.

Malcolm Hay, Wounded and a Prisoner of War. By an Exchange Officer, New York 1917.

Inflationsjahre und Zwangseinweisungen
Margret Boveri, Verzweigungen (wie Kap. Kaiserreich: Leben in zwei Welten).
Staatsarchiv Würzburg, Familienarchiv Gümbel.

Genossenschaften und innovatives Bauen
Roland Flade, „Als die Würzburger zu Hunderten vor einem Haus ohne Dach kopfstanden", in: Die Kleine Zeitung (Beilage der Main-Post), 31.10.1984.
Daniel Gerken, Die Selbstverwaltung der Stadt Würzburg in der Weimarer Zeit und im „Dritten Reich" (Veröffentlichungen des Stadtarchivs Würzburg, Bd. 17), Würzburg 2011.
Gertrud Hinterberger, „Eine Kindheit nach dem Ersten Weltkrieg", in: Flade (Hrsg.), Jugend, S. 39-52.
Suse Schmuck, „Von Kistenhäusern und Flachdächern. Peter Feile und das Neue Bauen in Würzburg", in: Tradition und Aufbruch. Würzburg und die Kunst der 1920er Jahre. 15. November 2003 – 11. Januar 2004, Museum im Kulturspeicher, Würzburg 2003, S. 113-135.
Jan Speth „Gemeinnütziger Wohnungsbau".
Rotraud Ries (Hrsg.), Seligsberger. Eine jüdische Familie und ihr Möbel- und Antiquitätenhaus. Begleitpublikation zur Ausstellung im Johanna-Stahl-Zentrum und im Mainfränkischen Museum Würzburg. 23.10.2015-18.3.2016, Würzburg 2015.

Wohnblöcke und eine Reichssiedlung
Annemarie Brenner, Die sozialen Aktivitäten der Nationalsozialisten in Würzburg nach Darstellungen in der Presse in den Jahren 1933-1937. Schriftliche Hausarbeit zur ersten Staatsprüfung für das Lehramt an Gymnasien, 1985/II, Würzburg 1985.
Daniel Gerken (siehe oben).
Ingrid Eyring, „Theo Memmel, Oberbürgermeister von Würzburg 1933-1945", in: Ulrich Wagner (Hrsg.), „…bin ich mir der Verantwortung bewusst, die ich mit meinem Amt auf mich genommen habe." Aspekte der Verwaltungs-, Wirtschafts- und Kulturgeschichte Würzburgs im 19. Und 20. Jahrhundert, Würzburg 2002, S. 59-174.
Roland Flade, Die Würzburger Juden. Ihre Geschichte vom Mittelalter bis zur Gegenwart. Mit einem Beitrag von Ursula Gehring-Münzel, Würzburg (2. Aufl.) 1996.
Helmut Försch, „'Landnaustreiberles' am Zollhäusle. Eine Kindheit in Grombühl", in: Flade (Hrsg.), Jugend, S. 73-99.

Freundeskreis Geschichtswerkstatt Würzburg, 75 Jahre Kupsch-Siedlung. Urzelle der Lehmgruben-Siedlung. Vorstädtische Kleinsiedlung 1932 – 1967, Würzburg 2007.
Werner Fuchs, „Wir ‚Zellerauer Äpfelklauer' ", in: Flade (Hrsg.), Jugend, S. 125-161.
Peter Weidisch, „Würzburg im ‚Dritten Reich'", in: Chronik III/1, S. 196-289.

Pogrom, Wohnungsraub und Massenquartiere
Roland Flade, Dem Leben dienen. Die Ritaschwestern und die Würzburger Juden, Würzburg 2021.
Roland Flade, Der Novemberpogrom von 1938 in Unterfranken. Vorgeschichte – Verlauf – Augenzeugenberichte, Würzburg 1988.
Roland Flade, „Ernst Seligsberger (1919-1942). Schüler, Sportlehrer, Masseur (Würzburg, Schweiz, Holland)", in: Roland Flade, Jüdische Familiengeschichten aus Unterfranken, Würzburg 2015, S. 210-219.
Flade, Würzburger Juden (siehe oben)
Leo H. Hahn, Kriegsgefangene und Fremdarbeiter in Würzburg, Würzburg 2005.
Ries (Hrsg.), Seligsberger (siehe oben).
Rotraud Ries, „Verschleppt in die Vernichtung", in: Main-Post, 17.6.2023.
Ortrun Scheumann, Geliebte Feinde. Ein Mädchen erlebt das „Dritte Reich" in Würzburg. Hrsg. und übersetzt von Roland Flade, Würzburg 2015.
Patrick Wötzel, „Erinnerung an Zwangsarbeiter der NS-Zeit", in: Main-Post, 10.7.2023.

Wohnen vor und nach der tödlichen Bonbennacht
Hans-Peter Baum, „Die Toten des 16. März 1945 und der letzten beiden Kriegsmonate in Würzburg. Ihre Bergung, Registrierung und Bestattung im Massengrab am Hauptfriedhof und an anderen Orten", in: Stadtarchiv Würzburg (Hrsg.), „Dreitausend Männer, Frauen und Kinder haben wir hier zur letzten Ruhe bestattet", Würzburg 2020, S. 13-80.
Flade, Würzburger Juden (siehe oben).
Helmut Försch, „Rückkehr in die Grombühlstraße", in: Flade (Hrsg.), Jugend, S. 237-239.

Fuchs (siehe oben).

Scheumann (siehe oben)

Albrecht Stock, „Der 16. März 1945 am Josefsplatz in Grombühl", in: Flade (Hrsg.), Jugend, S. 204-224.

Leben in Ruinen, Kellern und Barracken

Roland Flade, „Die Baumeister", in: Flade, Zukunft, S. 157-160.

Roland Flade, sechsteilige Artikelserie zum Vertriebenenlager am Hubland, Main-Post, 3.9.2016 – 20.1.2017 .

Roland Flade, „'Wir wissen, dass Sie ein mitfühlendes Herz haben'. Frauen-Aufstand gegen die Amerikaner", in: Flade, Hoffnung, S. 179-184.

Försch, Rückkehr (siehe oben).

Sieglinde Johnston, Sieglinde. Die unbekannte Bekannte erzählt. 1936-1961, Laleham, Middx 1999.

Werner Wachsmuth, „Erinnerungen an den Neubeginn 1946 bis 1947", in: Peter Baumgart (Hrsg.), Vierhundert Jahre Universität Würzburg. Eine Festschrift, Neustadt a. d. Aisch 1982, S. 1047-1054.

Der Wiederaufbau gewinnt an Geschwindigkeit

Jehuda Amichai, Nicht von jetzt, nicht von hier, München, Zürich 1992.

Roland Flade, „Karl Rosenthal: Freimaurer, Demokrat, Naziopfer", in: Würzburger Logenhaus e.V. (Hrsg.), Festschrift zum 150-jährigen Jubiläum der Freimaurerloge zu Würzburg, 1871-2021, Würzburg, 2022, S. 137-168.

Roland Flade, Würzburgs neuer Stadtteil Hubland. Seine Geschichte vom 18. bis zum 21. Jahrhundert (Schriften des Stadtarchivs Würzburg, Heft 20), Würzburg 2014.

Johnston, Sieglinde (siehe oben).

Außenbürger, DDR-Flüchtlinge und Großwohnsiedlungen
Katharina Bosl von Papp, „Die ‚einheimischen Ausländer' – Gastarbeiter in Würzburg", in: Katharina Bosl von Papp (Hrsg.), Würzburg in der Fremde – Fremdsein in Würzburg, Würzburg 2004, S. 147-154.
Rolf Christoph, „Von der Studentenbude zur Wohngemeinschaft", in: Würzburg heute. Mainfränkische Zeitschrift für Kultur und Wirtschaft, Heft 20, 1975, S. 18-20.
Kai Fraass, „Italo-Design statt Gelsenkirchener Barock", in: Main-Post, 13.9.2012.
Max Meister (d.i. Werner Picht), „Trümmer", in: Merian. Städte und Landschaften. Eine Monographienreihe, Jg. 1, Heft 1, Hamburg 1948, S. 49-56.
Margit Mühlrath-Northmann, Neue Geschichten aus meiner Kindheit im Meeviertel der 60er Jahre, Würzburg 2012.
Martin Schedel, „Durch Eingemeindungen zur Großstadt", in: Atlas, S. 116-117.

Sanierungsbedarf, vielfältiger Zuzug und Künstlerdomizile
Dimitrij Belkin, „Jüdische Kontingentflüchtlinge und Russlanddeutsche", https://www.bpb.de/themen/migration-integration/kurzdossiers/252561/juedische-kontingentfluechtlinge-und-russlanddeutsche (abgerufen am 23.11.2023)
Flade, Hubland (siehe oben)
Roland Flade, „Im Reiche Buddhas. Der Maler Joachim Schlotterbeck über seine Sammelleidenschaft", in: Rheinischer Merkur (Belage für Würzburg), 6.8.2000.
Roland Flade, „Liebevoller Blick auf Würzburg. Der Denkmalschützer Heiner Reitberger, der für den Erhalt wertvoller Bauten kämpfte, wurde vor 100 Jahren geboren", in: Main-Post, 18.11.2023.
Luisa Kleinschrodt, „Ausstellung möchte Vorurteile abbauen", https://www.wuerzburgerleben.de/2017/01/25/ausstellung-moechte-vorurteile-abbauen (abgerufen am 20.11.2023)
Michael Koch, „'Politisch Verfolgte genießen…' – Asyl in Würzburg", in: Bosl von Papp (Hrsg.), Würzburg in der Fremde, S. 199-216.
Joachim Schlotterbeck, „Meine Spiegelbilder. Eine fränkische Jugend", in: Flade (Hrsg.), Jugend, S. 53-66.

Stadt Würzburg, GEWOS, Institut für Stadt-, Regional- und Wohnforschung (Hrsg.), Handlungskonzept Wohnen für die Stadt: Ergebnisbericht, Hamburg 2015.

Ständiger Wandel und neue Anfänge
Manuela Göbel, „Wo in Zukunft noch gebaut wird. Würzburgs Baureferent Benjamin Schneider im Interview", in: Main-Post, 28.11.2023.
Handlungskonzept (siehe oben).
https://www.wuerzburg.de/media/www.wuerzburg.de/org/med_4513/583410_statistik_kommunal_2022.pdf (abgerufen am 27.11.2023)
Claudia Kneifel, „Zimmersuche extrem: Warum Studenten probeputzen müssen", in: Main-Post, 25.2.2019.
Ernst Lauterbach: „Wohnraum: Was Würzburg tun muss, um weiter zu wachsen. Hans Sartoris, Chef der Stadtbau GmbH, sagt im Gespräch, wie Mieten bezahlbar bleiben", in: Main-Post, 8.1.2020.
Justus Neidlein, „Wohnen im Hobbykeller", in: Main-Post, 3.12.2019.
Ruben Schaar, „Das Geschäft mit der Würzburger Wohnungsnot: Jobcenter bezahlt Wohnraum, den es nicht gibt", in: Main-Post, 2.5.2022.

Neunzig Jahre Stadtbau Würzburg
Geschäftsberichte der Gemeinnützigen Baugesellschaft für Kleinwohnungen mbh 1935 bis 1940; 1950 bis 1969, 1970 bis 1972, 1975, 1977, 1978, 1980 bis 1984, 1987 bis 1992, 1997 bis 2002, 2004
Gemeinnützige Baugesellschaft für Kleinwohnungen GmbH 1934 bis 1971
Gemeinnützige Baugesellschaft für Kleinwohnungen mbH: 50 Jahre
Gemeinnützige Baugesellschaft für Kleinwohnungen mbH: 60 Jahre
Geschäftsberichte der Heuchelhofgesellschaft - Städtische Entwicklungs- und Wohnungsbaugesellschaft 1979, 1981, 1983, 1985 bis 1990,1992, 1993, 1995, 1996
Geschäftsberichte der Stadtbau Würzburg GmbH 1998 bis 2022
Zuhause in Würzburg - Mietermagazin Winter 2007, April 2009, Winter 2009, Frühling 2010, Herbst 2010, Winter 2010, März 2011, Herbst 2011, Juni 2012, Dezember 2012, Frühling 2013, Sommer 20213, Winter 2013, Sonderheft

Deutscher Bauherrenpreis 2013/2014, Herbst 2014, Winter 2014, Frühling 2015, Sommer 2015, Winter 2015, Winter 2016, Sonderausgabe 2017 Das Stadtbau-Serviceportal, Frühjahr 2017, Sommer 2017, Frühjahr 2018, Herbst 2018, Winter 2018, Frühling 2019, Herbst 2019, Sonderausgabe April 2020 Wir halten zusammen, Juli 2020, Dezember 2020, März 2021, Herbst 2022

Städtische Kleinwohnungsbauten in Grombühl und in der Zellerau, Würzburger Generalanzeiger, 23. November 1934

Rascher Fortschritt im städt. Wohnungsbauprogramm, Würzburger Generalanzeiger, 16. 11.1935

Elend haust unterm Pappdach, Main-Post 15.11.1957

In der Zellerau stinkt es zum Himmel, Fränkisches Volksblatt, 21.05.1960

Baracken zur Linderung der krassesten Wohnungsnot, Main-Post 4.2.1954

Der Wiederaufbau hat sie vergessen, Süddeutsche Zeitung 10.11.1955

Von Elendsquartieren in gesunde Wohnungen, Main-Post 25.4.1956

Neues Heim in alter Heimat, Main-Post 4.9.1959

Gute Wünsche für neuen Wohnblock, Main-Post 5.9.1959

Die Gemeinnützige ist Jubilar, Main-Post 27.1.1960

Richtfest für die Sternhäuser, Main-Post 8.9.1960

Städtischer Wohnungsbau tut not, Main-Post 23.11.1960

Heuchelhof - ein neuer Stadtteil Würzburgs, würzburg heute - Zeitschrift für Kultur und Wirtschaft 4/1967

Heuchelhof - wie geht es weiter, würzburg heute - Zeitschrift für Kultur und Wirtschaft 8/1969

Gerhard Vogel statt Dr. Zimmerer, Fränkisches Volksblatt 11.7.1969

Der heutige Heuchelhof ist teilweise sein „Kind", Main-Post 12.7.1969

Für Laubengänge ein Hochhaus, Main-Post 10.7.1971

Eine Zumutung: 70.000 Mark zur Renovierung von Baracken, in denen 299 Familien leben müssen, Franken Kurier 19.7.1972

Eines der wichtigsten Bauwerke in diesem Jahr, Main-Post 21.11.1973

1.559 städtische Wohnungen wechseln den Besitzer, Main-Post 18.10.1976

Aus Notquartieren sollen Wohnungen werden, Süddeutsche Zeitung 12.3.1977

Schlichtwohnungen werden aufgewertet, Süddeutsche Zeitung 30.9.1978
Chancen für den Heuchelhof, Main-Post 7.1.1981
50 Jahre für familiengerechtes Wohnen, Volksblatt 10.12.1984
Sozialer Flankenschutz im freien Markt, Main-Post 12.12.1984
Hohes Lob zum Geburtstag der Gemeinnützigen, Main-Post 12.12.1984
Weinglas überstand Sturz vom Dach, Main-Post 25.11.1988
In Würzburg fehlen 2.800 Sozialwohnungen, 17.5.1989
Wohnungsbaugesellschaften sollen ihre Dachgeschosse zügig ausbauen, Main-Post 23.11.1989
Platz für neue Mehrfamilienhäuser ist nur noch auf dem Heuchelhof, Main-Post 30.5.1990
Billiger Wohnraum nimmt konstant ab, Volksblatt 1. Mai 1991
Statt Soldaten zogen zivile Pioniere ein, Main-Post 27.7. 1992
Was kommt nach dem Heuchelhof, Main-Post 29.10.1992
Bald ziehen die ersten Mieter ein, Main-Post 4. 4. 1993
Bauboom so stark wie selten zuvor, Main-Post 9.8.1993
Millionen für Wohnpaket, Main-Post 7. 8. 1993
Viel Bauland für junge Familien, Main-Post 28.8. 1993
Aus der Wohnung in die Straßenbahn, Main-Post 4.1.1994
Neue Kleinstadt mitten im Stadtteil, Main-Post 9.4.1994
Neue Impulse für den Kranenkai, Main-Post 18.11.1994
Zu wenig Wohnungen für Senioren, Main-Post 25.3.1995
Holzhäuser: Gleicher Komfort, Main-Post 28.9.1995
In zwei Jahren über 125 Millionen für 850 Wohnungen, Main-Post 28.6.1995
Beide Geschäftsführer vom Aufsichtsrat fristlos abgesetzt, Main-Post 28.12.1995
Innere Reibereien lähmen den Betrieb, Volksblatt 29.12.1995
Stadt sucht wieder neuen Geschäftsführer, Main-Post 26.6.1996
Ob macht Winfried Dill zum Geschäftsführer, Main-Post 30.7.1997
Leitung der Baugesellschaft lockt über 100 Bewerber, Main-Post 17. 10.1996
Spannung und Gerüchte vor geheimer Wahl, Main-Post 11.12.1996
Ein Servicehaus wartet auf seine Bewohner, Main-Post 13.12.1996

Patt in den Aufsichtsräten, Main-Post 13. 12. 1996
Noch kein Chef für den Wohnungsbau, Main-Post 16.12.1996
Alles aus Holz gebaut, Main-Post 26.4.1997
Kein Anstehen mehr beim Wohnungsamt, Main-Post 29.8.1997
Was ist eine „Hängemattenmentalität", Main-Post 11.11.2003
Stadtbau bekommt neuen Chef, Main-Post 13.10.2004
Humorvoller Abschied von Winfried Dill, Main-Post 21.2.2006
Die Stadtbau GmbH hat fusioniert, Main-Post 30.1.2012
Stadtbau Werbung begeistert Profis, Main-Post 3.12.2017
Weitere 112 Mietwohnungen der Stadtbau, Main-Post 18.12.2020
Stadtbau Würzburg mit Innovationspreis TOP 100 ausgezeichnet, Main-Post 15.3.2021
Stadt und Stadtbau kaufen 312 Wohnungen, Main-Post 15.4.2021
Wohnen in Würzburg: Diese Bauprojekte sind 2022 am Hubland geplant, Main-Post 19.1.2022
312 Wohnungen gekauft: wie die Stadtbau günstige Mieten sichern will, Main-Post 2.12.2021
Bauprojekt Hubland II: Bewerbungen sind ab sofort möglich, Main-Post 13.10.2022
Hoffmann folgt auf Sartoris: Ab Juli hat die Stadtbau einen neuen Chef, Main-Post 21.12.2023
Heuchelhof H 1 Zentrum Teilabschnitt A, Bebauungsplan der Innenentwicklung, 5.7.2023
Bestandsplan der baulichen Entwicklung Würzburgs und seiner Randgemeinden Würzburg heute,19/1975
ISP Schriftenreihe Band 6: Images innenstadtnaher Wohnquartiere, 2016
Stadt Würzburg: Heuchehof schafft Heimat, Mai 2011
Bürgerverein Heuchelhof e. V.: 50 Jahre Heuchelhof Fotos 2022
Fokus Heuchelhof, Heuchelhof Stadtteilzeitung, 17. August 2023
Gemeinde bauen ... Pfarrer Hajo Petsch über sein Wirken auf dem Heuchelhof 1. 1. 74 bis 20 12. 82

Komfortables Wohnen in allen Lebensphasen, Main-Post 14.06.2007
Realisierungswettbewerb Ludwigkau Würzburg WAL - Wohnen in allen Lebensphasen
Ludwigkaisanierung: Wohnen in allen Lebensphasen, Main-Post 23.10.2009
Stadtbau investiert am Ludwigkai über 5 Millionen muss aber umplanen, Main-Post 25.5.2009
Stadtbau errichtet 22 barrierefreie Wohnungen, Main-Post , 3.4.2011
Wohnen in allen Lebensphasen, Stadtbau Würzburg 2008
Stadtbau Würzburg: Wohnen in allen Lebensphasen - Würzburg Ludwigkai 2013
Stadtbau Würzburg: Neues Wohnen Brunostraße, 2013
Daniel Gerken: Die Selbstverwaltung der Stadt Würzburg in der Weimarer Zeit und im "Dritten Reich", Band 17 der Veröffentlichungen des Stadtarchivs Würzburg, 2011
Stadt Würzburg: Handlungskonzept Wohnen, 2022
Stadt Würzburg: Soziale Stadt Heuchelhof, 2012
Bauzeitung 05/2013: Neues Wohnen Brunostraße
Deutsche Bauherrenpreis für Würzburger Stadtbau, Main-Post 1. 10.2013
BSI Consult Maria Gardemann: Vorbereitende Untersuchung zur Sozialen Stadt Heuchhof, 2010
Stadt Würzburg: Soziale Stadt Zellerau- Dokumentation 2019
Stadt Würzburg: Evaluationsbericht Soziale Stadt Zellerau, 2018
Stadtarchiv Würzburg Ratsprotokolle und Briefe

Wir sind am Ende, aber mit rosigen Aussichten
www.deutsche-handwerks-zeitung.de, 17.1.2024: Steffen Guthardt: 10 wichtige Bautrends 2024 und die Zukunft
www.planradar.com, 13.12.2023: Johannes Heinrich: Digitalisierung Baubranche: 14 neue Technologien vorgestellt
www.haufe.de/immobilien, 04.10.2022: Holger Hartwig: Der weite Weg bis zur automatisierten Baustelle
https://automationspraxis.industrie.de, 19. Oktober 2023: ABB Robotics und Porsche Consulting wollen Hausbau revolutionieren

DW 06/2023: Interview mit Thomas Kölzer: Schnittstellen werden der Schlüsselfaktor

Der Tagesspiegel, 12. 02. 2023: Die Platte kehrt zurück

https:// magazin-quartier.de, 05.02.2024: Serielles und industrielles Bauen

Bauwelt 4.2018: Ohne verbindliche Recyclingquote geht es nicht

GdW Rahmenvereinbarung - serielles und modulares Bauen, Juli 2028: Überblick über die Angebote

Fact Sheet Rahmenvereinbarung für serielles und modulares Bauen - für schnellen und kostengünstigen Wohnungsbau in hoher Qualität, Pressestelle GdW, 29.05.2018

Die Wohnungswirtschaft Deutschland: GdW Branchenbericht 9: Wohntrends 2040, Januar 2023

Houzz, 5.April 2016: Sara Norrman: Wohnprojekt in Schweden: Wie aus 100 Nachbarn eine Großfamilie wurde

Houzz, 5. September 2015: Anne Roesner: Megatrends - 9 Thesen zur Zukunft des Wohnens

www.porsche-consulting.com, 19.10.2023: ABB Robotics und Porsche Consulting transformieren modulares Bauen

Pestel Institut, Januar 2023: Studie Bauen und Wohnen in der Krise - Aktuelle Entwicklungen und Rückwirkungen auf Wohnungsbau und Wohnungsmärkte

Presseinformation GdW, 9. November 2023: Mehr Tempo für bezahlbares Wohnen: GdW, Bauindustrie und Bauministerium präsentieren neue Rahmenvereinbarung Serielles und modulares Bauen 2.0

Wie wir wohnen wollen
Gespräch mit Jasmin Pfarr, Jennifer Beeger, Simon Rankl, Jonas Kauer und Niklas Wirsching am 14.03.2024

Künstliche Intelligenz und ihre Auswirkung auf die Wohnungswirtschaft

https://www.nytimes.com/2020/07/29/opinion/gpt-3-ai-automation.htmlhttps://futuretodayinstitute.com/wp-content/uploads/2024/03/TR2024_Full-Report_FINAL_LINKED.pdfhttps://news.microsoft.com/de-de/einfach-erklaert-was-ist-kuenstliche-intelligenz/
https://dl.acm.org/doi/10.1145/365153.365168https://de.statista.com/statistik/daten/studie/267974/umfrage/prognose-zum-weltweit-generierten-datenvolumen/South by South West Konferenz 2024, Emerging Tech Trend Report, Amy Webb.

Begriffserklärungen:

Mit **WohWiTechs** bezeichnet das DigiWoh Kompetenzzentrum Digitalisierung Wohnungswirtschaft e. V. junge Technologieunternehmen, die nachgewiesen für die Wohnungswirtschaft tätig sind. Es ist eine Teilmenge der bereits bekannten PropTechs.

Design Thinking ist eine Problemlösungstechnik, die Nutzerzentrierung, Kreativität und Iterationen in Methodensets zur Verfügung stellt. Für Unternehmen fördert es die problembasierte Projektarbeit, was zu durchdachten und nachhaltigeren Lösungen z. B. im Bereich KI führt.

On-Premise bezeichnet eine IT-Umgebung, bei der die Hardware und Software eines Unternehmens lokal, das heißt direkt auf den physischen Geräten und Servern des Unternehmens installiert und betrieben wird.

Anhang

Aufsichtsratsvorsitzende der Gemeinnützigen Baugesellschaft für Kleinwohnungen, der Heuchelhofgesellschaft und der Stadtbau Würzburg

1934 bis 1945	Theo Memmel
1945 bis 1946	Gustav Pinkenburg
1946	Michael Meisner
1946 bis 1948	Dr. h. c. Hans Löffler
1949 bis 1956	Dr. Franz Stadelmayer
1956 bis 1968	Dr. Helmuth Zimmerer
1968 bis 1990	Dr. Klaus Zeitler
1990 bis 2002	Jürgen Weber
2002 bis 2008	Dr. Pia Beckmann
2008 bis 2013	Georg Rosenthal
2013 bis 2014	Adolf Müller (interim)
2014 bis dato	Christian Schuchardt

Geschäftsführer der Gemeinnützigen Baugesellschaft für Kleinwohnungen, der Heuchelhofgesellschaft und der Stadtbau Würzburg

Gemeinnützige Gesellschaft für Kleinwohnungen

1934 bis 1969	Leonhard Meyer (mit einer kurzen Unterbrechung 1945, in der der Leiter des Sozialamtes, Prof. Frank, die Geschäftsführung übernahm)
1969 bis 1984	**Adolf Müller**
1984 bis 1993	**Gerhard Vogel**
1993 bis 1994	**Horst Laugwitz**
1994 bis 1995	**Walter Schwab**
21.12.1995 bis 30.04.1996	**Ulrich Steffens** (kommissar. Geschäftsführer)
01.05.1996 bis 30.05.1996	**Ulrich Steffens**
01.06.1996 bis 30.07.1996	**Dr. Uwe Schreiber**
01.08.1996 bis 31.12.1996	**Winfried Dill** (kommissar. Geschäftsführer)
1997 bis 2005	**Winfried Dill**
2006 bis 2011 (Verschmelzung)	**Hans Sartoris**

Heuchelhofgesellschaft

1966 bis 1969	**Adolf Müller**
1969 bis 1993	**Gerhard Vogel**
1993 bis 1995	**Horst Laugwitz**
21.12.1995 bis 30.04.1996	**Ulrich Steffens (kommissar. Geschäftsführer)**
01.05.1996 bis 30.05.1996	**Ulrich Steffens**
01.06.1996 bis 30.07.1996	**Dr. Uwe Schreiber**
01.08.1996 bis 31.12.1996	**Winfried Dill (kommissar. Geschäftsführer)**
1997 bis 1998	**Winfried Dill**

Stadtbau Würzburg GmbH

1998 bis 2005	**Winfried Dill**
2006 bis 31. 07. 2024	**Hans Sartoris**
ab 01. 07. 2024	**Lars Hoffmann**